HISTORIES OF THE UNEXPECTED

万物小史

痒、烟囱、回形针与其他日常之物的趣味史

[英] 萨姆·威利斯 [英] 詹姆斯·戴贝尔 著
赵文瑾 译

新世界出版社
NEW WORLD PRESS

北京版权保护中心引进书版权合同登记号：图字 01-2019-8102 号

图书在版编目（CIP）数据

万物小史：痒、烟囱、回形针与其他日常之物的趣味史 /（英）萨姆·威利斯，（英）詹姆斯·戴贝尔著；赵文瑾译．-- 北京：新世界出版社，2020.8

书名原文：Histories of The Unexpected: How Everything Has a History

ISBN 978-7-5104-7087-5

Ⅰ．①万… Ⅱ．①萨… ②詹… ③赵… Ⅲ．①世界史一通俗读物 Ⅳ．① K109

中国版本图书馆 CIP 数据核字 (2020) 第 097630 号

万物小史：痒、烟囱、回形针与其他日常之物的趣味史

作　　者：[英] 萨姆 · 威利斯　[英] 詹姆斯 · 戴贝尔
译　　者：赵文瑾
责任编辑：丁　鼎
责任校对：宣　慧
责任印制：王宝根　苏爱玲
出版发行：新世界出版社
社　　址：北京西城区百万庄大街 24 号（100037）
发 行 部：(010) 6899 5968 (010) 6899 8705（传真）
总 编 室：(010) 6899 5424 (010) 6832 6679（传真）
http://www.nwp.cn
http://www.nwp.com.cn
版 权 部：+8610 6899 6306
版权部电子信箱：nwpcd@sina.com
印　　刷：天津旭非印刷有限公司
经　　销：新华书店
开　　本：710mm×1000mm　1/16
字　　数：350 千字　　印　　张：21
版　　次：2020 年 8 月第 1 版　　2020 年 8 月第 1 次印刷
书　　号：ISBN 978-7-5104-7087-5
定　　价：68.00 元

图 1 《书写大师》（托马斯 · 伊金斯，1882 年）

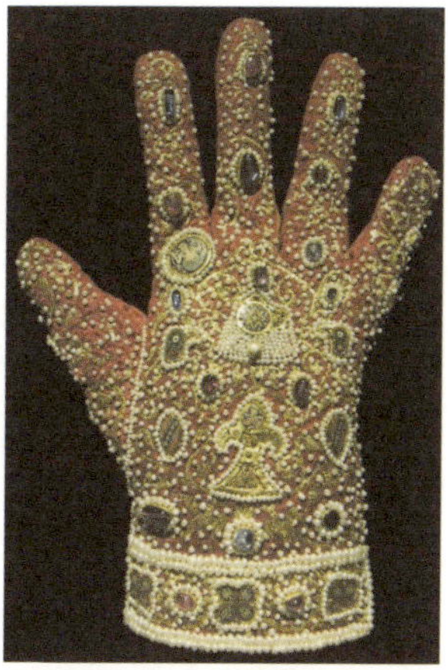

图 2 神圣罗马皇帝佩戴的奢华手套（约 1220 年），源自意大利巴勒莫

图 3 查理大帝像（阿尔布雷希特 · 丢勒，1511—1513）

图 4 《吹肥皂泡的少年》（让·西梅翁·夏尔丹，1734 年）

图 5　《财富寓言》(多索·多西, 1530 年)

图 6　"梨牌香皂"广告宣传画《肥皂泡》(约翰·埃弗里特·米莱斯, 1890 年)

图 7　《安东妮塔 · 冈萨雷斯像》(拉维尼亚 · 丰塔纳, 1614 年)

图 8　《毒气战》（约翰 · 辛格 · 萨金特，1919 年）

图 9　得克萨斯州沙尘暴（拍摄于 1936 年）

图 10　罗伯特 · 道格拉斯 · 诺曼的怀表（诺曼在“泰坦尼克号”沉船事件中遇难，年仅 27 岁，其怀表上的指针停在了三点零七分，这大概是他沉入水中的时间点）

图 11　1544 年，伊丽莎白公主翻译了玛格丽特 · 德 · 纳瓦尔的诗作《镜：有罪灵魂的写照》并自制手稿书献给凯瑟琳 · 帕尔，图为该手稿书刺绣封面

图 12　托马斯 · 罗兰森手绘蚀刻画《寻跳蚤的老妪》（1794 年）

图 13　阿尔布雷希特 · 丢勒的雕刻作品《梅毒患者》（1496 年）

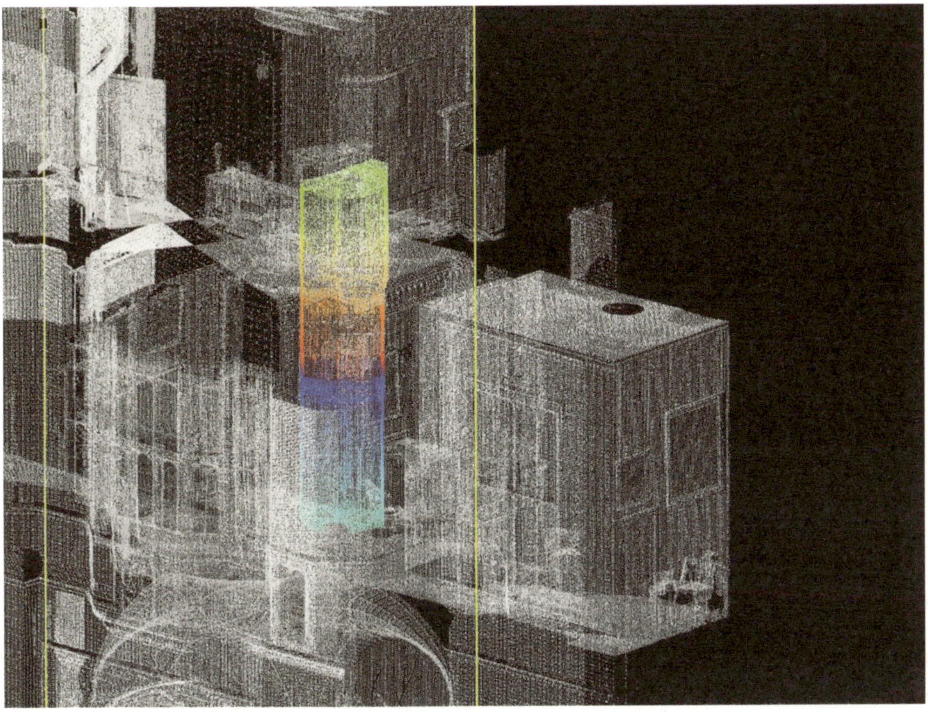

图 14　由诺丁汉大学研究员制作的沃里克郡库顿庄园 3D 激光打印图像

图 15　阿尔弗雷德（871—899 年在位）宝石的底部式样

图 16　公元 9 世纪手稿中的龙头形象

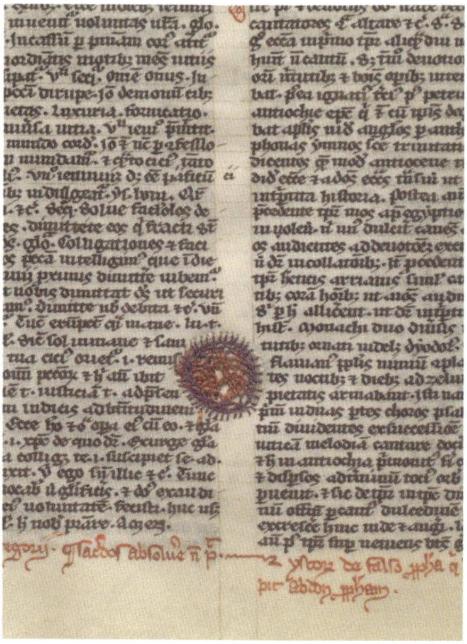

图 17　被修女用针线修补过的 14 世纪手稿

图 18　威尔镇大床（约 1590 年）

图 19　《公元 375 年圣杰罗姆的梦境》（马提奥 · 迪 · 吉奥瓦尼，1476 年）

图 20　《商人乔治·吉斯泽像》（小汉斯·荷尔拜因，1532 年）

图 21　荷兰海牙邮政局长西蒙 · 德布里安与妻子玛利亚 · 耶敏的收纳箱，内存 2600 封 1689 至 1706 年收到但未拆封的书信

图 22　罗马皇帝提图斯的儿子马可斯·凯利乌斯的墓碑（约公元 9 世纪）。凯利乌斯来自博洛尼亚，曾为罗马第十八军团百夫长，墓碑表现其佩戴多枚奖章的形象

图 23　《W. 艾力斯 · 高斯林先生的纽芬兰犬“海王星”》（埃德温 · 兰西尔爵士）

图 24　萨姆 · 威利斯与粟特人在扎拉夫尚山合影（2015 年）

图 25　位于康沃尔郡圣艾格尼斯附近的维尔科茨锡矿废墟

图 26　位于法尔茅斯的“国王的烟斗”

图 27　苏格兰国家图书馆工作人员正在对一幅在烟囱里发现的 17 世纪荷兰地图进行修护

图 28　位于佛罗伦萨圣十字教堂的乔托雕塑作品（13 世纪）

图 29　古斯塔夫 · 阿道夫的“瓦萨号”（沉于 1628 年）舰艏狮像

图 30　埃及古城奥克西林克斯纸莎草手稿残片（编号 52）（手稿残片所写大致内容为：三名医生奥瑞琉斯、迪第慕斯与席尔瓦努斯向市政长官弗拉维耶斯·卢卡迪亚斯报告称，他们去拜访了奥瑞琉斯·迪欧斯科露斯的女儿，发现她因为父亲家的房子坍塌而受伤，并非常疼痛）

图 31　英国朗特里口香糖广告插画（1929 年）

图 32　斯基泰少年臂膀上的神兽图案文身（出土于西伯利亚阿尔泰山区巴泽雷克 2 号冢墓）

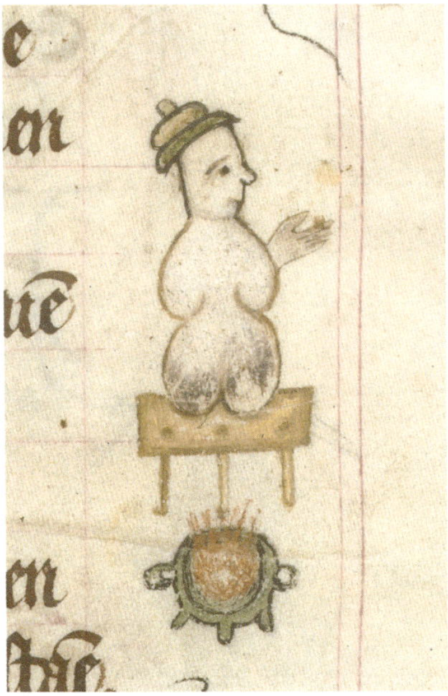

图 33　一本祈祷书空白处的雪人形象（约 1380 年）

图 34　描绘某年一月份人们在意大利特伦托布翁康西里城堡打雪仗的湿壁画（约 1405—1410）

图 35　古埃及猫神雕像《盖尔 - 安德森猫》（公元前 664—公元前 332，现藏于大英博物馆）

图 36　《疯狂的芭比》（弗兰斯·哈尔斯，1633—1635）

图 37　《大笑的小提琴手》（格里特·范宏斯特，1624 年）

图 38　英国内战期间，多塞特郡科夫堡局部已伤痕累累或有（轻微）损毁，致使城堡墙面出现了角度独特的倾斜情况

图 39　约克郡肉铺街

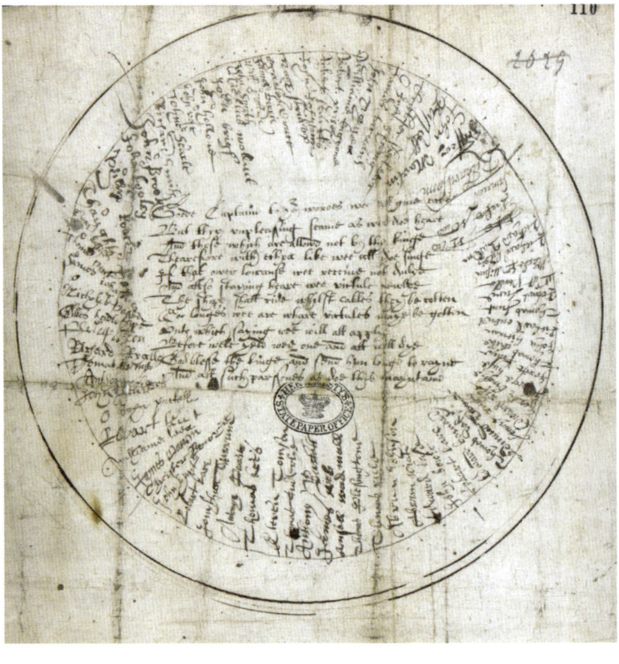

图 40　水手们的联名信（17 世纪 20 年代）

献给茱莉亚和托尔斯

致谢

我们写这本书的初衷是想与大家分享各种有趣的历史研究发现以及探究历史的新方法。因此，我们首先要感谢的无疑是所有杰出的史学工作者们，无论是从事专业历史研究的学者还是业余爱好者，他们都是历史的书写者。我们思考历史的方式因他们的存在而改变。他们所做的工作非常伟大，但却常常无人问津，不得回报。由衷感谢他们为此付出的时间、努力、精力与才华，没有他们的贡献，我们就无法完成这本书。

我们尤其要感谢那些给予我们启发与激励的史学工作者们。多年来，无论是他们的创造性思维，还是支持与帮助都令我们受益匪浅。这本书是写给广大读者的，因此我们没有加入大量烦冗脚注。但我们在书的最后增加了延伸性的阅读，以表达对这些史学工作者的感谢，也希望有兴趣的读者可以做进一步的研究和探索。

与此同时，我们还要感谢众多倾囊相助的同事、朋友为我们出谋划策、指点迷津，给予各种支持与帮助。在此特别感谢：安迪·哥顿、纳迪恩·阿克曼、尼克·巴奈特、苏·布鲁姆霍尔、安东尼·卡勒舒、艾瑞卡·加夫尼、李·简·盖尔斯、詹姆斯·格里高利、丹尼尔·格雷、艾玛·哈顿、丹·茂德林、安吉拉·麦克尚恩、伊莲·墨菲、斯万特·诺河姆、约翰·拉塞尔勋爵、手套行业公会、亚当·史密斯、杰奎琳·凡根特、查理·柯特尼、A.J. 柯特尼、苏茜·利普斯康、嘉尼纳·拉米雷兹、菲利普·诺斯考特、达里亚斯·阿亚、詹姆斯·霍兰德、迈克尔·达菲、安德鲁·兰伯特、理查德·内维尔、甄妮·斯德哥顿，以及 @HunterS_Jones、@RedLunaPixie、@KittNoir、@Kazza2014 等推特上的朋友。

此外，我们还想感谢丹·斯诺、丹·摩尔艾尔、汤姆·克里福德、纳特·塔普利以及优秀的“History Hit”播客团队成员，感谢他们给予我们的支持与鼓励；同时也要感谢威尔·阿金森、詹姆斯·南丁格尔、凯特·斯特雷克、让·科斯特罗以及大西洋出版社（Atlantic Books）的每一位工作者。

同样需要感谢的还有（成千上万）收听过我们节目或是参加过我们现场活动的朋友，感谢你们的善良与热情。

当然，我们最想感谢的还是我们的每一位家人，感谢他们为我们做过的和仍在做的一切——特别是“应付”此生注定要与史学工作者为伴这件“麻烦”事。

但，我们为你们写下了这本书。

萨姆　詹姆斯

前言

这本书的“降生”源于我们的播客节目——《意想不到的历史》。这档节目为我们这两个职业史学工作者带来了前所未有的乐趣和脑力激发。它从根本上改变了我们思考历史以及现在的方式,我们希望同样的“功效”也会作用于你。

写这本书的想法很简单。我们相信，所有事物——这个“所有”并不夸张，我们所指的正是一切的一切——都有自己的历史，即便是那些最不起眼、最令人意想不到的东西。不仅如此，它们的历史往往还会以一些令人意想不到的神奇方式相互联结。

我们希望这本书能为你们开启一场历史的发现之旅，探究许多伟大的历史主题——从都铎王朝到第二次世界大战，从罗马帝国到维多利亚时代。你会发现，这一系列历史时期都是由完全出人意料的东西串联起来的。

在书中，你将看到胡子的历史是如何与克里米亚战争联系起来的；回形针的历史是如何与民主德国情报机构斯塔西联系起来的；气泡（还有猫）的历史是如何与法国大革命联系起来的；“泰坦尼克号”、广岛核爆炸、世贸大楼遗址之间是如何联系起来的，以及它们与狄更斯的《伟大前程》又有什么关系；你会逐渐明白为什么伤疤的历史如此重要；为什么烟囱的历史令人如此着迷；为什么雪的历史那样启迪人心。

对许多人而言，历史仍是一种对过去的研究：研究伟大的男人和女人，研究重大事件、战争与革命，研究文化运动，研究从远古、中世纪到现代社会的变化进程。有些史学家偏爱历史的某一角度，如宗教、社会、经济、性别、政治、军事或思想。所有的这些事物都有其用处，它们为历史研究提供了多个维度上的观点与见解。然而，如今我们所了解和理解的历史尤为错综复杂，仅凭单一角度是无法恰当剖析其全貌的。

我们希望这本书可以成为一座桥梁，一端连接着复杂而精妙的学术信仰——它们是烧脑思考和创新研究的结晶，另一端则连接着大众口味，带来可读性强、有意义又发人深省的历史故事。

我们认为，以毫无新意的线性逻辑去解读历史终究不尽如人意。历史就像一座迷宫，若想充分了解它，你需要漫步其间、迷失其中，然后试图寻找回到原点的路。而我们的这本书恰恰如此：章章相扣、首尾相连。

就让我们从“手”开始吧，从你们捧着这本书的手开始讲起……

目录

第一章

手

手的历史关乎……

关乎时间旅行、中世纪魔法和洞穴壁画，

关乎王权、亲密关系，还有悲恸和哀伤。

咚咚咚……咚咚咚……

此刻，你的手在做什么？我们的手正叩响你的头脑之门，将你唤醒。我们的手即将开启一段对话，开启这段因敲击键盘而生的对话。而你的双手，想必正捧着一本书或一台平板电脑。今天，你都用了哪些不同的方式来使用双手呢？在明天之前，你还会再用多少种不同的方式呢？你用手穿衣洗漱，准备食物，享用餐点，拿起或放下许许多多不同的物件，你用手触碰身体来与自己交流，用手书写、打字、做出手势和别人沟通。你与人握手、挥别，或举起愤怒的拳头，或竖起大拇指，或做出 OK 手势来促成友谊。

来自过去的手势以诸多形式留存至今。其中最令人震撼的，也许是那些最早可追溯至大约四万年前的史前艺术。

洞穴壁画

手模壁画是一种常见的史前艺术表现形式，迄今在法国、西班牙、非洲、澳大利亚、阿根廷、婆罗洲岛等地的洞穴考古活动中均有发现（其中，目前发现最古老的一例位于婆罗洲岛，大约有四万年的历史）。史前人类用木炭或红赭石作为颜料，将手盖在石壁上，将涂料吹到或喷到石壁上，创造出手影的图案——这是现存手模壁画中最常见的一种方式。另一种方式则是用手先蘸好涂料，然后在石壁上留下手印。

手在人类的进化过程中至关重要。拇指的对向性、手指精细动作的能力，以及用手操作工具的能力，是智人与动物的显著区别。此外，在史前时期，手

平图拉斯河附近的洛斯马诺斯岩洞（Cueva de las Manos）中发现的史前手模壁画（该岩洞位于阿根廷巴塔哥尼亚地区圣克鲁斯省）

的重要意义还体现在其他一些实际作用上：数数，或是用展开的手掌作为原始却也行之有效的度量标尺。马的高度曾经就是用手来丈量的。人类的双手，毫无意外地成为远古历史进程中最常见的视觉表现形式。此外，对于艺术创造的强烈欲望，也是为数不多用以定义人类的关键标准之一。与之并列的还有思考的能力、谋划未来的能力，以及以史为鉴的能力（这句出自历史学家）。因此，这些手模壁画不仅仅是艺术史的一部分，更是现代人类大脑进化的证据；它们是智人最早期历史的一个篇章。

人们相信，这些图像的诞生具有某种巫术或宗教意义。我们还发现，从某些洞穴的位置来看，一些手印如果要由一人独立完成，一定会非常不舒服。而另一些手印如没有旁人协助，则不可能完成。由此我们可以看出，这一只只手印是人类团队协作最原始的证据之一。在某些考古地区，人们发现，同一处的手印图案如此之多，以至于如果不经筹划、不耗巨时，根本无法完成。与此同时，手印所呈现的形状、大小与图案的种类也出奇地多。有趣的是，许多手印所展现的图案明显是残缺的。人们一度相信，这些图像所要展现的就是缺了指头的手。如今，这样的看法已经过时。对此，现代的解读是，那些手印是以将手指向里或向下蜷缩的方式——与皮影戏的原理颇为相似——故意制造出的不同寻常的手影效果。

我们不难想到，手指在古代的沟通交流中具有重要意义。研究人员们想要弄清楚这些手印的主人是谁，但至今仍无头绪。近期有研究表示，在法国和西班牙的八个洞穴遗址中，现存的新石器时代手印图案里有四分之三极有可能出自女性。该结论基于一位英国生物学家的研究。他发现，通过食指和无名指的相对长度，可以判定人的性别。

历史线索

一个有意思的问题是：手是一块历史路标。从这块路标中，我们不仅可以“考古识性别”，还能根据手的大小、手部皮肤的颜色及情况来判别年龄、种族和阶层。比方说，工人的手，常有手工劳作留下的印记。手上的茧，或是被砍断的手指，暗示着他们的工作何其危险，尤其是那些工厂里的技术工人。与之形成对比的，是钢琴家或历史学教授被悉心呵护的双手，抑或是文员沾着墨渍的手。1871 年，维多利亚时代的一位文员本杰明·奥查德（Benjamin Orchard）曾愤愤谈起他的工作：

> 我们不是活生生的人。我们做的是非人的工作。驾驶钢笔的司机——可怜的小小驭笔人，穿着黑色外套，手指沾满墨渍，屁股那儿的裤子磨得锃亮——这才是我们的样子。想想看，我们整日就是拿笔改这改那，与文字较劲。也难怪那些砌砖工和公交车司机都对我们嗤之以鼻。我们甚至连健康都谈不上。

对维多利亚时代的文员来说，满是墨渍的双手是他们的职业标志，代表着他们卑微的社会地位，正如鲍勃·克拉奇蒂[①]一样。

---

① 鲍勃·克拉奇蒂（Bob Cratchit），狄更斯小说《圣诞颂歌》中的人物，是一名普普通通的办公室职员。——译者注（如无特殊说明，本书脚注均为译者注）

手会因农业事故而致畸、致残，或因受虐而骨折、变形。“碎手”是施虐者的一门“手艺”。耶稣会会士约翰·杰拉德（John Gerard）曾在其拉丁文自传中描述，在伊丽莎白时代末期，他因卷入火药阴谋（Gunpowder Plot）①的关系网而被囚禁于英格兰，并遭受了残忍虐待。他的双手伤得极重，以致刚开始的时候他连笔都握不住：

> 我的手几乎毫无知觉。足足五个月的时间，我才恢复触觉，但直到后来也未痊愈。我在事情发生半年后趁机逃跑，那时我的手指依然总感到麻木。

他拖着残痛的双手，几乎无法写字。而这恰恰是施虐者们的意图所在：书写正是狱中耶稣会会士们交流的方式。他们用隐形墨水写密信，与外界沟通联络。

不仅历史学家能从你的手中看出端倪，法律更能让你的手背叛自己。罪犯可能会失去他的“罪恶之手”——受到被砍断的刑罚，又或者被烙上印记，以向公众宣示罪身。人们很难逃避这样公开的印记。在都铎时代的英格兰，罪犯可以提出“文员优待”的要求来豁免死刑。换句话说，他们可以宣称自己是教会的一员（这项辩护仅需诵读几句《圣经》原文即可生效），从而免于死刑。但他们的拇指会被烙上印记，以防日后再钻这个法律空子。16 世纪，英国有个败家的花花公子安东尼·伯尔尼（Anthony Bourne），他派一名法国人用匕首刺杀他的妻子伊丽莎白。这个“杀人未遂者”（其暴行未能得逞）最终以手上的烙印被宣告有罪。

手之所以令历史学家着迷，还因为它们会随着时间衰老——它们是当之无愧的历史档案。无论是黄褐斑、雀斑、粉刺、皱纹，抑或是皮肤失去弹性，都会在手上留下标记。对于这一变化最美的诠释之一，可见于美国画家托马斯·伊金斯（Thomas Eakins，1844—1916）的画作《书写大师》（*The Writing Master*，见图 1）。该作品创作于 1882 年，以最令人惊叹的方式，描绘了一

① 发生于公元 1605 年，其时一群英格兰天主教徒意图暗杀英国国王詹姆士一世，该计划最后以失败告终。

个将毕生献给双手的大师。而这伟大的诠释恰恰出自另一位将毕生献给双手的人。一人写，一人画，形式不同而已。这位画家的父亲本杰明·伊金斯（Benjamin Eakins），正是画中的“大师”。他是一位书法家，也是教授书法的老师。画作中，这位德高望重的大师正伏案创作，落在他身上的光线被画家处理得极具美感。如果有机会与本杰明握个手，你会发现他的手像丝绸一样爽滑柔软。

画中的伊金斯手持钢笔，用书写进行交流。长久以来，我们的手本身就是重要的交流媒介。许多人们现今熟知的手势——握手、竖起大拇指、“剪刀手”、敬礼、击掌和碰拳——都蕴含象征意义。历史上还有一些较冷门的手势——如咬拇指或弹下巴，它们在特定的语境中具有的意义仍有待发现。

悲恸

想象一下撕扯胡须的感觉。英国德文郡的埃克塞特大教堂（Exeter Cathedral）西侧展现了中世纪英格兰建筑的杰出特点。该教堂始建于公元932 年，起初是一座诺曼式教堂。1340 年，教堂西侧围屏的重建工作启动，从动工到完成足足耗费了 130 年有余。这面有百余尊雕像的西侧围屏，标志了一段伟大历史时期的终结。那些雕像嵌在壁龛内，上下共三层，四周雕刻着细节丰富、手法精致的植物、动物和天使像。这面围屏几乎占据了该教堂西侧三分之一的面积。它本应当被整体着色的；然而，如今我们所看到的——尽管依旧令人惊叹——不过是大教堂旧时荣耀的一席暗影。这无疑是欧洲 16 世纪宗教改革运动的代价之一。

>> **埃克塞特大教堂（Exeter Cathedral）**

埃克塞特大教堂建于公元 932 年，位于英格兰西南部埃克塞特城，之后重建为哥特式建筑。其显著亮点包括教堂西侧的雕像群、英格兰最长的不间断拱顶，以及天文时钟。

这些中世纪雕像使用的都是当地出产的石灰岩。石灰岩固然是极好的石料，但却无法免于风化。相当多的雕像已失去了原有的特征。唯有一尊雕像，因其精湛的制法和颇为古怪的姿势而格外显眼。它紧挨着教堂西侧大门，展现的是一个躬身撕扯自己胡须的男子。在我们看来，这个姿势很奇怪，然而，在中世纪时期，这一特殊姿势往往代表着悲恸。创作于8世纪的英雄史诗《罗兰之歌》（*The Song of Roland*）对此做了生动的诠释。这部史诗描述了查理大帝（Charlemagne）看到外甥罗兰英勇战死、横尸沙场时的样子。在众人面前，他陷入了狂乱。查理大帝被“泪如雨下”的士兵们围在中间，“拉着白胡须，用双手撕扯头发”[①]。

>> **查理大帝（Charlemagne，742—814）**
>
> 查理大帝，或称查理曼，在其统治时期，统一了欧洲大部分地区。公元768年，查理大帝成为法兰克王国国王，公元774年打败伦巴德人称王，公元800年被加冕为神圣罗马帝国皇帝。

埃克塞特大教堂雕像的含义神秘莫测，每一尊雕像的身份也仍存争议。其中肯定有耶稣的门徒，有先知、布道者，还有犹大王国的一众国王。从王冠和王室风范可以看出，那位扯胡子的老人显然是一位国王。如果要找出一位英国国王，其整个统治时期及后世声誉都被“悲恸”所定义，那么亨利一世（Henry I，1068—1135）无疑是最好的人选。公元1120年，亨利一世唯一（婚生合法）的儿子不幸溺死于海难，导致英格兰陷入一场漫长而血腥的内战。据说，当听到这个消息时，亨利一世崩溃晕倒、悲恸不已，从此，脸上再无笑容。前文所提到的那尊雕像很可能正是这位最悲惨的英国国王。

这个撕扯胡须的姿势极具私人情感，充满感染力，并且出于本能。它是“姿势”历史的一部分。而任何形式的身体运动——无论是站、走、坐，还是亲吻、脱帽行礼、鞠躬——都是一种姿势。我们不断运动的身体本身就是一本历史教科书，具有意想不到的宝贵价值。

王权

在历史长河中，“手”在各类仪式活动中同样扮演着重要角色，比如“携

① 杨宪益译，上海译文出版社。

查理二世进行“国王触摸”（由罗伯特·怀特雕刻于 1684 年）

手迈入婚姻殿堂”，或是“举手起誓”。这其中有一个尤为有趣的例子，“国王触摸”（royal touch），即国王用有仪式感的触摸来治愈疾病，尤其是一种被称为瘰疬的严重皮肤病。瘰疬往往与结核病有关，会因淋巴结感染而对颈部造成巨大损伤。在一些晚期案例中，颈部组织甚至会肿胀、破裂，从而留下开放性的化脓伤口。20 世纪后半叶，随着结核病患病率的降低，瘰疬也不再常见。但在整个中世纪时期，英格兰和法国的人们都相信，“国王触摸”（指君主双手轻轻触摸）能治愈疾病。人们后来还将瘰疬称为“国王之魔”。这种“治愈能力”不仅与“君权神授说”息息相关，同时还与中世纪颇为盛行的君主制半神化的迷信脱不了干系。英法的国王将盛行的观念用于统治的合法化，并以个人魅力、军事及财政力量来巩固自己的地位。

对这个神奇治愈属性的描述，最早出现于公元11世纪。彼时，总有些人希望亲自见证这种超自然力量的神威。于是，君主身边的人士便会发放一种“皇家硬币”(royal coin)，作为“入场门票”。“国王触摸”逐渐成了一种习俗，一直持续到16至17世纪，甚至更久。据说，英国女王伊丽莎白一世（Elizabeth I，1533—1603）曾在某次仪式上“触摸”了一千余臣民；生性张扬的法国国王路易十四（Louis XIV，1638—1715）对触摸病患这个习俗很反感，尽管如此，他仍在一天的时间里，接见了超过1700名被疾病折磨的患者；复辟不久后的英国君主查理二世（Charles II，1630—1685），在治愈仪式上甚至“触摸”了至少十万臣民。尽管教会并不赞成这种仪式，认为它是落后的迷信习俗，但这种让普通百姓与王室要人近距离接触的习俗似乎成功延续了下来，比如人们喜闻乐见的英国皇家游行，或是定期举办的皇家花园派对。

亲密关系

我们所探讨的手的历史意义，是指赤裸的手，而非戴手套的手。礼节习俗影响着人们的行为规范，决定了人们在何种场合可以将手裸露在外而不失礼貌。约定俗成的是，下属在上级面前要赤裸双手。比起男性，女性更被容许戴手套。在17世纪的英格兰，觐见王室成员、上教堂或法庭时，都需要赤手。同样，在吃饭和握手时，赤手也是一种有礼貌的表现。因为裸露的手被视为关系亲密、友好的象征，除非天气冷得让人难以忍受。在17世纪的波兰，下属会亲吻上级的手。被亲吻者应递出赤裸的手，反之则是在表达不悦。比方说，公元1644年，瓦迪斯瓦夫四世·瓦萨（Ladislaus IV Vasa，1595—1648，波兰国王）就曾向一位克拉科夫市的市民伸出了一只戴着手套的手，让其亲吻。这可是王室极度不满的表现。简而言之，赤手曾是表示对他人尊重的重要标志。

历史研究显示，手也是“男女有别”的。人们看待男性手和女性手的方式是不同的。女人白皙的双手被理想化为女性美的感官表达。16世纪，意大利侍臣、作家巴尔达萨雷·卡斯蒂利奥（Baldassare Castiglione，1478—1529）在其撰写的行为举止规范中提到：

对于手来说亦是如此。如果它们纤细美丽，偶尔在需要时才将手裸露可见，而非刻意卖弄，那么人们想要再见到它们的欲望便会非常强烈，尤其是在重新戴上手套之后。每个不刻意裸露双手的女人，都不会太在意自己的手被看见与否。正因为如此，她们的手更具自然之美，这种美不是靠努力可以得来的。

在英格兰近代早期较为受欢迎的婚礼习俗中，新娘赤手是一个传统，象征着纯洁和亲密。而新郎的手则不必赤裸。莎士比亚戏剧《罗密欧与朱丽叶》充满情欲地描写了男女牵手的场面。在第一幕第五场中，罗密欧牵着朱丽叶的手说：

要是我这俗手上的尘污
亵渎了你的神圣的庙宇，
这两片嘴唇，含羞的信徒，
愿意用一吻乞求你宥恕。①

此处，朱丽叶“神圣的女性”（sacred feminine）之手与罗密欧亵渎粗糙的男性之手形成鲜明对比——这不禁又引出一个非常重要的问题：如果把手遮住，会发生什么呢？接下来，我们就来讲讲关于手套的意想不到的精彩历史……

① 朱生豪译，人民文学出版社。

第二章

手套

手套的历史关乎……

关乎神圣罗马帝国、馈赠礼物、下毒和男子气概。

詹姆斯老兄有恋手套癖。虽说这是他最近才染上的癖好，但是在过去的几年里，他已经展现出了对手套的沉迷。这个我们称之为“手套”的东西，被德国人欣然叫作“Handschuh”（直译为“手穿的鞋子”），而在盎格鲁-撒克逊人看来，手套是“glof”。手套让人迷恋的一部分原因，在于旧时手套的复杂而精致之美——譬如精良的皮革或丝质做工、绝妙的刺绣图案和样式设计。但最令人着迷的原因是：手套与历史之间存在着如此“触手可及”的紧密联系。手套曾经套住了那些成就历史之人的双手，而去研究它们也似乎是在真正“触碰”历史。

神圣罗马帝国

就拿这只（原有一副两只）靓丽夺目、饰以珠宝的皇家手套来说吧（见图 2）。它很可能产于西西里的巴勒莫地区（Palermo），历史可以追溯至大约 1220 年前的一段时期。它曾是神圣罗马帝国皇帝正装礼服中的一部分，也是我们两个（指本书两位作者）所见过留存至今的最令人叹为观止的手套——就像迈克尔·杰克逊的手套那样惊艳……只不过多了一些珠光闪耀。这副手套由红色丝线制成，上面装饰着宝石、珍珠、珐琅彩铭牌（或徽章）和金线，让人眼花缭乱。手套的正面——也就是手心那面——有一只展翅的老鹰（神圣罗马帝国的国徽图案）。这只老鹰由金线缝制而成，做工复杂而精良。手套背面同样延续了图案细节之丰富——腕口位置绣有两只鸟。极具天赋的德国艺术家阿尔布雷希特·丢勒（Albrecht Dürer，1471—1528）很可能在一幅查理大帝的肖像画中描绘了这副手套，该作品现藏于位于纽伦堡的日耳曼国家博物馆

(Germanisches Nationalmuseum，见图3)。在这样一个特定的历史节点上，没有哪件事物像手套这样更能象征皇权。在皇帝搭配得体、富有魅力的服饰中，奢华的手套是一部分。而皇帝的奢华恰恰代表了辉煌、地位和高贵。要用五花八门的宝石和凝聚匠人心血的绣工来制作这样的手套，恐怕要花掉不少钱。

莎士比亚

手套是怎样制成的？让我们带着这个问题到手套作坊里一探究竟——正是威廉·莎士比亚的父亲开的那家。约翰·莎士比亚（John Shakespeare，1531—1601）是沃里克郡埃文河畔斯特拉特福德（Stratford-upon-Avon）镇上的一名手套工匠。在那个年代，当一名手套工匠不仅需要制作手套，还需要准备制革用的兽皮和鞣革。这些都是劳动密集型工作，甚至可以说是一份可怕的差事。它们构成了莎士比亚早期生活中非常重要的一部分。难怪莎士比亚在许多戏剧作品中多次提到手套的制作，将这个令人好奇的行业描写得十分生动。

在《冬天的故事》（*The Winter's Tale*）第四幕第四场中，毛波萨（Mopsa）和欧陶利克斯（Autolycus）在剪羊毛节上提到了气味芬芳的手套；在《爱的徒劳》（*Love's Labour's Lost*）中，俾隆（Biron）"凭着这洁白的手套"（第五幕第二场第 411 行）起誓；亨利五世（Henry V）和李尔王（King Lear）都曾以手套作为向对手宣战的标志；在《温莎的风流娘儿们》（*The Merry Wives of Windsor*，1602）中，莎士比亚将手套行当里的制革工具与男性角色关联起来，斯兰德（Master Slender）说道："他不是留着一大把胡须，像手套商的削皮刀吗？[①]"

这里所说的削皮刀（paring knife）是一种非同寻常的环状切割工具，刀刃锋利，分量又重。它还有一个木质手柄，用于处理兽皮这种费力的环节。它可以在鞣革前，将兽皮上的血、毛和脂肪剔除干净。只有处理得当，才能将皮革依照手的形状和轮廓来切割。这份又脏又累的工作通常都是由男人承担，女人们则会在后期往皮手套上绣制装饰和图案。这个行业由中世纪手套行业公会

① 朱生豪译，人民文学出版社。

（The Worshipful Company of Glovers）管理。该公会成立于 14 世纪，至今仍欣欣向荣，在与手套及制作相关的仪式习俗上扮演着重要角色。

习俗与文物

手套本身就充满仪式感与象征意义。自 10 世纪起，手套便被用于罗马的各种礼拜仪式。在其他宗教活动中，它出现得甚至更早。这些神圣、精美的手套往往是编织而成的，绣有复杂精致的宗教主题图案，在世界各大博物馆里被留存至今。它们见证了从中世纪起沿用至今的手套习俗，比如天主教庄严的主教弥撒仪式。不过，在宗教改革运动后期，这些习俗逐渐被新教国家淘汰了。

>> **宗教改革运动（Reformation）**

1517 年发生于德国，是西方基督教分裂运动。这场涉及范围广泛的文化剧变直接导致了新教主义的崛起，并永远地改变了欧洲。

在宗教仪式上戴手套，是想将“神圣”与“世俗”区别开来，保持手套主人的神圣与纯洁，避免被世俗的“人类”之手玷污。来自荷兰南部的一张挂毯描绘了几位身着宗教服饰的主教，而手套正是他们服饰的一部分。这张挂毯的历史可以追溯到公元 1400 至 1410 年。今天，人们仍能在众多博物馆中看到这种宗教手套。伦敦的维多利亚和阿尔伯特博物馆（Victoria and Albert Museum）中就藏有一副教会的手套。它十分精致，来自 16 世纪的西班牙。手套由红黄两色丝线织成，并裹有银片。其中一只手套顶部还绣有基督教的字母图案“IHS”①。

手套在英国君主制的仪式庆典中也扮演了重要角色。英国女王伊丽莎白一世（1558 年即位）和伊丽莎白二世（1952 年即位）在各自的加冕仪式中，手持神圣的王权宝球和权杖时，均戴着由手套行业公会专门制作的精美手套。市长及高级市政官员在办公或生活中也会戴专用手套，在他们的肖像画中往往也表现的是他们戴着手套的形象。手套是他们权力的视觉象征。除此之外，一系

① 拉丁语 Iesus Hominum Salvator 的首字母缩写，为“人类救主耶稣”之意。

列与重要人生节点有关的仪式庆典中，手套也有自己的戏份：在婚礼上，手套会作为一种礼物分发给宾客；在 17 至 18 世纪的葬礼上，前来哀悼的人会受赠一副象征尊敬的黑色手套。显然，在各行各业中，手套都有它自己的位置。

知名历史人物——比如帝王或君主——的手套在其主人去世后，便可能成为文物，比如苏格兰女王玛丽一世（Mary，生于 1542 年，1587 年被处决）的手套和英国国王查理一世（Charles I，生于 1600 年，1649 年被处决）在断头台上戴过的手套。玛丽一世的手套是一只绣工精致的皮质手套，上面绣着一只飞鸟，边缘处点缀着银色吊坠珠子。大约六十年后，查理一世的手套出现了。这副手套现藏于伦敦兰贝斯宫图书馆（Lambeth Palace Library），它的型号更大一些，绣着金属质感的装饰图案，边缘有丝线点缀。据说，查理一世的这副手套上还沾着行刑时留下的血迹。如今，作为被处死的君主的遗物，这些手套已经不再具有它们本身的功能属性了。显然，在手套的生命周期中，它们曾有过不同的意义：起初是出于保护或时尚目的而被佩戴，而后也许会变成馈赠的礼物，会成为家传世代的物品，或是成为被珍藏的文物，用以纪念它们仅佩戴过一时的主人。

兰贝斯宫图书馆（Lambeth Palace Library）

建于 1610 年，是坎特伯雷大主教的图书馆，也是英格兰教会历史资料档案的主要存放处。

性

手套在不同的情境中具有不同的意义，那就要看人们到底用手套做了什么事了，这才是至关重要的。在中世纪至近代早期的社会中，一个男人向另一个男人投掷手套意味着对其的侮辱或宣战，而一个女人若在男人面前掉落一只手套，或是在其肖像画中表现出一只垂落的手套，那便是一种“可以发生性关系”的暗示。约翰·德克里兹（John de Critz）于 1605 年前后创作的一幅肖像画正是绝妙的例子。这幅画描绘的是伊丽莎白一世的侍女安·瓦瓦索尔（Anne Vavasour），画中的她身着格外时髦的绣花礼服裙，右手戴着手套，而另一只手的手套悬垂在左手指间——暗示着这位女子可与他人发生性关系。因此，当谈到她混乱的情感生活时，人们并不感到意外。瓦瓦索尔曾与“女王的首席勇士”（Queen’s champion）亨利·李爵士（Sir Henry Lee）通奸，并于1618年被判重婚罪。

在宫廷里，一个女人需要戴上手套才可以与其他朝臣有肢体接触，或与他们跳舞。摘下手套则是一种充满情欲的姿态。托马斯·米德尔顿（Thomas Middleton）①创作于1622年的戏剧《调包婴孩》（*The Changeling*）中有一个著名桥段。剧中，碧昂特丽斯–约翰娜（Beatrice-Joanna）故意掉落了一只手套，希望英俊的阿尔思美洛（Alsemero）能够发现它。不料却被令人憎恶的仆人德弗洛勒斯（De Flores）拾到。得知事情后，她把另一只手套也丢到了地上。第一只手套已经被人碰过了，她现在只想和这副手套断绝关系。而德弗洛勒斯的回复却充满了性爱意味，并把手指硬塞进手套里来亵渎它们：

> 我知道她宁可穿上用我的皮制成的
> 柔软舞鞋一双，
> 也不愿让我像这样强努手指
> 往她的手套里装。
> 我知道她恨我，
> 却除爱她别无选择。

>> 托马斯·米德尔顿（Thomas Middleton, 1580—1627）

与莎士比亚同时代的戏剧作家，砌砖工人之子。代表作有《诚实的婊子》（*The Honest Whore*，1604）、《咆哮的女孩》（*The Roaring Girl*，1611）、《齐普赛的纯洁少女》（*A Chaste Maid in Cheapside*，1613）、《棋局》（*A Game at Chess*，1624）等，其中《咆哮的女孩》与托马斯·德克（Thomas Dekker）合作完成。

---

① 维基显示，该剧由米德尔顿与威廉·罗莱（William Rowley）共同创作。

馈赠礼物

前文提到了以丢弃手套来表示对憎恶之人的拒绝。反过来，赠予手套即表示对他人的认可和接受。将手套作为礼物馈赠他人这件事，有一段与众不同的历史。在伊丽莎白一世统治下的英格兰，手套与宫廷赠礼密不可分，并且出现在令人惊叹的皇家新年赠礼名录（New Year' s gift rolls）上。这张 12 英寸（1 英寸 =2.54 厘米）长的羊皮纸清单，一面记录了伊丽莎白一世收到的礼物，另一面记录了女王送出的物品，可谓是绝佳的史料来源。它不仅翔实地记录了在伊丽莎白政权下仪式化的礼物交换传统，同时也准确记录了哪个人在哪一年最受女王“宠爱”。毕竟，获许进入王宫觐见君主已是莫大荣耀。女王收到的各类礼物中，有几十副饰以珠宝的手套，样式五花八门。例如，1579 年的礼物名录中，记有这样一条：“威廉·拉塞尔（William Russell）赠，手套一副，配以金质及珍珠饰物”。

具有贵族血统的女王贴身侍女（women of the bedchamber）曾是协调政治关系的关键人物。递赠礼物——包括手套——成为这种复杂政治交换中的重要部分。弗朗西斯·柯伯汉姆女勋爵（Frances Lady Cobham）在一封写给伯利勋爵（Lord Burghley）的信中如实描述道：“女王陛下已收到所赠手套，对其喜爱有加，特命我为此向君致谢。”并补充说道，手套上的纽扣和所饰丝线“甚得陛下欢心”。其实，许多进献给女王的手套都被喷过香水。比如，1578 年的礼物名录中记载的这条：“彭布罗克伯爵夫人玛丽·锡德尼（Lady Mary Sydney[①]）赠，香味手套一副，上有 24 颗金质小纽扣，每颗扣上镶有钻石一枚”。味道奇异的香水，让手套更添高雅奢华，同时还能有效掩盖兽皮本身的浓郁异味。

伊丽莎白女王收到香味手套，这事颇为有趣。它引出了历史学家们面临的一个嗅觉难题：如何用气味重建过去。如果能弄清女王的手套究竟是怎样一种味道，那便是绝妙的好事。16 至 17 世纪时，香味手套的配方出现在了手稿或印本中。其中就包括英国作家哲韦斯·马克汉姆（Gervase Markham）所著

---

① 维基显示为“Sidney”。

《英国家庭主妇》（*English Housewife*，1615）一书中提到的“沁人心脾”的香味手套的配方。而这本书中还有一句尤为性感的推荐语，称女人们应该任由她们香气弥漫的手套“在你的胸间散尽水分，而后随心用之”。

>> 如何喷制香味手套

欲成功喷制香味手套，须取甜杏仁油、肉豆蔻油、本杰明治愈用油少许，龙涎香一格令①，麝香两格令，然后将其全部混合均匀，在碾磨成粉后，涂抹于手套上。不过要注意，在此之前，须用大马士革玫瑰泡制的花瓣水将手套浸湿。

毒药

向君主馈赠礼物是近距离接触君主的过程，是需要近身的“亲密”举动。而香味也往往与毒药有“亲密”关系。因此，向君主赠礼不免带来了各种安全问题。伊丽莎白一世时期，接近女王的机会受到严格管控。所以，在那个时候，更为有效的暗杀武器不是匕首，而是手套。毒手套的事并非无人耳闻，甚至还有一些被搬上了戏剧舞台。比如，在克里斯托夫·马洛（Christopher Marlowe）创作的戏剧《巴黎大屠杀》（*Massacre at Paris*，1593）中，年迈的女王接过被下了毒的手套后，说道：

我觉得这手套的香水味异常浓重，
这味道使我头痛……
……这致命的毒药
在我胸口燃烧。
我的头颅将要炸裂，
我恐怕，将要死掉。

① 格令，古英语写为 graine，重量单位，等于 0.0648 克，用于称量药物等。

>> **克里斯托夫·马洛（Christopher Marlowe，1564—1593）**

英国戏剧作家、诗人、政府特工，父亲是鞋匠。1564 年受洗。1593 年，在位于德普特福德（Deptford）的一所房子内被刺身亡。

毒药更多是通过气味被摄入体内的，而非通过皮肤吸收。伊丽莎白一世时期，令女王忧心忡忡的暗杀活动几乎从未间断。1563 年，伊丽莎白女王即位后没几年，由国务大臣威廉·塞西尔（William Cecil）负责起草的预案措施中，针对新任女王的“衣、食”方面问题指出：女王切勿接受来自任何陌生人的“服装或袖套”以及“手套”，以防它们“被异香所盖”——换句话说就是，以防手套的香味有毒。

>> **威廉·塞西尔（William Cecil，1520/21—1598）**

都铎王朝时期重要的政治家，曾是亨利八世的私人侍从，后成为伊丽莎白一世的首席顾问。

男子气概

手套会为其佩戴者带来危险。但反之，手套也会成为佩戴者的守护者。手套对手的保护作用体现在许多的活动当中，每种活动背后又是一段非同寻常的独特历史。比如，人们戴上橡胶手套，使用家用化学清洁剂打扫卫生；又比如，人们戴上小山羊手套（这里所说的是由小山羊皮制成的手套，因小山羊皮有其独有的特质）用于应对现代战争中突发的火情。尤为值得一提的是棒球手套，它们是我们洞见过去的一个令人着迷的窗口。起初，棒球运动员是不戴手套的。而今，手套已然成为棒球运动，乃至整个美国的象征性物件。棒球运动疑似起源于 18 世纪末期，最早于美国内战时期（1861—1865）流行起来。早期的棒球运动中，球速很低，并且全都是肩下投掷。然而，渐渐地，这项运动的速度、强度和频次都有所提高。直至 19 世纪 70 年代，手茧和骨折成了棒球运动员的标配。在美国重建时期，它们也成了男人的标志。在这样的历史背景下，手套在棒球运动中有了接球防守的作用。

虽然我们不知道棒球手套始于何人，但可以肯定的是，查尔斯·C. 韦特（Charles C. Waite）是其中一位“先锋人士”。韦特是美国康涅狄格州纽黑文市（New Haven, Connecticut）最早的一批棒球运动员之一，曾在1875年对战波士顿队的比赛中戴上了手套。当时，他戴的是一只无指接球手套，上面并没有现代棒球手套的缝线。最关键的是，那只手套的颜色是“日晒形成的”浅褐色，这恰巧是他的肤色。其实，韦特是有意选择了这样的颜色。因为如此一来，场外的观众便很难看出他戴了手套。当时，戴手套是件让人羞愧的事情。韦特选择这样的颜色来保护自己作为男人的尊严。后来，（来自波士顿队的）著名棒球投手 A. G. 斯伯丁（A. G. Spalding）质疑韦特比赛时戴了手套。韦特随后向其承认了此事，称自己选择浅褐色手套也是因为连他自己都觉得“有点儿害臊”。韦特“隐藏”手套的计划化为泡影，为此，他受到了来自观众和队友的调侃和嘲笑。不过，这个想法却起到了“抛砖引玉”的作用。大约一年后，斯伯丁成立了一家体育用品公司，生产和销售棒球手套。斯伯丁的名气为手套抹掉了羞耻的色彩，而他售卖的手套基本上都是黑色的。由此，手套从“不可告人”的角色摇身一变，成了棒球运动的象征，令人引以为豪，棒球手套更是因此定义了棒球运功，也让美国人对男子气概有了新的认识。

守护历史

手套的历史是否还有另外一面呢？戴手套仅仅是为了保护手吗？是否有为了保护手中所持之物胜于保护手的人呢？这个问题与历史本身密切相关，或者说与一个历史学家的工作密切相关，特别是当他们处理历史物件——尤其是历史手稿——的时候。

我们都看过历史纪录片。片中的主持人在翻阅古籍或珍贵的手稿时，都会戴一副白手套，以期让观众感到对神圣典籍最崇高的尊敬。不过，这只是纪录片导演的小把戏，为的是引发观众的惊奇感。因为在档案界，人尽皆知的是，戴手套可能会对手稿造成损伤。读者——或者说是翻书者——与其戴手套，不妨在触碰手稿前，先将手洗净并擦干，去除有可能损伤古书的油脂成分。专家们认为，大多数情况下，洁净干燥的双手比手套更好。在触碰古籍、手稿或易碎纸张时，戴手套反而会让手失去必要的触感，降低手的灵敏度，更加容易抓坏纸张。更严重的是，手套的棉质纤维可能会擦除书页上的颜料、墨迹或其他材料。手套的棉线还会轻而易举地勾起书页的边角。当然，在档案保存方面，手套有时也有用处，不过都是在一些特定情况下，比如触碰铅质印章或老照片时。

事实上，历史学家戴着白手套手持文物是 19 世纪才出现的新现象。当时，摄影师们热衷于戴棉质手套，保护底片不受油腻指印的污损。久而久之，这个惯例便从照片冲洗室延续到了珍贵古籍和档案阅览室。如今，档案管理员们毅然投入到了抵制手套的斗争之中。1999 年，这种不经大脑、一味跟风的手套潮流，在专业人士之中引起了强烈的反应。美国马萨诸塞州史密斯学院（Smith College）珍本馆馆长曾写道：“我要求我的读者，任何时候都不要戴任何材质和样式的手套，除非需要查阅照片。非要让好好的读者戴上不适用的家伙事儿，结果让他们失去了应有的触感，变得笨手笨脚，真不知道这样做的逻辑到底在哪里！”这个观点对任何一位想要“读”懂某个物件的历史学家来说，都十分重要。不管是一副手套，还是一份纸质文件，需要用手的时候丝毫不比用眼的时候少。人的触感是了解历史的宝贵工具。所以，如果你要翻阅文件，首先要记住清洁自己的双手，确保手上没有任何化学物质——说到这里，让我们来聊聊下一个重要的话题：香水的历史……

第三章

香水

香水的历史关乎……

关乎记忆、乌贼喙、宗教改革运动，

关乎猫、凝固汽油弹和瘟疫。

记忆

气味与记忆有着超乎想象的紧密联系。法国小说家马塞尔·普鲁斯特（Marcel Proust，1871—1922）曾指出，气味是唤醒过去记忆的关键途径。他在著名的长篇小说《追忆似水年华》（*In Search of Lost Time*，1913）中写道：

> 当人亡物丧，过去的一切荡然无存之时，只有气味和滋味长存。它们如同灵魂，虽然比较脆弱，却更有活力，更加虚幻，更能持久，更为忠实。它们在回忆，等待，期望，在其他一切事物的废墟上，在它们几乎不可触知的小水珠上，不屈不挠地负载着记忆的宏伟大厦。

仔细回想你人生中的不同阶段，哪些特别的气味会让你重拾儿时的记忆？唤醒童年的可能是母亲的香水味；新修剪的草坪的味道；希腊酸橙树的味道；普罗旺斯薰衣草的味道；又或许是洁厕灵的气味——那时，处在叛逆期的你第一次喝醉，在马桶边吐得一塌糊涂，是洁厕灵的气味最终遮住了马桶盖和桶身的味道。这些被气味唤醒的记忆带有强烈的个人感受，会触发往事之间的关联和意义。

研究气味的科学家们告诉我们，气味之所以能唤醒记忆，是因为我们鼻子里的嗅觉细胞会将接收到的气味信息传送至大脑。大脑则负责把“好闻的味道”

和“难闻的味道”分别储存，以备日后“召唤”。这项研究归功于理查德·阿克塞尔（Richard Axel）和林达·B. 巴克（Linda B. Buck），他们论文的标题就十分引人注目——《气味受体与嗅觉系统组织方式》。他们是 2004 年诺贝尔生理学或医学奖的获得者。诺奖委员会在官方总述里这样解释道：

> 一种独特的气味能够触发独特的记忆，这些记忆可能来自童年，也可能会与我们未来生活中（积极或消极的）激动情绪关联起来。比如某次我们吃了一只不新鲜的蛤蜊，而后身体出现了不适。这段记忆便会在我们头脑中留存数年之久，并让我们对任何含有蛤蜊的餐肴都没了食欲，不管它们有多美味。失去嗅觉是一种严重的缺陷，因为我们再也无法感知食物的不同品质，也无法侦测到由气味——比如着火时的烟味——传递出的警报。

这段话正是我们如今对气味的理解。对气味的解读本身就是一个历史事件。它能够告诉我们，在历史长河中，在特定的地理位置和历史时期，人们是如何看待气味的。我们所说的“气味的历史”与“感觉的历史”息息相关。这些感觉来自我们的肢体感官：触觉（手）、味觉（舌头）、听觉（耳朵）、视觉（眼睛），当然，也少不了我们这里所讨论的嗅觉（鼻子）。

历史的味道

香水的历史，或者说嗅觉的历史（“用嗅觉感知过去”），是个颇具挑战性的篇章。千百年前的气味几乎无法留存到今天，除了极少数例外情况，而这种“极少数”的特质更加赋予了它们强大的历史吸引力。

其中两个幸存于世的“极少数”案例均来自海难沉船。由于种种原因，沉船成了尘封海底的“时间胶囊”。1545 年，亨利八世的军舰“玛丽·罗斯号”（Mary Rose）在朴次茅斯港口附近海域与敌人交战时被击沉。它重重地沉入了海底，以致船壳深深地陷进了索伦特海峡的淤泥中。淤泥像一条毯子，将它裹在海底无氧的环境中，这一裹就是 437 年。1982 年，“玛丽·罗斯号”被打捞上来，揭开了整个都铎王朝的面纱。船上的众多区域里，有一处很快被人们保护起来，那便是船上的医务室。医生的药箱里摆放着一组装有各种药膏和其他药用成分的瓶子。当考古学家将其中一个瓶子的瓶塞开启时，他们邂逅了来自都铎时期的薄荷醇的味道。

“玛丽·罗斯号”（Mary Rose）

亨利八世统治时期英格兰的著名军舰，于 1511 年正式下水，在世界范围内具有重要的历史意义。它在与法国和苏格兰的战争中“效力”长达 34 年之久。1545 年，在朴次茅斯港口附近海域与敌人交战时被击沉。1982 年被打捞上来。

另一个幸存案例出现于 2011 年。人们在百慕大地区发现了一艘沉船残骸。这艘船就是于 1864 年沉没的“玛丽·西莱斯特号”（Mary Celestia）。人们把它打捞上来后，在船头位置发现了多瓶完好无损的香水。瓶身的字样显示，它们出自伦敦一家创建于 1855 年的知名香水商——皮瑟尔 & 鲁宾（Piesse & Lubin）。这两位勇敢而聪明的合伙人留下了大量历史材料，并改变了香水的历史。W. G. 赛普特姆斯·皮瑟尔（W. G. Septimus Piesse）是个天才，他根据乐理中的“音调”发明了香水的“香调”，为香水的味道划分出层次。皮瑟尔为它取了一个颇为巧妙的名字——“香器”（odaphone）。维多利亚时期的一些著名香水皆由皮瑟尔 & 鲁宾公司研制。它们不仅成为香水史上风靡一时的流行味道，还让我们对维多利亚时期的市场营销策略有了一定了解。

皮瑟尔 & 鲁宾公司研制的部分香水款式

龙涎香（1873 年）	匈牙利皇后水（1873 年）
毛马齿苋（1873 年）	红没药花束（1875 年）
今日之花（1875 年）	白玫瑰（1875 年）
鸡蛋花（1880 年）	亲吻（1880 年）
桃金娘（1880 年）	嬉戏（1894 年）

即便我们如此了解皮瑟尔和鲁宾，但我们并不知道他们研制的任意一款香水闻起来究竟是什么味道，直到那艘百慕大沉船浮出水面。2014 年，科学与

历史碰撞出了新的火花——沉船上其中一个香水瓶被打开了。人们对香水的成分进行了分析，百慕大香水公司甚至对其进行了复制。

在此之前，已经有科学家使用极具开拓性的方法对历史气味进行了采集、分类和分析理解。在百慕大沉船中使用的方法有个惊人的名称——气相色谱分析与质谱检测法。科学家们利用碳海绵对有机化合物的吸附作用，采集来自古籍、老物件，甚至是建筑物的气味。成功采集之后，经过专门仪器的加工处理，便会得到一张图纸——或者说是一份配方。它记录着某种特定气味的具体化学成分。比方说，“旧书页气味”的成分包括乙酸（俗称醋酸）、糠醛、苯甲醛、香草醛和己醇。这丝毫不亚于历史本身的气味——“气味有历史”这件事或许会让你惊讶，但谁又会想到，历史本身也是有气味的呢？

通过将气味成分拆解的方式，我们可以记录下这些气味，并在日后进行“气味重组”。这对博物馆和历史遗迹有着重要影响，当然了，还有那些对历史的气味问题感兴趣的历史学家们。1078 年，英国伦敦塔（Tower of London）建成，塔下的面包房里飘散出小圆面包的香气。你可以试想一下还原那种美味的可能性。当然，如果是还原一些难闻的恶臭，那就有些倒胃口了，尽管这样做或许也有意义。

那么，其他气味呢？比如某个一战士兵伤口上坏疽的味道，或是维京遗址约维克（Viking Jorvik）下水道的气味，抑或是泰晤士河两岸动物脂蜡烛令人作呕的深坑①散发的气味。

动物脂蜡烛行业公会

伦敦动物脂行业协会，成立于 1300 年前后，致力于保护及管理动物脂相关行业。动物脂是一种由动物脂肪提炼而成的产品，广泛应用于动物脂蜡烛、燃油、油膏、润滑油及防腐剂中。

那些气味或许真的令人作呕，但它们也有重要的意义。史料中常常会记载恶臭，而且是最不堪的那种。尤其是焚烧人肉时的味道，总能在人们脑海中烙下深深的印记。无论是奥斯维辛集中营还是凝固汽油弹，它们带来的恐怖感觉

① 动物脂贩卖商贩会在深坑里将动物骨头和脂肪煮成制作蜡烛的材料。

都通过感官记忆的方式与气味建立起了一定联系。

伊斯特·格罗斯曼（Esther Grossman）是奥斯维辛集中营的幸存者，他曾这样描述在集中营里炼狱般的生活：

> 一口肉我也咽不下去，因为焚烧人肉和毛发的气味让我感到恶心和恐惧。我们看着燃烧的火焰，听着阵阵凄惨的尖叫，闻着人肉和毛发被焚烧的味道。尖叫声彻夜未休，火焰高蹿，将整个天空染成红色。

受限于当时特定时间和特定地点，我们只能凭想象去理解那个气味。在幸存者的记忆中，它留下了不可磨灭、痛苦难忍的疤痕。

香水成分

在某些情况中，留存下来的香水配方能使还原香味成为现实。我们能在各式各样的地方找到香水配方的踪迹，比如草药手册、园艺书籍或宗教宣传册中，以及有关瘟疫的文字记录里。有了这些文字资料，我们便可以重建感官上的体验。

17 世纪，英国一本关于配方的书中记录了一个芬芳的香薰配方，名为“待燃香水”（A Perfume to Burn）。这告诉我们，当时所用的香水通常都是自制的：

> 取松柏粉 2 盎司（1 盎司 =28.35 克），本杰明治愈用油、苏合香脂各 1 盎司，橄榄油 6 滴，麝香 10 格令（1 格令≈ 0.06 克）。将上述成分混合后加入龙须胶拍打至酱状，然后将其浸入玫瑰花或橙子花泡制的水中，而后揉成大粒豌豆状，按扁后放入盘中，置于烤箱中烘干或太阳下晒干，以备使用。保存时，务必将其置于煤铲上，你会闻到阵阵令人愉悦的香味。

香水中非同寻常的成分一度是家喻户晓的东西。戏剧作家甚至会在剧作中提及这些成分，制造喜剧效果。例如，在莎翁的剧作《皆大欢喜》（*As You Like It*）第三幕第二场中的人物对话里，提到“宫廷里的老爷们手上都是涂着麝香的”，这其实是牧羊人柯林（Corin）的一个误解。不过柯林此言的初衷是为了嘲讽自己双手的粗糙，同时对宫廷官臣的一种取笑。另一位牧羊人随即解释道，那麝香实际上是“一只猫身上流出来的龌龊东西”——也就是猫的肛腺分泌物。这句解释对喜剧效果起到了锦上添花的作用。这里所说的麝香是指麝猫香（Civet），它的确是香水的成分之一，主要用作香水的稳定剂。这样一来，我们看待这个例子的角度就有了变化。没错，全天下的优秀喜剧都来源于现实：一方面，廷臣手上确实涂有香剂，这是事实；另一方面，香水的成分往往非同寻常——有时甚至是非常不讨喜的成分，这也是不争的事实。

在这些“不讨喜”的成分中，迄今最有名的，要数龙涎香了。至今它仍出现在一些香水的配方中。虽然科学家们仍无法确定龙涎香里到底含有哪些物质，但就目前所知，龙涎香已经足够令人不悦了。简单地说，龙涎香是在抹香鲸肠子里形成的一种物质。抹香鲸主要以乌贼为食，科学家们在成块的龙涎香中发现了乌贼的喙状口器、眼球晶状体和羽状壳（一种坚韧的内脏），这些是乌贼身上最坚硬部分。因此，科学家们认为，当抹香鲸分解或排出自身无法消化的物质时，龙涎香就产生了。按理说，抹香鲸定期会将乌贼身上较坚硬的部分吐出来，但有时却不这么做。于是，乌贼的喙状口器和眼球晶状体就会进入抹香鲸的肠道，最终在那里形成龙涎香块。所以，龙涎香的形成实际上来自鲸消化系统的缺陷或者说失能。一段时间后，抹香鲸体内积累起来的喙状口器便凝固在一起，体积也越来越大，最终它像一座大坝一样，在肠道对粪便的再吸收过程中截留了粪便中的其他固体物质，逐渐形成龙涎香块。不过，我们仍不能确定，龙涎香块到底是怎样被排出抹香鲸体外的。它们要么随着排泄物被排出，要么（在一些龙涎香块体积过大的情况下）造成鲸肠梗阻，从而导致鲸因肠壁破裂而亡。最终鲸的尸体腐烂了，成千上万的海洋生物们将其撕成碎片，龙涎香才得以漂浮在海上。据估测，一百头抹香鲸中，只有一头体内会有龙涎香。可见，每一块龙涎香都可谓是极其罕见的奢侈品。

一旦被鲸排出体外落入海里，龙涎香便会开始另一段转化过程。它们半泡在咸海水里，漂荡着经受阳光的烘烤，有时这个过程可以持续数百年之久。只有历经了这个过程，龙涎香才会成为香水商眼中的至宝。龙涎香也因此极具历史意义——它是世界上众多只能通过时间打磨并随时间流逝而愈发珍贵的东西之一。然而，对于龙涎香的海洋流浪史，我们往往不得而知。因为我们无法知道，哪块龙涎香是在何时何地被哪只鲸“炮制”出来的。从这个角度来看，龙涎香既具历史意义，又毫无历史背景可言。总而言之，龙涎香是一个无懈可击的历史难题。每块龙涎香的发现都出于偶然：也许是在它被海水冲上岸后碰巧绊倒了某个海滩上的拾荒者，又或许它卡在捕龙虾的网笼中被渔船打捞上来，甚至可能在一条鱼的肚子里。1909 年，《华盛顿邮报》（*Washington Post*）曾报道称，一名渔夫在波士顿附近的海域中捕获了一条剑鱼。他在剑鱼肚子里发现了一块龙涎香，估价约为两万美元——这可是一笔非同寻常的财富。

龙涎香的价值不仅体现在它的罕见程度上，也体现于香水商对其特性的需求。最重要的就是它独特的气味。自发现龙涎香的那天起，人类便竭力想要将这种气味描述得清楚准确，然而始终是徒劳。在《美国药学杂志》（*American Journal of Pharmacy*）1844 年的一篇文章中，作者形容龙涎香具有“陈旧牛粪般的气味”。而在《纽约时报》（*New York Times*）1895 年的一篇文章中，作者像是在抓住救命稻草一样，拼了命地描述道：“就像新收割的干草味、蕨类植物潮湿的木香味和紫罗兰最微弱的清香混合在一起的味道”。如此难以描述的气味，恰恰是龙涎香的奥妙——每块龙涎香的形成都是独一无二的，因此造就了每块龙涎香独一无二的气味。而且，不同的人在闻同一块龙涎香时所获得的嗅觉感受也会有所不同。如此一来，龙涎香的神秘就变得更加难以捉摸。对香水商来说，龙涎香还有另一方面的价值——香水的稳定剂。简单来讲，龙涎香可以将香味固定在一起，降低挥发的概率。那个年代，香水成分完全取之于天然，天然成分很难稳固地凝结在一起而不消散。像龙涎香这样的稳定剂对香水商来说尤为重要。毕竟，香水商们创造出这些美物可不是为了让它瞬间“灰飞香灭”的。

一旦掌握了炉火纯青的制作工艺，香水商们的艺术杰作便会被视为财富、社会地位和个性的象征。其中最好的例子莫过于 16 世纪 90 年代芬芳四溢的凡尔赛宫。那曾是一个世界瞩目的舞台，是“太阳王”路易十四的居所和宫廷。如果当时留下的史料记载可信的话，那么凡尔赛宫里的花园中、庭廊间、房间里都飘荡着令人陶醉的香味，甚至连那里的喷泉都香气扑鼻。根据法国作家圣西蒙公爵（Duc de Saint-Simon，1675—1755）的记载，凡尔赛宫的花园里，玫瑰香气逼人，以致“没人能在花园里待得太久”。凡尔赛宫也因其浓郁的香味而被人称为“芳香的宫殿”。

凡尔赛宫

凡尔赛宫（The Palace of Versailles）

位于法国巴黎附近的一座皇家庄园。建于 1624 年，最初是亨利八世去乡下打猎时的歇脚之处，后被路易十四（Louis XIV）扩建为一座恢宏的宫殿。1682 至 1789 年，这里曾是法国政治中心及皇家宫廷所在地。

除此之外，宫廷里每个有身份的女性都有自己与众不同的香水款型。比方说，德奥蒙女公爵（Duchesse d' Aumont，1759—1826）最喜欢含有芫荽、鸢尾、丁香、菖蒲、香附子味道的香水；杜巴利夫人（Madame du Barry，1743—1793）偏爱橙花油[①]、香柠檬[②]、薰衣草、葡萄蒸馏酒、迷迭香混合在一起的味道；成为法国王后的玛丽·安东尼特（Marie Antoinette，1755—1793）的香水名为“王后的觉醒”（Sillage de la Reine），主要由晚香玉[③]、橙子花、茉莉花、檀香木、鸢尾和雪松调制而成。宫廷里每个重要的女人都有属于自己的气味签名。这些香水可不是从商店里买来的，而是根据她们的喜好专门调配的定制款式。国王路易十四要求侍者将他的所有房间都喷上不同味道的香水。然而，在他生命的最后几年里，即便是最清淡的香味都会引起他的偏头痛。路易十四后来下令，只要有国王在场的地方，禁用任何香水。

凡尔赛宫浓郁的香水味之下，是宫人们华服下发臭的体味。可见，香水的历史也是人类体味的历史，与清洁、洗澡及肥皂的历史紧密相关（这些东西又有着有趣和意想不到的历史）。曾经，欧洲人认为洗澡有害健康。到了

① neroli oil，产自较为苦涩的橙子树的花簇。
② bergamot，一种香甜的柑橘属水果。
③ tuberose，一种龙舌兰类植物，常见于法国境内。

19 世纪中期，由于霍乱肆虐，人们开始提高洁净用水的使用率，将垃圾排放系统化，并配置了有效的排污系统。人们洗澡的次数多了，用浓郁香水味遮掩刺鼻体臭的需求也就少了。

个人卫生的焦虑

19 世纪后半叶，美国经历了一场“个人卫生革命”。在此之前，美国都市里的居民也像他们的欧洲朋友一样，对洗澡这件事疑心重重。如今，他们却十分享受淋浴、刷牙等。当时，在市场营销部门的协助下，广告公司巧妙地利用了女性对保持美和性吸引力的不安和脆弱的心理，收获了理想的市场销量。这段历史着实具有启迪意义，它向我们讲述的，不仅是广告公司恃强凌弱的营销手段，同时也是对女性焦虑的惊人诠释。

1930 年 5 月 21 日刊发的《速写》杂志中的广告内容

1888 年，世界首个身体除臭剂在美国费城诞生。营销人员在宣传时采用“Hum”这个词语，暗示其可以“保守秘密”，或者称“保持缄默”，不再让人因体味难闻而尴尬。直至今日，这个品牌的止汗剂仍然在售。在当时，它是用于腋下的乳霜，光滑又油腻。早在 1912 年，在销售名为“Odo-Ro-No”的止汗剂时，广告人竭力想让女人们相信自己散发出来的气味（当时他们将其简称为“体味”）不佳，甚至都没有人告诉她们这个事实。1930 年，《速写》（*The Sketch*）杂志里刊登了一则李施德林（Listerine）漱口水的广告，广告口号赫然醒目：“永远只是伴娘，从未做过新娘”，暗示“随着女人的年龄突破可悲的三十大关”后，她们的口臭问题可能会让其成为“剩女”。

这些公司不仅将女性市场稳握手中，还将目标瞄准了男性市场。因为男人们也发现了，不好闻的体味有可能会葬送自己的职业生涯，让他们在金融领域失去成功的机会——据说这是 20 世纪上半叶美国男人的普遍焦虑。因此，从这个角度来讲，香水的历史又是“糟糕体味”这一观念的发展史。曾经，在宫廷里使用香水是为了掩盖难闻的体味。而今，人类身体散发出的天然麝香竟然也令人反感起来。市场营销总监们随即选择主动出击，想方设法让男人们感到不快，敦促他们喷上除臭剂并经常用肥皂清洁身体——说到这里，我们就要聊到“气泡的历史”了……

第四章

气泡

气泡的历史关乎……

关乎童真、绝望，关乎法国大革命，

关乎非凡的毅力和“点缀隐士”。

转瞬即逝

历史中的气泡无处不在，只要你知道上哪儿去找它们。气泡最早出现在16世纪中期的木版画里。这些木版画表现的是小孩子吹泡泡和追泡泡的场景。其实气泡还隐藏在其他不为人知的地方。谁是今日气泡产业里的佼佼者？答案同千百年前一样：面包制造业。在烘烤面包的过程中，酵母吹起无数微小的气泡，将面团膨胀起来。蓝松鸦（blue jay）和翠鸟（kingfisher）身上的颜色是如何形成的？答案同样与气泡有关。羽毛角质中的气泡使羽毛最终只散射出蓝光，呈现出近乎彩虹气泡般的光泽。维苏威（Vesuvius）火山的爆发使罗马面包的原貌得以在庞贝（Pompeii）古城保存下来。18世纪的一位中国新娘曾佩戴过翠鸟羽毛样式的头饰。尽管许多气泡能够以不同形式留存至今，真正的气泡却无一幸免，皆以破灭告终。这也正是它们的魅力所在。它们非凡美丽——半透明的球形气泡焕发出彩虹般的光泽，小巧轻盈，飘向空中。它们转瞬即逝，“嘭”的一声烟消云散。气泡的易逝，备受诗人、作家、艺术家们喜爱。马克·吐温（Mark Twain）曾在游记类作品《傻子出国记》（*The Innocent Abroad*，1867）中写道：“肥皂泡是世间最美的东西，是大自然中最精致的存在……我很好奇，如果世上只有一个肥皂泡，那得花多少钱才能把它买下来。”

>> **维苏威（Vesuvius）火山**

意大利那不勒斯附近的一座火山，曾于公元 79 年喷发，导致庞贝和赫库兰尼姆（Herculaneum）两城被大量火山灰掩埋。意大利作家、政治家小普林尼（Pliny the Younger）曾对这场灾难做了详细描述。直至 1599 年，（被火山灰掩埋的）保存完好的城市才被人们发现。

艺术创作中的气泡

对于艺术家来说，还有什么事要比将转瞬即逝的东西化为永恒更难的呢？画作《吹肥皂泡的少年》（*Soap Bubbles*，1734）是最令人惊艳的气泡形象之一。这幅画出自法国艺术家让·西梅翁·夏尔丹（Jean-Siméon Chardin）之手（见图 4）。夏尔丹一直着迷于富有挑战的创作，例如绘画当代巴黎人的童年游戏。他从擅长描绘气泡的 17 世纪荷兰艺术家身上汲取灵感。夏尔丹的这幅作品表现了一位不贫不富、垂着长鬈发的英俊少年，趴在窗台上，用极纤细的吸管吹出了一个极其完美丰润的大泡泡，阳光笼罩着它。另一个年纪更小的男孩——可能是少年的弟弟——倚在只比他矮一点的阳台边上，聚精会神地看着泡泡。两兄弟屏住呼吸，等待充盈的泡泡飞起、爆裂，永远地消失。

这幅画显然洋溢着欢乐天真的气氛。它无疑受到了时代风气和画家个人经历的影响。但是，这幅画的背后隐藏了一个秘密：它表现的并非轻盈和愉悦，而是沉重的悲伤。夏尔丹创作它是为了哀悼突然离世的妻儿。家庭生活的欢乐如气泡般突然破裂，恰似画中那个圆润的肥皂泡。这幅作品反映的并不是那种闲逸的欢快，它映射的是一个震惊中的男人，渴望找回自己突然间失去的东西，找回被无常世界夺走的幸福时光。

除此之外，这幅画还与法国大革命相关。它展现了法国大革命前的一代人所生活的法兰西世界。这个时期的艺术家对那个世界难以忘怀，频繁地将它作为自己的创作源泉，表达一种大革命来临前的无知与轻浮。于是，历史学家可以驻足凝视这幅画，试想画中的少年——甚至是这名少年的后代——是否能在即将到来的杀戮中幸存下来。这个气泡不仅关乎一个少年的欢乐时光或艺术家的沉痛内心，更关乎一个民族的自我毁灭史，关乎世界历史这片无垠大地上的一个深邃裂隙。

夏尔丹的这幅作品声名远播。1867年，爱德华·马奈（Édouard Manet）在创作《吹泡泡的男孩》（*Les Bulles de Savon*）时就已经知晓它的存在。绘画中气泡形象的历史可一直向前追溯：意大利艺术家多索·多西（Dosso Dossi）的画作《财富寓言》（*Allegory of Fortune*，约1530年），表现了古典作品中寓意财富的经典形象坐在一个大气泡上（见图5）；阿德里安·哈恩曼（Adriaen Hanneman）的画作《两个吹泡泡的男孩》（*Two Boys Blowing Bubbles*，约1630年）；以及卡斯帕·奈彻（Caspar Netcher）创作于1679年的一幅表现男孩吹泡泡的作品。将气泡比喻为人或人生的创作手法最早可追溯至罗马作家马库斯·特伦提乌斯·瓦罗（Marcus Terentius Varro，前116—前27），他在著作《论农业》（*De Re Rustico*）中写道："人就像气泡一样。"不难看出，无论广义的气泡史，还是狭义的气泡艺术史，夏尔丹那幅《吹肥皂泡的少年》都具有独特的历史意义。

广告

19至20世纪，孩子吹泡泡的形象被用到商业活动当中。只不过，这次是为了售卖肥皂。1886年，伦敦的A&F佩尔斯（A. & F. Pears，也称"梨牌"）肥皂公司在宣传公司产品时，使用了英国艺术家、插画家约翰·埃弗里特·米莱斯（John Everett Millais，1829—1896）的一幅作品。画中，一个胖乎乎的小男孩在和泡泡嬉戏，他望着自己吹出的泡泡飘向"梨牌香皂"（Pears Soap）四个大字（见图6）。这是广告史上最成功的气泡形象之一。在这里，气泡不仅代表童年的单纯和天真，还象征着19世纪后期蓬勃发展的生活理念：清新洁净的洗浴、洗衣和个人卫生。

19世纪中期，在英格兰中产阶级间形成了一种爱干净的观念。人们将肥皂视为与个人体面息息相关的生活必需品。这无疑推动了肥皂的销售。早在17世纪80年代，小规模肥皂厂商便已出现。但直到18世纪中期，人们才开始大规模生产肥皂。梨牌香皂的广告语“洁身制度”[1]针对的是大众消费市场，鼓励人们定期洗澡，保持个人卫生。与此同时，欧洲各城市的自来水基础设施也相继发展起来。到了19世纪末期，美国和欧洲的富裕家庭都能享受到温热的自来水和独立浴室了。

童年

气泡史的核心，在于“吹泡泡”这个精彩的童年游戏。至今，吹泡泡都是一项老少咸宜的娱乐活动，不仅如此，它还是一件颇为“有益”的事情：现在，吹泡泡被定期用于各类治疗当中。在维多利亚和阿尔伯特博物馆的童年馆（Victoria and Albert Museum of Childhood）中，展出了许多留存下来的精致黏土吹管和塑料气泡吹具。

吹泡泡这项娱乐活动的“道具”实在是太容易拼凑了，只需要一截歪歪扭扭的电线和一点肥皂。它不愧为老少咸宜、操作简便的大众消遣。1918年，美国宾夕法尼亚州威尔金斯堡（Wilkinsburg）的约翰·L. 吉尔克莱斯特（John L. Gilchrist）递交了一份泡泡吹具的专利申请。它的“生产成本较低，各部件拆装方便，极易清洁，组装操作简易无门槛”。这是最早的泡泡吹具专利产品之一。它意味着，吹泡泡游戏的单纯和快乐成了童年的标志性经历。从无数来自不同时间和地点的史料中，我们发现了吹泡泡背后的历史，比如，D. C. 比尔德（D. C. Beard）的著作《美国男孩实用手册：做些什么与如何去做》（*The American Boy's Handy Book: What To Do and How To Do It*，1882）一书中，有一个名为“肥皂泡的新玩法”的章节。他在文中滔滔不绝地讲起了肥皂泡，并称吹泡泡竟是如此让人上瘾的一件事。

> 恍若一场美梦；当它犹在时，我们进入梦乡，可才一瞬的工夫，它便消失殆尽，未留任何曾经存在的痕迹，只余一段美丽的回忆。鲜有人愿意只做旁观者，大多数人都无法抑制自己尝试去吹泡泡的冲动。

---

[1] Order of Bath，在英国，授骑士衔的仪式中有“洁身”这一环节，因此，英国的一项骑士制度被命名为“洁身制度”，此处的广告语旨在制造一语双关的语言效果。

这项娱乐活动中蕴含着一种奇怪的魅力或乐趣，没几个人觉得自己已经到了无法享受那份乐趣的年纪。

紧接着，比尔德描述了时下流行起来的“肥皂泡派对”。派对上，宾客们围在一个盛有肥皂泡沫的潘趣酒碗边上，用黏土吹管吹泡泡。谁吹的泡泡最大或是谁吹的泡泡在空中飞得最久或最高，谁就能得到奖赏。这类派对似异常热闹聒噪。比尔德写道：

> 也许你能想象得到，这些派对都很有趣。一开始，每个人都竭力给旁边的对手捣乱，场面既混乱又欢乐。就在这时，女主人突然宣布，如果大家想得到奖赏的话，就必须遵守新提出的游戏规则，要求每个人管好自己的“分内事”，不要给别人搅局。

16 世纪表现儿童吹泡泡的木版画

气泡的神奇魔力不仅变幻出了一个永不过时的童年游戏世界，也感染了成人的玩乐。孩子，还有数学家和科学家皆为之着迷。

艾萨克·牛顿

气泡拥有近乎完美的几何结构，绚丽又难以捉摸。和其他自然奇迹（雪花、蜘蛛网或是叶子上的霜印）一样，它也是大自然的非凡馈赠。一直以来，这些事物都是科学家们迷恋的研究对象。在讲述自然界故事的同时，气泡也是困扰科学家已久的科学难题。比方说，要如何测量一个气泡表层的厚度呢？这是一个让过去的天才们大展身手的经典谜题。有想法了吗？没有。好吧，让我们有请艾萨克·牛顿。

1704 年，牛顿利用气泡研究光的干涉现象，并在研究过程中正确地测算出了肥皂泡的表层厚度。他发现，气泡的表层厚度其实是不均匀的，最薄处仅为 250 万分之一英寸（合 0.000001016 厘米），厚度是一张纸的 1/4000。作为描述气泡表面光学现象的第一人，他将自己的发现写入了《光学》（*Opticks*）一书中。同时，借助气泡，牛顿发展出了著名的光学理论，也就是后来人们熟知的棱镜对光的色散理论。自此，气泡成了科学研究的常客。诺贝尔奖得主皮埃尔-吉勒·德热纳(Pierre-Gilles de Gennes)研究的是气泡与表面活性剂(一种可以降低物体表面张力的化合物）。1991 年，他在接受诺贝尔奖时的演讲词中提到：“表面活性剂让我们得以保护水体表面，生成这些美丽的气泡。它们是孩子们快乐的源泉”。

漠视

从古至今，气泡都令人着迷。与此同时，它也是一种有重要历史意义的隐喻：人们用“生活在气泡里”来比喻脱离现实、脱离日常的生活。这种作风在一些政客和君主身上有着强烈的体现。他们被阿谀奉承、唯唯诺诺之辈袒护，对百姓疾苦漠不关心。至今，人们仍会用“威斯敏斯特气泡”（Westminster bubble）一词来形容伦敦那些只专注于自我的政客。他们挤在权力的走廊上，全然不了解真实的民生状态和国情。所有重要的政治中心——比如华盛顿、柏林、巴黎、东京或是布鲁塞尔等——都不乏自己的“气泡温室”，里头“住”着自我耽溺的政界精英。

其中最负盛名的例子来自法国大革命前的巴黎。彼时，路易十六（Louis XVI）君主制的政治对手们注意到，奥地利出生的王后玛丽·安东尼特住在仿佛气泡的凡尔赛宫中，冷漠、奢侈、轻浮。在一个广为流传的故事中，当得知百姓连面包都吃不起的时候，王后竟然说“那就让他们吃蛋糕好了”。事实上，这个故事“纯属虚构”，这句话出自法国哲学家让-雅克·卢梭（Jean-Jacques

Rousseau）1782 年的自传《忏悔录》中。虽然并无史料证明路易十六的王后曾说过此话，但这个故事却流传至今。这的确很有意思。基于大众观念的流言成了人们诽谤这位法国王后的工具。事实真相已无关紧要。对反对君主制的共和党来说，玛丽·安东尼特是一个脱离现实的形象——一个住在“泡泡”里的王后。

>> **玛丽·安东尼特（Marie Antoinette，1755—1793）**

路易十六的妻子，1789 年法国大革命前最后一任王后，因生活作风奢侈并抵制社会改革而广受批评，1793 年 10 月 16 日被送上断头台。

一方面，统治者和政治领导人将自己与人民脱离开来；另一方面，在不同的历史时期里，又有一些人竭力寻求脱离主流社会，建立他们自己的“世外桃源”。在牛津大学里，教师和科研人员为学术忙得不可开交。他们被戏称为待在“牛津气泡”（Oxford bubble）里的家伙。像牛津大学这样“与世隔绝”的机构还有很多，其中不乏中小学校、专科学院、俱乐部和团体组织。它们在有意无意间加剧了这种“两耳不闻窗外事”的程度。

隐士

纵观历史，有不少宗教团体都切断了与世俗生活的联系。取而代之的是一种禁欲主义式的生活，远离世间的堕落和自满。基督教会早期历史中，这样的例子不胜枚举。他们远离尘嚣，鲜与甚至不与外界有任何联系。基督教徒圣安东尼（St Anthony, 约 251—356）曾孤身一人来到埃及沙漠，过起了隐士生活；叙利亚的一位圣人，人称“修行者西蒙”（Simeon the Stylite，约 390—459），曾在 600 英尺（1 英尺 =0.3048 米）高的柱子顶上生活了三十余年；公元 563 年，圣高隆巴（St Columba，521—597）来到苏格兰高地上的爱奥那岛（island of Iona），与另外 12 位信徒共同建立起一座教堂和一间修道院。

对大多数人来说，这种禁欲主义还是很有感染力的。许多人都知道，它是基督教的重要教义之一。自中世纪早期开始，基督教就旨在发展有条不紊的集体修道观主义。僧侣和修女在各自的修道院里过着与世隔绝的生活，拒绝世俗化的欲望，追求纯粹的精神生活。

修道生活有一套严格的原则条例。中世纪早期的《圣本笃会规》（*Rule of St Benedict*）就是一个影响力巨大的例子。20 世纪有一位奉行圣本笃会规的修道院院长——“圣提里的威廉”（William St Thierry）①，他在对法国克莱尔沃修道院的描述中谈到了修道院与世隔绝的情况：

> 下了山坡，进入克莱尔沃修道院后，乍看之下，你会觉得这是一座神殿；寂静的山谷却在那一众朴素的建筑中勾勒出耶稣最真实的清贫与谦卑。而且，在这座僧徒众多的山谷里，没有人无所事事，人人都静静地忙于各自分配的任务，山谷里始终充斥着暗夜般深沉的寂静，能听到的只有人们的劳作声和唱诗仪式上的吟唱声。

对于政客自我耽溺的生活方式，人们常嗤之以鼻。因为那些人完全脱离了实际。但对于修道主义来说，远离世俗恰恰是其要义：保持生活与灵魂的洁净，献身于虔诚祈祷与上帝之爱。对此，气泡的隐喻意义起到了促进的作用。

克莱尔沃修道院（Clairvaux Monastery）

法国东北部一座西多会修道院，建于 1115 年，由法国修道院院长圣伯纳（St Bernard）及众多身强力壮的信徒花费十年时间辛苦建造完成。其最初的主建筑现已成为废墟，但仍保持了西多会修道院的最早期样貌。

更世俗一些的修道者被称为“点缀隐士”（“ornamental” hermit）或“花园隐士”（“garden” hermit）。顾名思义，他们隐居在花园里，修行之处即是“气泡”。在那里，隐士们基本上都过着独居生活。

18 世纪至 19 世纪初期，“点缀隐士”迎来了全盛期，成为乡村花园里的“人物景点”。在乔治王朝时期的英国，社会精英群体中也出现了这类隐士，他们的存在引来无数好奇的目光。人们甚至把自家的花园宣传得好似旅游胜地

① 原英文为 William St Thierry，个人觉得应为“William of St Thierry”，“圣西提”是威廉所在修道院的名字。

一般，邀请这些隐士造访和居住。1810年1月11日出版的《速递》（*Courier*）杂志中刊载了一则广告。该广告的发布者是一位即将踏上归隐征途的“准隐士”，他正在为自己寻找隐居之所。他在广告中写道：

> 鄙人是一名年轻男子，欲远离尘嚣，于英格兰便捷之地归为隐士，愿与有心收留之贵族或绅士同朝夕。有意者请致信S. 劳伦斯（请预先支付邮费），地址：普利茅斯科尔曼街6号奥顿先生的铺子。来信请备注可支付的酬费及其他特殊待遇，鄙人将按时前往。

这个颇为有意思的请求是否得到了回应，我们就不得而知了。不过，有一点很明显：这位隐士不单是找个容身住所，还指望能得到一份薪金。

霍克斯通（Hawkstone）庄园是理查德·希尔男爵（Sir Richard Hill, 1732—1808）一处位于什罗普郡（Shropshire）的房产，那里便有一处隐士居所。一段来自1784年的绝佳文字描写了那间居所的主人。年过九旬的弗朗西斯神父（Father Francis）是一位赤脚神父，十分受人尊敬。夏天的时候，他住在一座设计独具匠心的村舍里。要先拉一下门铃，方可获准进入。这位隐士通常坐在屋内，面前摆着一张桌子。桌上放有一个象征死亡的颅骨、一个沙漏、一本书和一副眼镜。在神父清醒的时候，倘若有陌生人造访，他总会起身相迎。尽管已经九十岁高龄，他的各个感官依旧灵敏，令人钦佩。他颇有见识，对众多事物了如指掌，待人非常温和礼貌。

鲜有隐士居所得以留存至今。幸运的是，我们还能在德文郡的比克顿庄园（Bicton House）的花园里找到一处。它藏身于公园中一个与世隔绝的地方，周围是低矮的针叶林和石南属植物。2006年，乡村手工艺人将其修葺一新，还原了它昔日的辉煌。这座木屋坐落在草浅坡斜的地方，台阶一直伸至前门口。在倾斜的六边形屋顶下，木块垒起的墙面仿佛鱼鳞一般。地板上装饰着精致的鹿骨，骨头的关节向上凸起。

“点缀隐士”尽是些令人好奇的人物。但我们很难还原他们的真实生活。隐士们活在自己的“气泡”里，几乎没有留下任何可供人探寻的历史资料。远离社会生活的隐士常居住在黑暗偏僻的角落里——这不仅让历史学家们为之着迷，更为我们引出了下一个重要的话题：“影子的历史”……

第五章

影子

影子的历史关乎……

关乎日月食、冥界，

关乎魔鬼、时间的流逝、宇宙，

关乎刮胡子。

日食

对于萨姆（本书作者之一）和他的家族来说，影子有着极为重要的地位。他至今仍清楚地记得，1999 年 8 月 11 日，在日食现象的作用下，他看见了许多东西。但还有更多的东西是看不见的。

日全食是极为罕见的天文现象。1999 年的日全食是继 1927 年之后，英国境内首次可观测的日食现象。再往前就要回溯到 1726 年了。萨姆极有可能是他的家族中，自 1724 年之后唯一一位在英国境内观测到日全食的人。在地球上，还有比这更难能可贵的经历吗？1999 年，康沃尔郡（Cornwall）的一些居民有幸成为因日食——月亮的影子——而被历史铭记的一代人。

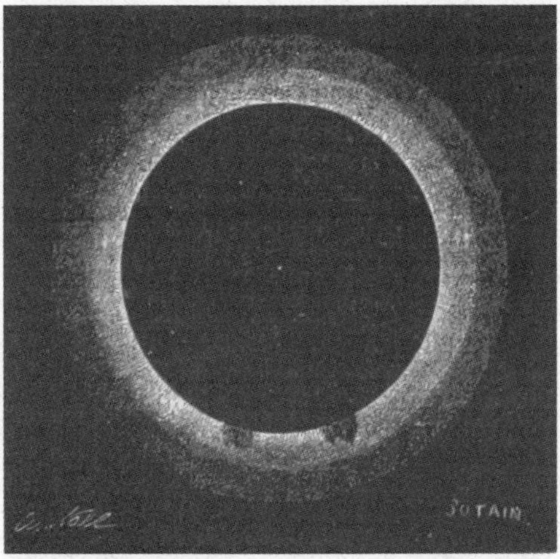

1842 年日全食时的太阳影像 [由法国天文学家伊曼纽尔 · 李艾丝（Emmanuel Liais）拍摄]

众多关于 1999 年日食的一手资料都留存了下来。除了萨姆之外，还有很多人看到了当时的景象。幸运的是，萨姆当时正在一座山崖上，那里正好是康沃尔郡的最佳观测地带。日食发生时，云层突然散开。世界变得灰暗，温度逐渐降低，动物的反应变得异常，而人们也出现了“异常”举止：在英格兰的各处观景点“安营扎寨”，戴着保护眼睛的古怪眼镜，伸长脖子盯着太阳看。鸟儿们的反应最明显。海鸥们在短暂的静默之后，展翅盘旋了一圈便飞向了大海，朝着虚幻的希望鸣叫起来。

上述的动物异常行为是日全食的一个重要标志。日全食有自己独有的历史。1544 年 1 月 24 日和 1560 年 8 月 21 日的两次日全食观测记录中都提到了鸟类的反常行为：它们“停止了鸣叫”，并且出乎意料地“跌落到地上”。人们对哺乳动物、昆虫，甚至植物在日食期间的行为都进行了研究。人们发现，日食发生时蚂蚁会停止活动。1851 年 7 月 28 日，在瑞典利拉埃德（Lilla Edet）地区，有一大群“正忙于搬运的蚂蚁突然停下了脚步，在阳光再次出现前，它们始终一动不动”。待到日食的影子消失后，它们很快恢复了平静。有趣的是，阳光再次普照大地后，该地区的蝴蝶却花了很长时间才恢复常态。

1932 年，人们首次对日食期间的动物行为进行学术研究。日食期间，来自美国新罕布什尔州和马萨诸塞州的 498 名志愿者在各自所在州内观察动物的异常行为。马萨诸塞州的劳伦斯女士可能是其中最不愉快的一位——在日食发生后，她的“食物储藏室里爬满了蟑螂”。康涅狄格州斯托尼布鲁克（Stony Brook）地区的一位男子或许经历了其中最不幸的遭遇——在日食发生的两分钟里，他遭到了蚊群的攻击；日食结束后，蚊子又突然间消失了。从那时起，对日食现象感兴趣的科学家们一直未间断观察研究，探索日食期间野生动物和动物园中动物的行为。

纪年

周懿王（King of Yi Zhou）

中国周朝的第七位帝王，历史学家认为其统治时间为公元前 899 年至公元前 892 年，但具体统治时间不详。公元前 899 年 4 月 21 日的日食记载证实了周懿王统治时代始于公元前 899 年。

关于日食的书面记载从地域、时间顺序，甚至是精准程度方面都令人叹为观止。仅中国，在公元前771年至公元1368年的日食记载就有938次之多。在天文学家的帮助下，历史学家得以利用大量早期的文字资料确定每次日食及文献记载的具体时间。如果一段日食的描述中记录了具体地点，但没有具体日期，那我们就可以通过推算来确定时间。据中国古代的一段文字记载，“懿王元年，天再旦于郑”[①]。我们可以通过它确定周懿王即位的时间是公元前899年；同理，据另一段历史文献记载，“乃季秋月朔，辰弗集于房，瞽奏鼓，啬夫驰，庶人走”[②]，我们便可推算出，夏朝第四位帝王的即位时间是公元前1880年（中国历史上最早的朝代是夏朝）。基于汉代伟大的历史学家司马迁（前145或前135年——不可考）收集的史料，人们此前一直以共和元年——也就是公元前841年——作为中国历史有确切纪年的开始。现在，有了上面的文献推算，中国历史纪年起始时间往前推进了千余年。人们运用类似的方法，还可以推算出上至史前的巴比伦文明，下至17世纪的欧洲史中重要事件的时间。通过日食记载来推算历史日期只是纪年学术史中的一个分支，它旨在利用大量文献资料来构建完整的时间线。早在16世纪，法国宗教领袖、学者约瑟夫·斯卡利杰（Joseph Scaliger，1540—1609）便开始了编年工作。影子的历史诠释了历史本身。

上帝的旨意

随着时间的推移，人们对天象的认知和理解也在不断变化和发展。这一过程十分引人入胜。人们曾认为，投射到地球上的影子有深刻的寓意——它显然是来自上天的神谕。许多宗教事件与日食息息相关，比如基督在十字架上受刑，或是伊斯兰先知穆罕默德的降生。德国宗教改革领袖人物马丁·路德（Martin Luther）将日食视为“邪恶与不详之征兆，仿佛有巨大而可怕的事物降生”。他还指出，在16世纪初期，这些现象出现的频率越来越高。对此，他的解读是：

① 出自《竹书纪年》，指周懿王元年，在郑国一代，同一天内出现两次天亮的现象。

② 出自《尚书·胤征》，指夏历秋天的九月初一，太阳、月亮未在其应在的房宿，乐师敲鼓报警，地方官员快速奔跑召集敬天，百姓们也奔走助力。

这是末日来临的征兆。然而，末日并未到来。他很快又对上述预见嗤之以鼻。1628 年，意大利的占星师依据当年的月食和日食现象预言：意大利教皇乌尔班八世（Pope Urban VIII）即将离世。闻此预言，乌尔班万分惊恐，并发布了一份教皇训谕，明令禁止此类由天象得来的预言。在多明我会（又名宣道兄弟会）修士托马索·坎培内拉（Tommaso Campanella）的带领下，教徒们在封闭的房间内举行了一系列仪式活动，比如点燃代表吉星的蜡烛，播放音乐，饮用或泼洒液体，以期抵消那些令地球陷入阴影中的不详征兆和邪恶影响。

马丁·路德（Martin Luther，1483—1546）

德国神学教授、修士，德国宗教改革的关键人物，对天主教众多教条及宗教习俗表示反对。1521 年，因道听途说的罪名被主教开除教籍，并被神圣罗马皇帝谴责为不法之徒。

天体运动的阴影被解读为各种各样的征兆。同时，在世界各地文化中，人们对人的影子也有着非常有趣的理解。澳大利亚土著文化认为，如果一个人的某件物品被敌人俘获，那么这件物品便可作为符咒，用以伤害此人或致其患病。因此离开营地前，人们会格外谨慎，确保不落下任何物件；如果他们意外拾到敌人落下的东西，则会将其上交首领。原住民们会小心保管敌人的“遗物”，不让它陷入自己的影子里，以防意外发生在自己身上。

公元 19 世纪，印度尼西亚东部群岛中的韦塔岛（island of Wetar）上的一群魔术师声称自己可以用刀或剑刺穿某人的影子并使其患病，就像伏都（voodoo，又称巫毒）巫术里用针去扎娃娃一样。19 世纪的希腊和罗马尼亚流传着一个迷信说法：如果将人的影子埋在房子的地基里，这幢房子便会受到庇护。但是那个人会在一年内死去。当时，人们对此深信不疑。很多传说都提到一些黑心的建筑工人，把无辜的人骗到工地上，偷偷量好他们的影子，等他们走后将影子埋进地基里。不仅如此，在 19 世纪的罗马尼亚，甚至还有人做起了售卖影子的生意。他们将影子“卖”给建筑师们，以确保所盖房子能有稳固的地基。从这个意义上说，影子与盛行的迷信观念紧密相连，被视为一种自我的延伸——就像镜像那样，具有由身体延续而生的神秘特性。

灵魂

古希腊人将人、动物与影子关联起来，认为影子是心灵或灵魂的隐喻。他们曾认为，人的灵魂与影子非常相似。在古希腊神话中，冥界是影子的国度，换句话说——也是死亡的国度。众神之神宙斯在黎西乌斯山（Mount Lycaeus）的住所神圣而不可逾越，如果有人擅入，那么他将会失去自己的影子，并在一年内死亡。

“影子即灵魂”的概念曾以众多形式反复出现。在西方文化中，有一种迷信的说法是，如果魔鬼无法赢得一个人的灵魂，那它就会竭力偷取这个人的影子。1814 年，法国作家阿德贝尔特·范沙米索（Adelbert von Chamisso）的德文小说《彼得·施勒米尔的奇异故事》（*Peter Schlemihl's Miraculous Story*）出版，书中便有关于偷影子的描述。故事中，魔鬼扮成一位灰衣绅士，用魔法变出了一个取之不尽的钱包[①]，以此交换主人公彼得·施勒米尔的影子。魔鬼说：“先生，作为您最谦卑的仆人，我请求您的原谅……我只求获准取下您高贵的影子，装进我的口袋里。”然而，交出影子之后，施勒米尔才发现，没有影子的人在社会里处处碰壁，施勒米尔深爱的女人也轻蔑地拒绝了他。没有影子的人是不可信的，是不完整的。意识到自己的错误后，施勒米尔庄重地说道：

> 我的内心告诉自己，在这样的世界里，金子能将美德压垮，所以影子很可能比金子更值钱。曾经，我为了自己的良好德行，牺牲了金钱，所以这次我选择放弃自己的影子，仅仅为了换取财富。可日后，我又能有何种遭遇呢？

J. M. 巴利（J. M. Barrie）在小说《彼得潘》（*Peter Pan*）中对影子的解读似乎更受人喜爱。故事中，彼得潘弄丢了自己的影子，不得不让同伴温迪帮他把影子缝回到身上。

影子具有重要的文化内涵，它与灵魂和来生等无形之物紧密相关。不仅如

① 即指福图内特斯的许愿帽（Fortunatus's wishing cap），是众多魔法道具中的一个。

此，它与诸多客观存在的事物也有深刻的联系，尤其是流逝的时间。

时间

在康沃尔观测到日食的时候，萨姆突然意识到，站在地球上就像站在一面巨大的日晷上一样。他不断移动的影子代表了时间的流逝：十分钟之前日食还未出现，十分钟之后日食已经降临。影子历史的最初篇章——时间本身的历史——就蕴含在其中。

我们如何判断时间的变化呢？最简单的方法是在地上竖一根棍子，午时左右测量棍子的影长。影长最短的时候便是最精准的正午时分。此时此刻，我们可以通过测量太阳与地平线的角度，轻松算出一个人所在位置的纬度。无论在陆地上还是在海上，影子的历史都与导航史密切相关。

古时候，人类便开始利用影子测算具体时间。众所周知，史上最早的“影子时钟”可以追溯至公元前 1500 年的古巴比伦王国。在接下来的几个世纪里，许多地方都出现了“影子时钟”，并衍生出了一系列五花八门的样式。1570 年，意大利天文学家乔瓦尼·帕多瓦尼（Giovanni Padovani）发表了一篇论著，题目长得惹人发笑——*Opus de compositione et usu multiformium horologiorum solarium, pro diversis mundi regionibus, idq (ue) ubique locorum tam in superficie plana*。文中介绍了制作“影子时钟”的方法，将其结构的秘密公之于众。

更早些时候，人们还发明了“口袋日晷”。从此时钟不再是富人的特权。日晷的发展史跨出了民主化的一大步。一次偶然的历史事件，我们发现了大量的口袋日晷：1545 年，亨利八世的战舰“玛丽·罗斯号”沉没。400 多年后，“玛丽·罗斯号”的残骸才在索伦特峡湾地区被打捞起来。时间仿佛凝固在了船舱里，一个微缩版的都铎王朝被还原在考古学家们面前。专家们在船舱内发现了两万六千件手工制品和木头板块（此外还有许多船员的遗体）。其中最有趣的莫过于那些口袋日晷。

令人惊讶的是，这些口袋日晷种类繁多，而且一直流行到 19 世纪。其中一款名为“寰形日晷”，它针对的人群主要是商人、朝圣者或旅行者。他们需要在不同位置、不同纬度观察时间。为此，旅行者需要查阅日晷装置里配备的地名辞典。然后根据相关信息，将日晷表盘上的指针拨至相应位置来确定正确的时间。这些日晷多由象牙制成，因此又名“牙雕日晷”（ivory diptych sundials）。

在哈佛大学历史科学仪器藏品中，共有 82 只“寰形日晷”，每一只都与众不同，精致万分。其中一只诞生于 1636 年的纽伦堡，属于那些多元的、国际化的旅行者。他们中的很多人都躲开了“历史雷达”，居无定所、无迹可寻。在这只日晷上，“风向玫瑰图”①上的 32 个点用德语缩写标注，风均以意大利语命名；日夜的长度以意大利和古巴比伦时制分别显示，前者以日落为始，将一天平均分为 24 小时，后者则是以日出为始；月相由德语标注；另外，还有一份地名辞典，便于查询 24 个欧洲城市的纬度。除此之外，日晷上还留出一个窄缝，用于放置迷你风向标，方便旅行者判断风会将其带到哪个方向。

哥白尼

哥白尼革命（Copernican Revolution）

哥白尼革命推翻了地心说，以太阳作为太阳系的中心，建立了新的宇宙模型。“革命”始于 1543 年。彼时，哥白尼发表了著名的《天体运行论》。

16 世纪，人们对“影子时钟”的认识有了至关重要的转变。千百年来，人们一直认为，日晷表盘上的影子体现了太阳以地球为宇宙中心的运动。直到 1514 年和 1543 年，尼古拉·哥白尼（Nicolaus Copernicus）撰写了《短论》（*Commentariolus*）和《天体运行论》（*De revolutionibus*），证实了上述观点是错误的——地球其实是绕着太阳转的。随后，许多历史上杰出的天文学家都对这一观点做出了进一步论证。丹麦学者第谷·布拉赫（Tycho Brahe，1546—1601）对哥白尼论点中的观测数据进行了大幅改善（尽管在

① wind rose，用以直观表现风速及风向的工具。

许多方面，布拉赫并不认同哥白尼的观点）；意大利天文学家伽利略·伽利雷（Galileo Galilei，1564—1642）利用新发明的望远镜观测到了金星围绕太阳运转，印证了哥白尼的观点；物理学家艾萨克·牛顿（Isaac Newton，1642—1726）从万有引力的角度解释了围绕轨道运行的天体运动原理。学术历史上最耀眼的明星们耗费巨时研究“影子”，终于发现并解释了地球是围绕太阳运转的——可以说，这是我们认识宇宙的关键，也是人类历史上最伟大的科学突破之一。

胡须

有一些“无关紧要”的东西也和影子的历史及时间的流逝有关。虽说“无关紧要”，却也独特而有趣。它与“五点钟阴影”（5 o' clock shadow）的历史有关——即男人的胡楂。[①] 19 世纪 80 年代，设计师风格的胡须十分流行——假如你想让自己看上去像《迈阿密风云》（*Miami Vice*）里的乔治·迈克尔（George Michael）或唐·约翰逊（Don Johnson）那样的话。然而在 20 世纪上半叶，美国男人胡子拉碴的形象却让人觉得邋遢。对于剃须产品的广告商来说，这简直是他们梦寐以求的营销点。1937 年，美国“电动宝石”（Gem Micromatic）剃须刀的宣传海报上，便怂恿男士们“远离‘五点钟阴影’”，并鼓吹了这款剃须产品严谨的设计和非凡的特性：

> 与“宝石”共洁净！赶走“五点钟阴影”吧。劣质剃须刀只能带来不雅的胡楂。“宝石”刀片配“宝石”剃刀，“宝”你摆脱胡楂“阴影”，清爽一整天！

这次广告宣传可谓大获成功。两年后，他们又利用男人的社交焦虑心理推出了一则更具针对性的广告。这次，海报上打出了“别让人八卦你的‘五点钟阴影’”的标语，两位迷人女士正指着画面外窃笑。不必多想，那个被“指指

① 通常，男士们早上刮胡子，到了下午四五点钟的时候，又会长出新的短胡楂，在脸上形成暗黑色阴影，遂得此称呼。

点点”的人定是一位胡子拉碴的男士。在宣传产品特性之前，广告人提醒读者：“不必太过在意个人形象。有时人们只是出于天性来猜测，或许你不配用上好东西。”

这些出人意料的影子故事引出了下一个话题——胡须的历史……

1937 年美国“宝石”剃须刀宣传海报

第六章

胡须

胡须的历史关乎……

关乎杀人犯、海盗，关乎税收、懦弱，

还关乎克里米亚战争与宗教改革。

无论你对胡须是爱是恨，都不会改变它既悠久又精彩的历史。胡须在不同时期、不同地点，由于不同原因成为时尚潮流，又变得过时落伍。在这个问题上，我们（指两位作者）未能达成共识：萨姆是“pogonophile”（蓄须狂人）。没错，人们发明了一个专有名词来表示对胡须的喜爱。而对胡须的恐惧也有专门的词汇——“pognophobia”（恐胡症）。詹姆斯的脸蛋光溜溜的，顶多在有需要的时候弄个设计师风格的胡子。我们对胡须的选择（很可能）是因为懒惰、疲惫、虚荣、时尚潮流，来自同辈的压力或迎合亲友喜好的目的——毕竟，在亲吻的时候，胡子可不太友好。如今，对大多数人来说，留不留胡子是比较随意的事情。不过，并非所有人都这么认为：塔利班组织对内部成员是否蓄须有非常严格的规定，要求在其统治领域内的男性一律要留大胡子，否则将受到惩罚。过去，蓄须多与重要历史事件有关。在历史学家们看来，胡须也因此显得格外有趣，拥有重要的文化意义。

胡子，留还是不留？

胡子经历过历史上的大起大落。19 世纪 50 年代末，英国曾掀起过一场蓄须潮流。但在其他时期，它似乎并不算时尚。18 世纪，胡须在乔治王朝时期的上流社会中是很老土的。只有恶棍、乡巴佬、老头子和宗教人士会留胡子。在维多利亚时代，军人自然是不准蓄须的。因为他们对外代表的是大英帝国的形象，是制度、权威、训练与气质的产物。只有一些特定的兵团有豁免权，但他们被要求只能蓄八字胡。于是，八字胡便成了这些兵团的标志性特征。法国则截然不同。拿破仑第十骠骑兵团（10th Regiment of Hussars）的士兵以其独特的两鬓胡须及八字胡广为人知。1806 年，这一潮流跨过英吉利海峡，来到英国。时值英国第十龙骑兵团（10th Light Dragoons）更名为第十皇家骠骑兵团（10th Royal Hussars），于是整个兵团都蓄起了八字胡，穿着毛皮，披着羽毛。这种蓄须的时尚潮流迅速席卷英国的其他骑兵团，其中包括禁卫骑兵团（Life Guards）和骑兵卫队（Horse Guards）。于是，胡子在军队里流行了起来。1854 年，英军颁布法令禁止士兵剃去八字胡。一方面这顺应了法国的时尚潮流；另一方面是想让军队看上去霸气凌人。不过，霸气之外，似乎也多了些老气。

克里米亚战争

英国皇家军队曾在名义上禁止士兵留胡子——直到克里米亚战争（Crimean War，1853—1856）的爆发。在塞瓦斯托波尔夺取战（siege of Sevastopol，1854—1855）中，英军最高指挥官拉格兰勋爵（Lord Raglan，1788—

克里米亚战争中的士兵形象，《奥尔巴尼公爵第七十二高地兵团战士：诺博尔、唐森、哈勃》（罗伯特·豪莱特与约瑟夫·坎道尔摄于 1856 年）

1855）为满足士兵诉求，放松了对胡子的管控，允许蓄须。在物质匮乏、气候恶劣的战争中，士兵们不仅省去了刮胡子的麻烦，同时也有了脸部保暖的新法子。战后回到英国后，这些大胡子英雄受到了国人的崇敬与尊重，而胡须则成了英雄气概的象征，被百姓效仿。这些大胡子士兵如此引人注目，维多利亚女王甚至在 1856 年 3 月 13 日的日记中描述道：“那才是真正的勇士……他们都留着长长的胡子，肩上扛着沉甸甸的背包。”

克里米亚战争（Crimean War）

俄罗斯帝国与英、法、奥斯曼帝国、撒丁王国联军之间的战争，起因牵涉当时由奥斯曼帝国控制的“圣地”（the Holy Land）地区的基督教徒权利问题。战争以俄罗斯帝国战败而告终。

懦弱与文明

尽管胡须拥有众多“拥趸”，在某些社会群体中，它却因为各种各样的原因不受待见。罗马历史学家塔西佗（Tacitus）在记录日耳曼部落的民族志《日耳曼尼亚志》（*Germania*）中记述道，对于卡狄人（Cattans）来说，胡子是懦弱和缺乏勇气的体现：

> 此外，在日耳曼其他民族中还沿袭着一种传统……盛行于卡狄部落。一旦卡狄人成年，他们便开始任其胡须恣意生长，直到某天他们杀死一个敌人，才有资格不留胡子，向勇气起誓自己的尊重与敬意。只有付出血的代价，取了敌人的性命，他们才能将脸上的胡子剃干净……而那些胆小懦弱、既不尚武又不好战的卡狄人就只能继续承受留着胡子的“畸形”形象。

古罗马的城市精英们都以干净利落的装束打扮为时尚。他们常常请理发师将自己的胡子刮干净。罗马作家、军事指挥官老普林尼（Pliny the Elder）

在作品《自然志》[1]中提到，奥古斯都大帝（Augustus，前63—14年）从来不会冷落他的剃刀，每天都会剃须。这类精致的城市人，与胡子拉碴的粗犷乡巴佬形成了鲜明对比。

在俄国彼得大帝（Peter the Great）看来，胡子是人类倒退的象征。他甚至命令俄国所有男子都要剃掉胡子。1705年，他又下令征收胡须税，欲将俄国——至少在外表上——变得更加西化，就像其欧洲的邻国一样。这可不是历史上首次对蓄须的严格管控。1535年，法国颁布了一条《胡子法令》，禁止蓄须者进入法庭。这大概也是因为他们认为胡须是不文明、不文雅的象征。如果有人想在法律面前得到公平正义的话，那就得把胡子刮干净再来，以示尊重和诚意。

恐惧

有时候，胡子不仅会让人鄙视，甚至会令人恐惧。19世纪早期，有一种叫作“小伙子读物”的册子流行起来。它是后来大众平装本的先驱。这类册子里的故事多为道德或宗教主题，有些颇为危言耸听。我们要说的正是其中之一：某个有着非凡胡子的连环杀手的恐怖故事——名为《蓝胡子的历史》或《好奇与违抗的致命后果》（*The History of Blue Beard;or, the Fatal Effects of Curiosity & Disobedience*）。该故事发表于1805年，它的主人公是一个留着蓝色胡子的阔绰绅士。“他的蓝胡子让他看上去像个丑陋的坏蛋，以致在他生活的地方，没有哪个姑娘敢与他为伴。”这个“蓝胡子”娶了一位年轻姑娘。起初，她也很惧怕他的胡子，但接触了一段时间后，她觉得“蓝胡子似乎也不是那么可怕。而且，这个蓝胡子绅士非常斯文，相处起来很是愉快”。没过多久，“蓝胡子”要外出办事。临走前，他告诉妻子，家里有一间屋子绝对不能进去，否则将会“受到最可怕的惩罚”。姑娘未能经受住好奇心的驱使，打开了那个房间的门，里面的场景令她感到难以想象的恐惧：房间里竟躺着几个女人的尸体。

---

① *Natural History*，并非现在人们所理解的自然“史”，其内容包罗万象，更像一部百科全书，也有译为《博物志》。

姑娘吓得掉落了钥匙。钥匙沾上了血迹，可她怎么也擦不干净。“蓝胡子”回来后，发现了钥匙上的血渍，知道了他不在家的时候发生了什么。“很好，夫人，”“蓝胡子”说道，“既然你的好奇心这么重，你不妨也在她们中间给自己找个位置吧。”就在姑娘将要被杀害的时候，她的兄弟冲了进来，干掉了“蓝胡子”。这个姑娘顺理成章地继承了他的财产。

这是个不一般的故事。而且，这个故事是有历史渊源的。在这个版本出现之前，“蓝胡子”的故事早就流传了上百年之久。它起源于法国，由夏尔·佩罗（Charles Perrault）创作于 1697 年。佩罗想必也是从众多古代神话传说故事中汲取了灵感。

这个故事的主题很常见：女性的好奇心可能会带来致命的后果。然而，在它背后还隐藏着另一个主题：邪恶也有其吸引力。胡子本身也是人们关注的焦点，比如《圣经》中参孙（Samson）的胡子令人想到力量，亚瑟王传说中魔法师梅林（Merlin）的胡子形象则让人联想起与神秘、魔幻有关的事物。在“蓝胡子”的故事里，他的胡子象征着权力与无法被驯化的凶残兽性。有趣的是，历史上诸多民间传说中，蓝色胡子都是极不寻常的。作者对这份“独特”也做了多种诠释：因为蓝色胡子是比较反常的，所以这个留着蓝色胡子的男人（或者是怪物）也是反常的。他的蓝色胡子稀疏空洞，意味着冷若冰霜、十分残忍。不过，无论人们怎样理解这种蓝色胡子，我们可以肯定，这个故事在任何世代都极具吸引力。历史上一些著名作家甚至还对它做了改编和重述，比如格林兄弟（Brothers Grimm）和查尔斯·狄更斯（Charles Dickens）。

当然，历史上不少传说中的主人公都留着令人生畏的有色胡子。除此之外，还有一个“大胡子”的故事一直令孩子们害怕。这个“大胡子”可不是传说中的人物，他是真实存在的。而且在现实生活中着实吓坏了不少人，他就是黑胡子海盗爱德华·蒂奇（Edward Teach）。

海盗

17 世纪后半叶，海盗的故事开始在各种印刷刊物上出现，并在读者群中掀起了一阵海盗探险的狂热风潮。1724 年，百科式的人物传记著作《最恶名昭彰的海盗抢劫谋杀通史》（*A General History of the Robberies and Murders of the Most Notorious Pyrates*，又作《海盗通史》）出版发行，作者不详。但人们认为有可能是作家兼旅行家丹尼尔·迪福（Daniel Defoe）所著。该书中记录了众多海盗的生平，其中就包括以“黑胡子”而为人熟知的爱德华·蒂奇。也正是这一章节，让“黑胡子”之名长久不衰地立于海盗历史之中。

>> **“黑胡子”（Blackbeard，1680—1718）**

爱德华·蒂奇，别名“黑胡子”，英国海盗，活跃在西印度群岛，以及北美一些英国殖民地的东部沿海地区，团结了一众海盗结成联盟，并建立了一支小型舰队，因此而闻名。1718 年，在蒂奇的领导下，这支海盗联盟封锁了南卡罗来纳州重要的贸易城市查尔斯顿（Charlestown），恣意攫取占领各种船只。

在详述蒂奇的惊人探险后，作者花了几乎两页的笔墨描写了他的胡子，“因为他并非因海盗‘事迹’而闻名遐迩”。他的胡子令人印象如此深刻，以至于作者将其与彗星相提并论。据说，“‘黑胡子’的绰号因他浓密的胡子而得名。那胡子好似一颗可怕的流星，遮住了他的面容，对美国来说，他甚至比以往任何彗星都更可怕”。无数历史迷都在琢磨一件事：流星如何能“遮住面容”呢？作者继续写道：

海盗“黑胡子”爱德华·蒂奇画像（19 世纪版画）

他的胡子是黑色的，长得太长了，甚至爬上了他的眼睛，挂上了两鬓；他习惯用丝带把胡子一撮一撮地系起来，然后像拉米伊假发[①]

① Ramilies Wiggs，以在小辫上下各束一条黑色丝带为主要特征，因 18 世纪英法之战中英军取得的拉米伊大捷而得名。

那样别到耳后：开战的时候，他肩跨一副吊带，上面插着三对手枪，就像子弹袋那样；在他的帽子下面还别着点燃的火柴，火光在他脸颊两侧闪烁，他的眼神里天生透着凶猛与野蛮，这一切让他成为一个极为可怕的人物，甚至比我们能想象出来的任何来自地狱的复仇之神都更恐怖。

其实，这不过是所有海盗都会用的把戏。他们的目标不是摧毁船只或杀死船员，而是要完好无损地俘获财物，同时保证自己的船员毫发无伤。于是，他们散播恐惧来武装自己，企图让敌人不战而降。因此，海盗的名声至关重要。他们都有各自独特的出名方式，比如有些海盗以着装闻名，有些海盗以旗帜闻名，有些海盗以善战闻名，而蒂奇则通过刻意塑造自己魔鬼般的形象而闻名。他不仅蓄须、蓄发，还将胡子和头发编成辫子。打仗时，他会把小炮仗别在胡子或头发里。如果你不幸被他俘虏，一定对他那张伴着炮仗"嘶嘶"声的脸永生难忘，你还会到处诉说他那长及双眼的胡子。于是乎，他的胡子就成了他的名片和他独有的标志，成为一个让人害怕他的理由。

女性性别

人们还会惧怕另一种胡子——长在女人脸上的胡子。这种恐惧根植于父权社会对女性性别的焦虑。因为女人长胡子显然是对男女"标准样貌"的挑战。于是，社会上出现了对多毛女性——包括对长胡子的女性——的谴责声，其中最尖锐的声音来自17世纪英国物理学家约翰·布尔沃（John Bulwer），他曾写道："女人的皮肤天生就该是光滑娇嫩的，如果某个女人体毛浓密，还长了胡子，那她就是个怪物。就像爱比克泰德[①]说的那样，甚至谚语里都透着对这种女人的憎恶——'女人如果长胡子，就该朝她扔石子'。"

早在16世纪，法国哲学家蒙田（Michel de Montaigne，1533—1592）在游记中提到过一位"胡子女士"。她名叫玛丽·热尔曼（Marie Germain），是法国的一个乡下姑娘，年仅15岁。有一天，她在地里追赶猪

① Epictetus，古罗马斯多葛派哲学家，其学说和讲义经由门徒阿利安（Arrian）整理并出版。

群，追得热火朝天。就在她跨过沟渠双脚落地的瞬间，从她的身体上“长”出了两个雄性的外生殖器。接着，她竟生出了“粗大浓密的胡子”。医生们对玛丽做了检查，随后，她经受洗正式变成了一个男人。这个故事里，雄性生殖器与胡子都是男性性别的象征。而玛丽·热尔曼是否本身就是“披着女性外衣的男性”，我们无从得知。不过，这个发生在 16 世纪法国的“变性”故事的确可以说明人们对胡子的恐惧。

生物理论上，胡子的生长与激素对毛囊的刺激有关。这一特征在某些特定人群中会更加明显，且成年男性比成年女性更为明显。然而，有一些女性因她们异于常人的激素水平，而被贴上了“多毛症”的标签。她们的“多毛”症状通常包括脸上汗毛较多，胡须明显。16 世纪末至 17 世纪初，居住在法国及意大利宫廷的佩德罗·冈萨雷斯（Petrus Gonzales）家族就有这种特殊的遗传特性（即现在我们所说的“全身性多毛症”），家族里很多人因此备受折磨。他们浑身上下都长满了毛发，脸上也不例外。于是，科学家研究他们，医生检查他们，艺术家描绘他们。许多表现他们非同寻常样貌的肖像画（见图 7）都留存了下来。1594 年，意大利科学家乌利塞·阿尔德罗万迪（Ulisse Aldrovandi）在拜访过这家人之后，写下了对冈萨雷斯家小女儿安东妮塔（Antonietta Gonzales）的描述：

> 除了鼻孔和嘴唇之外，这个姑娘的面部长满了毛。与脸颊相比，她额头上的毛更长、更粗糙，然而她身上的毛发摸起来则更加硬实。她后背上半部也是体毛丛生，腰部下面则耸着黄毛。

阿尔德罗万迪死后，他的著作《怪物志》（*Monstrorum Historia*）于 1642 年出版。这本书可谓一部分类记述畸形、反常人类及动物的百科全书式长卷。书中还收录了两幅冈萨雷斯家两姐妹的木版画像，以及前文对小女儿的那段描述。一时间，这对“长毛怪”姐妹竟成了名人。她们不仅激发了人们浓厚的好奇心，也激起了一定程度上的男性焦虑。毕竟，在早期社会中，冈萨雷斯姐妹的存在无疑是对性别“标准”的冲击和挑战。在过去，有不少长着胡子的女人，她们常常会参加一些游行和表演。19 世纪之前，这些姑娘是马戏团和游乐场里一道熟悉的风景。那些花钱来看“怪胎秀”的观众们无不痴迷地盯着她们看个没完。

健康

胡须恐惧症的一大诱因正是胡须。这倒不是因为胡须会掩饰人们的真实本性，而是因为人们觉得下巴上——更准确地说是嘴巴周围——的毛发非常影响个人卫生。

1980年，儿童文学作家罗尔德·达尔（Roald Dahl）创作的蠢特先生（Mr Twit）深受孩子们的喜爱。蠢特先生留着长长的裹满食物的胡子。他在用餐时仍会感到饥饿，于是，他的胡子成了食物的储藏室。“如果你看得够仔细（当然，这并非出于你本意），你会发现，他的胡子里还夹着已经干巴了的炒鸡蛋残渣，此外，还有菠菜、番茄酱、炸鱼条、剁碎的鸡肝，还有其他各种各样恶心的食物，都是蠢特先生爱吃的东西。”此外，孩子们（和大人们）也很喜欢幽默作家爱德华·李尔（Edward Lear）创作的打油诗《留着胡子的老头》（*Old Man with a Beard*，1920年出版），这个老头发现，“两只猫头鹰和一只鸡，四只百灵鸟和一鹪鹩，全在我胡子里筑了巢！”

There was an Old Man with a beard, who said, "It is just as I feared!—
Two Owls and a Hen, four Larks and a Wren,
Have all built their nests in my beard!"

爱德华·李尔诗作《留着胡子的老头》插画
［选自其1846年出版的《一本荒唐书》（*A Book of Nonsense*）］

>> **爱德华·李尔（Edward Lear，1812—1888）**

英国风景画家、插画家、幽默作家，以打油诗及散文为人熟知，尤以短小幽默的五行打油诗而著名，《猫头鹰与小猫咪》（*The Owl and the Pussycat*，发表于 1871 年）是其最知名的诗作。

毫无疑问，这些大胡子形象滑稽幽默。然而，历史上，胡子对健康带来的危害的确令人恐惧。1902 年 5 月 10 日刊发的纽约《太阳报》（*Sun*）中有一篇文章，题为“胡子里的健康隐患：医生称胡须中携带疾病”。文章中，作者警示读者，那些大胡子运奶工在轻抚胡须的时候，会将病菌带入他们携带的牛奶里。同时，作者还提到，曾有一位留着胡子的医生在做手术时，不慎让自己的胡子碰到了病人的伤口，结果引起了伤口感染。这篇文章的作者并非一个人在战斗。2015 年，微生物学家约翰·戈洛比奇（John Golobic）的研究结果证实，胡子里集聚了大量的肮脏物质，其中隐藏的细菌甚至比马桶座垫上的还要多。

不过，有时也并非如此。过去，茂盛的胡须是身强体壮的标志，体现了阳刚之气及男性生殖力。体液学说（humoral system of medicine）巩固了 18 世纪西方医学思想的地位。该学说认为，人的体液成分可分为四类：血液质、黏液质、黄胆质、黑胆质。这四种体液之间的相对平衡是身体健康的首要条件。而胡须则被视为体外之物，通常与肝脏及生殖器区域的热量有关。伊丽莎白时代的相貌学者托马斯·希尔（Thomas Hill）曾说：

> 男性的胡须……始现于下巴……由生殖器官——尤其是精子——所释放的热量和湿度而引起。
>
> 换言之，人们曾认为胡须意味着身体健康，且与男性生殖能力及性活力相关。

口罩

因为与健康有关，维多利亚时期的胡子甚至扮演着口罩或者“自然呼吸机”

的角色。彼时，工业革命如火如荼，毒气飞扬，尘土遮天。工人们都希望自己脸上的毛发葱郁，以过滤那些脏东西。1854 年，名称古怪的“影响眼部行业工业病理学委员会”（Committee on Industrial Pathology on Trades Which Affect the Eyes）指出，蓄须不仅能保护脸部，还能“困住……尘埃与沙粒，为眼睛解围”。不过，这个建议对那些在同样环境下工作的女性来说并不适用。不管怎么说吧，人们仍然认为胡须可以过滤、阻挡有害物质进入鼻腔及咽喉，似乎很有“医用价值”。因此，许多医生建议那些需要保护嗓子的男性病人蓄须，尤其是那些神职人员。因为他们要确保自己在周日布道时声如洪钟。胡须、健康及工业革命之间的关系让我们谈论起了环境这一话题，那不妨再来聊一聊“云”的历史……

第七章

云

云的历史关乎……

关乎航海与预测天气，

关乎魔鬼、尿液、核战争，

关乎看不见的气体和霍乱。

人们对云往往不以为然，不会琢磨它们。但如果你自诩为“观云者”，肯花时间去研究天空中飘浮的不同种类的云——比如卷云、积雨云、积云等，那么你一定会感受到探究其历史的乐趣。与那些在室内工作的人相比，在室外工作的人与云的关系更为紧密。因此，在感知世界这一方面，现代办公室职员仿佛中世纪抄写员一样，整日伏案，待在封闭房间里。而农场工人仍和以前一样，风吹日晒，被四季洗礼。如今，孩子们（可以确定，还有一些成人）仍会躺在大地上仰望天空，仔细观察云的形状，甚至可以忘记时间，永远地看下去。话说回来，试着问问自己：你是否……使用过云？这样的问题，若是放在两百年前，可一点也不奇怪。

航海

千百年来，人们一直将云作为航海的工具。风起，云随。如果你知道所在位置的风向，也就是云的走向，便能找到方向感。不过，倘若云静风止，你也不必心灰意冷，你还可以通过云来判断太阳的方位。无论太阳的位置是在地平线以下，还是藏于高地背后，观察云层底面映射的金色微光就能获知太阳的位置。同理，云以不同的颜色反射出水和冰：冰是亮白的，水是暗灰的。大片的云层就像是天空中能反射影像的地图。海面上的云层能告诉我们陆地在哪里，因为它们常积聚于高山、火山等制高点之上。在经历了一段长途航行之后，水手瞥见陆地时的第一印象往往就是在空空如也的地平线上飘浮的云。在这种情况下，云就不只是航海的工具，它预示着希望，是值得庆贺的时刻，是大获成功的标志。

库克船长

历史上，云为航海所用的案例很多。最丰富的出处莫过于探险者的日记。而其中最出名的恐怕是詹姆斯·库克船长（Captain James Cook，1728—1779）的日记。库克船长曾完成两次环绕地球的航行（分别于 1768—1771、1772—1775）。在其第三次远航（1776—1779）中，库克船长却在太平洋上被人谋杀。他在航行中写下的日记告诉我们，云层对他和其船员们的安全、工作、生活都具有重要意义。他在数篇日记中都提到了“云”“云层”“多云”等词汇，用以描述位置、天气，甚至还推断出航船即将行至新西兰这块“南大陆”。其后，库克船长于 1770 年 4 月又发现了澳洲的东南海岸。日记中有一段文字尤为有趣，从中可以看出，云层作为陆地“先知”的关键作用已深植于探险者们的头脑中。而且，库克船长还经常对广为人知的“公理”提出质疑。1770 年初——也就是在他发现澳洲前不久，库克在新西兰岛仔细研究了南半球存在的各种证据。这其中就包括葡萄牙探险家佩德罗·费尔南德斯·奎罗斯（Pedro Fernandes de Queirós）的观测结果。1605 至 1606 年，奎罗斯率领一支西班牙探险队穿越太平洋，寻找新大陆。在南纬 26°线上，奎罗斯“看见南边海面上悬着大片大片的云层，其他一些迹象也都表明那里有大陆存在”。同样具有探险家慧眼的库克，十分尊重前人的判断，但又像历史学家一样抱有怀疑。他质疑了奎罗斯的结论，并称悬于空中的云层和粗线条的海平面……

> ……显然不是大陆存在的标志。对此，我们此行中有许多证据都可以支持我的说法……另外，我也不相信奎罗斯为了在北上之前证明大陆的存在而将那些因素视为陆地出现的征兆。因为倘若如此，他显然应该朝着南边继续前进。毕竟，奎罗斯的发现比此前所有探险者的发现更接近真相，更具有实际意义。

库克在日记中还提到：根据地平线上的云层，第三副手约翰·戈尔（John

Gore）觉得自己发现了新西兰班克斯半岛（Banks Peninsula）东南面的一块陆地。对此，库克也提出了质疑。相比戈尔来说，库克的海上经验更加丰富，他写道："那时候我也在甲板上，我很确定戈尔看到的不过就是普通的云层罢了。太阳出来之后，云层便消散了。"

这些例子表明：航海探险时，"观云识航向"可不是简单易懂的活计，人们需要丰富的实战经验才能掌握这项技能。库克常会利用另一种更明显的云相——由火造成的烟云。在澳洲发现之旅中，库克常在日记里记下它们，以此作为人类居住迹象的一手资料。

预测天气

无论在海上还是陆地上，云的作用都主要是预测天气。17 世纪 40 年代，人们终于发明出了气压计。但在气压计及科学的天气预报被广泛应用之前，世世代代的水手、旅行者、朝圣者、商人和牧羊人都是通过观察云来预测天气的。历史上不乏相关信息的口头或书面记录。这其中包括了各式各样预测好天气或坏天气的俗语、谚语、顺口溜，里头满是关于云的学问："夏日无雨云是风的前兆""早上多云，晚上无云""朝云西去云消散，可享晴朗一整天"。英国都铎王朝时期的哲学家弗朗西斯·培根（Francis Bacon）写道："天上的云朵若四散在空中即意味着暴风雨即将来临；若云彩片片相叠，就像鳞片或瓦片那样，那么这无疑是干燥好天气的征兆。"就连《圣经·新约》中都提到了相关谚语，表明西边的云是降雨的前兆。

>> **弗朗西斯·培根（Francis Bacon，1561—1626）**

英国哲学家、政治家、科学家、作家，有大量书信存世。曾担任重要公职，任英格兰司法部长及大法官，因奠定了现代科学方法论的基础被称为"经验主义之父"。

云作为自然现象的诠释首次亮相于亚里士多德（Aristotle）于公元前 340 年左右的著作《气象汇论》（*Meteorologica*，也有译为《天象论》）。这是一部基于观察和经验的哲学著作，共有四卷，为人们理解自然世界及天气现象提供了基础。其中涉及的自然现象包括地震、打雷、闪电、下雨、飓风、云相等。亚里士多德对云的研究方式颇为有趣，他将其视为自然事件的前兆，就像患病时身体出现的症状一样。比方说，在一段叙述地震的段落中，亚里士多德解释道，有时候，“拖得长长的云”正是地震来临的先兆。

亚里士多德之后，很多人延续着这种“观察识自然”的做法，其中就有13世纪学识渊博的哲学家、神学家托马斯·阿奎纳（Thomas Aquinas，1225—1274）。受到亚里士多德的影响，阿奎纳写道：

> 然而，如果我们通过观察天空明白了云层在何处积聚，那么我们可以想见，天空中的水汽一定是由大气降水后地面积水蒸发分解而成的。

人类早期对天气及云相的理解传承自亚里士多德的理论。然而在17世纪时，许多观点都被推翻了。

分类

直到19世纪初，人们才有充分、牢固的依据证明云能够科学地预测天气。当时，英国有一位年轻的贵格会（Quaker）化学家和业余气象学家——卢克·霍华德（Luke Howard，1772—1864）。他的研究对云的系统分类具有里程碑式的重要意义，为国际云分类体系奠定了基础。1802年12月，霍华德在阿斯基西恩社团[①]内做了一次演讲。随后，他的论文发表在《哲学杂志》（*Philosophical Magazine*，1803）上，题为《论云的变形及其发生、悬浮与消散》。霍华德选择了一种简单易懂的分类方式，用拉丁术语stratus（层云）、cumulus（积云）、cirrus（卷云）以及nimbus（雨云）来定义云的三个大类：“简单变形（cirrus, cumulus, stratus）、中度变形（cirro-cumulus, cirro-stratus）、复杂变形（cumulo-stratus, cumulo-cirro-

① Askesian Society，1796至1807年伦敦由一些科学思想家成立的一个论辩俱乐部，其名称来源于希腊语Askesis，意为“训练”或“应用”，社团每两周组织一次活动。

stratus vel nimbus）”。他的想法得到了国际各界的关注和支持。德国诗人歌德甚至称赞霍华德的研究成果“为无形之物赋予形态，为无限世界中的有序变化提供了统一体系”，还为他谱写了赞美诗（德语标题为*Howard's Ehrengedächtnis*），公开承认该分类体系的重要性。霍华德不仅使气象学成为一门严肃学科，他还开拓了空中风景的新视野，影响了约翰·康斯太勃尔（John Constable，1776—1837）、塞缪尔·泰勒·柯尔律治（Samuel Taylor Coleridge，1772—1834）等诸多风景画家，激发了他们对天空的创造性思考。

19世纪后期，卢克·霍华德（以法国博物学家让·巴蒂斯特·拉马克[①]的研究成果为基础）的创举催生了气象研究行业。其后，英国的行业先驱克莱门特·雷（Clement Ley）与拉尔夫·艾博克朗比（Ralph Abercromby）以及瑞典气象学家雨果·希尔德布兰德·希尔德布兰德森（Hugo Hildebrand Hildebrandsson）进一步发展和完善了对云的分类及命名。

云图

1896年巴黎出版的《国际云图》中的乳状云图片

一项重要发明——云图，诞生于云的分类。它是反映不同云形态的图片或图片集，不仅是气象学家观云识气象的基础宝典，更是人们准确预测天气的基础。1890年，希尔德布兰德森所著的《云图》（*Cloud Atlas*）一书出版；1896年，《国际云图》正式出版。自此，“国际云图”这个名字一直沿用至今。这是真正的国际合作的产物，此外，书中还附加了不同云形态的标准色谱照片。当时图书中的彩色插图还比较罕见，这些照片可谓意义重大。另外，该书的定价也很亲民。这也意味着书的使用范围很广，使用率很高。1923年

① Jean-Baptiste Lamarck（1744—1829），进化论的先驱及倡导者，主要著作有《法国全境植物志》《无脊椎动物的系统》《动物学哲学》等。

版《云图》的作者亚历山大·麦卡笛（Alexander McAdie）宣称，航空技术的发展将会“需要并引领人类破解云层形成的秘密，掌握其中最细小的知识”——那些为人类了解自然世界、探索旅行所用的知识。

气候变化

对那些靠天吃饭的人来说，气候知识曾是关键的知识储备。如今，它们可能只会出现在酒馆的问答活动里，或是航海史专家的头脑中。不过，观云这项活动并未绝迹。如果你研究过云，那么你便要学习到它们所能预知的气候变化。我们知道，云彩就像气候的路标。如果了解其规律，便能看到、读懂天空中那些柔软的“警示牌”。你看，就连云也有自己的历史，它们曾发生过变化，并一直在持续改变。现在的云与一百年前——或许甚至是五十年前——的云已然不同：当我们脚下的地球逐渐升温，天上的云也逐渐变了模样。最新研究显示，南北半球中纬度上方风暴轨迹的主要区域（即由风驱使的风暴所覆盖的海域），已经分别向南北两极转移。亚热带干旱地区范围不断扩大，云顶高度纪录也随之被刷新。可以说，我们所看到的天空中的云并非单纯的自然现象，而是人类作用下的结果。此刻我们正处于云层历史的关键节点。

人造云

人造云的历史令人毛骨悚然。第一次世界大战中，东西前线（尽管东线战场的情况稍微好一些）上，被困于战壕里的士兵心中充满了对“毒气云”（gas cloud）的恐惧。1919 年，美国画家约翰·辛格·萨金特（John Singer Sargent）的油画《毒气战》（*Gassed*，见图 8）表现的即是一场毒气战中的伤亡景象。1899 年及 1907 年的《海牙公约》（*The Hague Conventions*）均明确禁止在战争中使用毒气弹。尽管如此，1914 年冬至 1915 年初，德国化学家弗里茨·哈伯（Fritz Haber）在位于柏林的威廉皇家化学研究所（Kaiser Wilhelm Institute for Chemistry）研发出了一种利用毒气云吞没敌军的技术：液体被装在高压的密封罐中，当它们暴露于空气中时，会立刻变为气体。1915 年 4 月，这种毒气弹首次被应用于比利时城市伊普尔（Ypres）。当时，事先埋于地下的约5730罐液态氯气被释放出来，产生出略带灰绿色的毒气云。刺鼻的毒气穿越无人之境，飘至英法盟军的战壕中。这次毒气战是为了将7公里内的英法盟军一网打尽，但由于增援较少和对中毒的恐惧，德国人未能借此取得战争上的突破。然而，这次战役却标志着化学战的到来。双方在常规炮击、步兵推进、坦克与空军等方式作战的同时，使用了大量的毒气云。随后，人们不断研发出新的技术以应对毒气战。其中包括一种由尿液浸泡过的手绢制成的临时防毒面具。经实战检验，这种面具的确能有效应对氯气的侵害。

然而，毒气云带来的心理冲击才是真正的武器。1917年，英国诗人、军人威尔弗雷德·欧文（Wilfred Owen）创作了诗歌《甜蜜而光荣》（*Dulce et Decorum Est*）[①]。欧文在诗中描述了毒气战的景象，与政府征兵海报上宣扬的爱国情怀形成了鲜明的对比。

> 在我所有的梦境中，在我无助的视线前，
> 他向我扑来，令我孱弱、窒息、淹溺。
> 倘若你也在这般压抑的梦境里，你也能够
> 跟在我们将他投入的车子之后，
> 望着他扭动的痛苦双眼，和了无生气垂丧的脸，
> 仿佛魔鬼受够了罪恶一般；
> 你或许也能听到，每一次暴击时，鲜血
> 从泛起白沫的肺里汩汩而出，
> 犹如癌症般令人惊骇，
> 亦若那不可治愈的肮脏口疮异物那样苦涩。

>> 威尔弗雷德·欧文（Wilfred Owen，1893—1918）

英国诗人、军人，第一次世界大战时期最重要的诗人之一。战争初期曾被迫击炮击中，在另一位战士被炸碎的遗体边昏迷了两天，后被授予军功十字勋章。于停战协议签订前一周牺牲在战场。其诗歌作品常以令人称奇的方式表现战争的残酷。

---

① 原拉丁文名称意为“甜蜜而光荣”，出自罗马诗人贺拉斯（Horace）的诗句，原诗后半句为“pro patria mori”，意为“为国捐躯”，亦有译者选择后半句意思将欧文诗作意为《为国捐躯》。

诗中，欧文形容毒气“像一道厚厚的绿光 / 宛若在绿海之下”。这无疑是英军遭受氯气攻击时的景象。早期毒气的特点是它能被明显地检测到：你可以闻见，更关键的是，你也可以看见。于是，在 1915 至 1918 年的生化武器战中，技术交锋的重点转向了研发与制造更为有效的有毒气体，比如光气（phosgene）和芥子气（mustard gas）。法国化学家率先将光气用在了对德国的战争中。与氯气不同，光气的主要优势在于它完全无色，难以探测，因而成了一种更有效的化学武器。在人类化学战的历史中，第一次世界大战旨在生产和制造这些无形的人造云。

蘑菇云

第二次世界大战末期，人造云的历史展开了新的篇章。1945 年 8 月，两颗原子弹分别被投向了广岛和长崎这两座日本城市。自此，“蘑菇云”主宰了人们对全面战争的看法，成了毁灭人类的现代武器。“蘑菇”一词形容的是核爆炸冲击形成的“云”的形状。“云”中裹挟着地面物质、水蒸气、火球和冲击波向上翻腾。

长崎原子弹爆炸形成的“蘑菇云”（1945 年 8 月 9 日）

“蘑菇云”的称呼从 20 世纪 50 年代就已经传开了。不过，第一批核爆炸的目击者用了另一些词来描述它。1945 年 7 月，“三位一体”核试验（Trinity Test）的观测者在报告中将其描述为“多色云涌”“巨大云柱”，或是“烟囱状的柱子”“大漏斗”，甚至是“覆盆子”。一位在日本广岛的目击者形容，那是一个“像降落伞一样的黑色烟柱”。另一位1946年比基尼环礁（Bikini Atoll）核试验的目击者则提到了“菜花”一样的云团。然而，正是在比基尼环礁的核试验中，有位记者提到“这颗‘蘑菇’，已然成了原子时代的标志”。

>> **“三位一体”核试验（Trinity Test）**

美军于1945年7月16日在新墨西哥州“死亡之途”沙漠举行了人类首次核爆炸试验。同年8月9日，美军将同款原子弹投向了日本长崎。

这种独特的“云”传递出20世纪核战的恐怖，以至于苏联报纸《真理报》（*Pravda*）曾报道称，“蘑菇形状的云”“悬于人类未来之上”。冷战时期，人造“蘑菇云”带来的巨大恐惧一直萦绕在人们心头，至今都是笼罩在我们头顶的恐怖乌云。

疾病

对云的恐惧也有其历史可寻。19世纪时，人们认为云——有时也被称为“水汽”或“浊气”——会携带病菌，甚至认为云是霍乱传播的主要原因。据说，1831年10月，在苏格兰北部的渔村尼格（Nigg）地区出现了典型的“霍乱云”。尼格的村民称他们看到一片“微微发黄的云”，低沉得甚至贴到了地面。恐惧迅速裹挟了整个村子。村民们相信，那片云标志着致命疾病霍乱的来临。一位勇敢的村民用麻袋“捉住”了它，用大量的针固定住了袋子的颈部。装着云团的麻袋逐渐从白色变为黄色。这位机灵的村民判断，他快要抓不住这个该死的家伙了。于是，他赶紧把它埋进了地里，并在上面立了块石头。至今，这块“霍乱石”仍矗立在那里。这个故事表明，当时的人们将云理解为疾病扩散的原因，致命而又无形。19世纪时，在人们的观念中，霍乱被重新定义为由致命孢子构成的可见云。霍乱这种“疑难杂症”有了更简单、更通俗的解读方式。

云与传播疾病的微粒之间的联系，将带我们走进“灰尘”的历史……

第八章

灰尘

灰尘的历史关乎……

关乎显微镜的发明、埃及古物学者的离奇死亡，

关乎20世纪30年代的美国，以及失传的学问和宇宙大爆炸。

灰尘即历史。它是时间流逝的物质载体，它改变物体的模样，让“被遗忘者”显于有形。肯特郡七橡树地区的诺尔庄园（Knole House）是坎特伯雷大主教和都铎王朝诸多君主的旧居。可惜，由于年久失修，庄园里的珍贵藏品遭了殃。一把华丽无比、价值连城的座椅上裹了厚厚的一层灰，仿佛结了痂。用一位全国托管协会（National Trust）织物保护顾问的话来说便是：“简直像有一群栽倒在地的灰暗尸体，等待被生命之吻唤醒。”

灰尘会落在某件物体上，令其面目全非，亟待清洁。它还能标记物体曾经所处的位置：物体所在之处一尘不染，其周围却落了一层灰尘撒下的影子。灰尘有自己的气味，犹如闻得见的幽灵。它的味道会透露它曾经待过的地方：比如海边一片燃烧的灌木丛。人类与灰尘始终携手并进，这是历史上不变的永恒。我们现在能够确认，灰尘主要是由人的皮肤组织构成的。你的每一次咀嚼都会制造灰尘，你的每一次拍手、走路、站立、就座、穿衣、脱衣、咳嗽、打喷嚏、放屁，或是打嗝，都会制造灰尘。因此，灰尘与每一个人都有关联。我们与灰尘的关系，我们看待或应对尘埃的方式也随着时间在不断变化。它是令人意想不到的历史话题，有其独特和令人着迷的重要性。

微小

首先，我们来看看它的大小，或者说，它的“小”。在我们还无法精确测量和计算物体大小的年代，灰尘一直是人们已知最小的物体。15 世纪时，人类在科学领域有了新的突破，对自然界的认识也发生了很大改变，从而导致人

们对灰尘的理解也发生了变化。我们观测物体的工具和技术日益先进。最初，我们只能观测到显而易见的物体，后来逐渐可以观测到细小的可见物体，如今我们已经能够观测肉眼不可见的物体了。沿着这个发展轨迹，我们最终发现了原子及亚原子粒子。

14 世纪末，在威尼斯（及其周边城市）玻璃制造业的生产实践中，眼镜诞生了。这项发明使得人类对微小物体的观测首次成为可能。随后，望远镜和显微镜也相继被发明出来。其中后者诞生于 1590 年的荷兰（也可能是 1610 年的意大利）。人类借助显微镜观察到了许多非凡的现象。荷兰科学家安东尼·范·列文虎克（Anthony van Leeuwenhoek，1632—1723）花了不到四十年的时间，终于成功制造出能够放大 270 倍的显微镜，成为观测并描述血红细胞的第一人。一个世纪后，意大利天主教神父、生物学家拉扎罗·斯帕拉捷（Lazzaro Spallanzani，1729—1799）将列文虎克观察到的“微世界”与克里斯多弗·哥伦布（Christopher Columbus）在 1492 年发现的“新世界”相媲美，足见“微世界”成果的重要意义。人类借助显微镜观察到了许多非凡的现象。斯帕拉捷还发现，即便是最微小的生物也有“父母”。该发现直接颠覆了“自然发生”[①]理论。由此，我们可以瞥见，现代人对灰尘的理解背后，有着怎样的科技与知识架构：透过显微镜观察，我们人类就是灰尘的“父母”。

对灰尘的恐惧

令人担忧的真相是：灰尘的成分主要来自人类的皮肤、人与动物的毛发，还有尘螨的粪便与其分泌的酶。尘螨一天约排泄 20 次，每三个星期便会繁殖一次。这些小东西生长在家中阴暗、潮湿、温暖的角落里，尤其是毯子和衣服等织物上。当受到运动的干扰时，它们便会浮在空中。要是被人吸入体内，可能还会带来麻烦。尘螨是哮喘的诱因。而且，这些有意思的小东西以人的死皮为食——谢天谢地它们不会活剥我们的皮。此外，灰尘的构成还少不了花粉，以及来自土壤、布纤维、纸纤维的矿物质。它就像一杯原料丰富的鸡尾酒，其

① spontaneous generation，也称偶然发生，指生物可以由其具有的物质元素中自然发生，而不需要通过上一代的父母繁衍而生。

历史也因地域与时间而异。可惜这杯鸡尾酒的原料里，没有一个是特别讨人喜欢的。想象自己正在吸入满是虫子死尸和粪便的灰尘，你有没有在瑟瑟发抖？反正我们（或许与你一样）多少还是有些害怕的。

过去，在一些群体中，人们坚信灰尘是文明的敌人。可不要小瞧这种“坚信”的程度。1786 年，循道宗（Methodism）创始人约翰 · 卫斯理（John Wesley）在一次关于衣着的布道中规劝道，“洁净”是“仅次于虔诚的”。这么说，污垢仅次于……地狱？仅次于道德沦丧？对卫斯理来说，污垢仅次于“邋遢”之罪。在他看来，“邋遢”可谓“宗教所不容”。“洁净”是良好教养的明显标志，摆脱了工人身上那种脏兮兮的特征。除此之外，灰尘的历史牵涉到诸多方面，比如自来水、光、电、教育、法律、公共财政以及道德改革。灰尘与污垢是危险的，是对进步的阻碍；将其掩藏——或者说助长其形成——是黑暗和邪恶的，有悖于启蒙运动倡导的理想。光、空气、洁净、教育、教养——这些都是人类进步必不可少的组成部分。

约翰 · 卫斯理（John Wesley，1703—1791）

英国国教（Church of England）神职人员，循道宗创始人。1738 年他改信基督教福音派，认为它为内心带来一种“奇异的温暖”，视其为自己的神圣使命。

工业革命

然而，随着工业革命和人类进步，灰尘又衍生出数量惊人的新形式。19 世纪，流水线生产日益普遍，灰尘的本质也发生了变化。在资本主义引擎的驱使下，到处都是来自工厂、火车、矿山和推土机产生的煤炭与砖块的灰尘。与此同时，人们也受此驱动，不断发明出去除灰尘的清洁产品。地毯这类可能遮盖灰尘的物品也越来越受欢迎。正是在这个时期，对职业病或者说“工业”病的研究应运而生，尤以兽皮、皮革生产及造纸行业为主。灰尘逐渐成为深受当时诸多作家、社会改革者青睐的话题。

《资本论》（*Das Kapital*）

全名《资本论：政治经济批判》（*Das Kapital. Kritik der politischen Ökonomie*），由卡尔·马克思写于1867至1883年，全书共三卷。该书阐述了马克思唯物主义哲学、经济学、政治学基本理论，是历史上最具影响力的书籍之一。

卡尔·马克思（Karl Marx）在代表作《资本论》中描述了工业生产（尤其常见于造纸业）中撕扯织物所产生的有害灰尘，还有制棉作坊中那些无穷无尽的灰尘。它们甚至能够将工厂中的人淹没，就连孩子们也不放过：

> 孩子们在这些亚麻厂工作，他们的父母和蔼善良，而他们工作的环境里却满是来自生产原料的灰尘与纤维，生产车间的环境恶劣到待不了十分钟：因为那种最痛苦的感官体验会令你无法忍受，无论是你的眼睛、耳朵、鼻子，还是嘴巴，都会瞬间被塞满亚麻灰尘，令你无处躲藏。

18世纪晚期至19世纪，灰尘成了社会改革者写作的重点。英国乔治时代的医生、改革者查尔斯·萨克拉（Charles Thackrah）针对“会造成疾病、缩短寿命的机构”展开了调查。主要的调查对象是“在明显对人体有害的行业里劳作”的工人。人们对身体健康的关注促使了相关规定的出台。至19世纪后期，各行各业都依照规定进行监督管理，比如印刷业、亚麻及亚麻用品制造业、棉布及衣服制造业、黄铜加工业、象牙及珍珠扣制造业等。我们与灰尘的关系已经恶化到不得不抵制它的地步了。

除尘

维多利亚时期，由于人们对灰尘问题的担忧，社会上出现了一整套除尘行业。就像查尔斯·狄更斯在小说《我们共同的朋友》（*Our Mutual Friend*，1865）中描写的威尔夫一家：

住在伦敦北部霍洛威（Holloway）地区……在战桥（Battle Bridge）与他们住的地方之间，有一大片城郊的荒凉空地，人们在那儿烧砖瓦、熬骨油、拍地毯、丢破烂，狗在那儿打架，承包商把垃圾也堆在那里。

VIEW OF A DUST YARD.

表现维多利亚时期筛尘工人的木版画《粉尘处理场一景》[创作灵感来源于一幅实景速写，刊登于亨利 · 梅休的著作《伦敦劳工与伦敦贫户》（1851）中]

19 世纪时，灰尘成了垃圾的代名词。1851 年，英国的社会研究员亨利 · 梅休（Henry Mayhew，1812—1887）在对“伦敦清洁工”的记载中提到，灰尘会“因为各种各样的原因堆积于房子里。它们主要来自炉火的余灰、灰烬、煤渣，或是未烧尽的焦炭碎块，这些东西致使灰尘的存量越来越大”。尘土堆跟粪堆不一样。粪便处理是维多利亚时期的夜间淘粪工的职业，清洁工可不干这个。

灰尘还是有它的价值的。人们将它筛选、集中，运到粉尘处理厂，经过加工后储存起来。随后，人们会将灰尘回收再利用，比如用于制砖。1850 年，英国诗人、评论家 R. H. 霍恩（R. H. Horne）曾在一篇散文中描写了灰尘的加工过程：

> 那些质量尚可的炉灰、残渣被用在制造红砖和灰砖的黏土中。灰烬也用于制作墙砖每层之间的燃料。没有灰烬，墙砖无法烧制而成。

在筛尘的过程中，人们还能发现一些暗藏的宝贝：银制品、珠宝，以及其他不小心被丢弃的可以被转卖的值钱物件。灰尘里还可能有钱。这正是狄更斯在创作金牌清洁工尼克德慕斯·鲍芬（Nicodemus Boffin）这个人物时的灵感来源。在小说《我们共同的朋友》中，鲍芬经营的灰尘生意大获成功。狄更斯极具调侃性地塑造了鲍芬的暴发户形象。鲍芬的人物原型是一位富有的慈善家，名叫亨利·多德（Henry Dodd）。19 世纪 20 年代，多德成立了一家灰尘处理承包公司，位于伦敦霍克斯顿庞普街 14 号。随后，他又在城市码头（City Wharf）成立了另一家公司，雇用了成千上百的清洁工和马匹，为伦敦多个教区提供付费清洁服务。1881 年，多德去世，留下价值 11.3 万英镑的遗产。

不过，除尘实在不是一种安全、舒适的营生。尘土堆里尽是动物的尸体，而且当时人们相信尘土堆还是严重传染病的温床。

可见，灰尘的产生方式及人们对灰尘的态度都发生了改变。从那时起，无论是管家、清洁工，还是自然环保主义者，都对灰尘问题表示担忧：它们在数周、数日，甚至数小时内就能积成堆，那么，数年、数个世纪，或者……数千年后又会发生什么呢？

图坦卡蒙

19 世纪 20 年代，一个难题首次摆在了考古学家和记者们面前——他们揭开了无尽奢华的古埃及墓葬，却困扰于其中古代灰尘未知的特性。这个墓葬的主人是公元前 1323 年长眠地下的少年法老王——图坦卡蒙（Tutankhamun）。令媒体异常好奇的是，许多第一批进入墓葬的人都离奇死亡了。起初，人们认为他们是被“诅咒”了。相关报道成了大西洋两岸报纸上的头版头条。大众对此津津乐道。“诅咒”的故事至今仍是书籍、电影中的常见主题。然而，科学家们很快将注意力放到了墓室的空气和其中的灰尘上。他们对来自古代的有毒病原体表示担忧。与法老们一同下葬的食物是否滋养了墓室里的昆虫和霉菌呢？石棺内是否积攒了有毒气体呢？诸多问题表明，人们一直都对无形之物感到恐惧。科学家们对图坦卡蒙墓葬调查研究之后，并没有确凿的结论。但人们觉得，至少在这个案例中，灰尘似乎不是罪魁祸首。

考古学家霍华德·卡特（Howard Carter）是位幸运儿，他敲开了尘封千年的古埃及墓葬大门。但最新的研究显示，所有类型的考古学家——不仅是像卡特这样的人——的确都会因为他们的研究对象而承担着不小的风险。挖掘时接触到的土壤和有机废物中可能存在细菌、病毒传染病，考古技术制造出的有毒物质也可能会污染考古遗址。而死于疾病的人类尸体中可能仍携带有病原体。所以，我们不难理解，为何人类对这种具有年代感的灰尘感到恐惧："过去"真是个危险的地方。

沙尘暴

人们对灰尘的恐惧合情合理，但恐惧的原因却多种多样。房间里的灰尘会引发过敏症状；煤尘会导致致命的呼吸道疾病；更不用说核爆炸后的放射性沉降物所带来的伤害。沙尘暴是干旱或半干旱地区的显著特征。在那里，因为干燥，沙土中的微粒会悬于空中，并被风吹得满天飞，有时候还会造成灾难性的后果。地球上许多地区至今仍遭受沙尘暴的影响，气候变暖无疑加剧了它的发生，此外还与人类过度放牧、干旱地区管理不善有关。在撒哈拉沙漠地区，沙尘暴十分常见。科学家们证实，沙尘暴对身体有诸多负面影响。比如它们会携带来自地下的病毒孢子，从而诱发呼吸道疾病。灰尘不仅影响着全世界人民的生活，也影响着地区乃至全球的经济。

20 世纪 30 年代，正值大萧条时期的美国遭受了一次灾难性的沙尘暴事件。祸不单行，沙尘暴使美国无数百姓陷入了巨大的困境。其影响波及了得克萨斯州、俄克拉荷马州、新墨西哥州、堪萨斯州，以及科罗拉多州的部分地区。受灾的南部平原地区最长距离超过 15 万英里（1 英里 ≈ 1.6 千米）。这既是天灾也是人祸。第一次世界大战期间，美国军队对小麦的需求量猛增。农民们干

沙尘暴（拍摄于 1936 年的南达科他州达拉斯市）

劲十足，小麦产量也随之大幅增长。当时，新型的汽油拖拉机，比如福特（Ford）公司大批量生产的福特森（Fordson）拖拉机，一举占领了当时的美国市场，为农民们的过度开垦和过度放牧起到了推波助澜的作用。很快，干旱与大萧条这“两座大山”压倒了小麦产业，小麦价格暴跌。数英亩金黄色的小麦干枯、凋落，曾经广阔的草原不复存在。没有了可以稳固表层土壤的草，美国南部平原地区的强风可以轻易地将地表的沙土裹走。更加雪上加霜的是，长耳野兔及蝗虫这两种动物大肆破坏农作物，令条件已然非常严酷的地区蒙受了更大的损失。

在这次历史教训中，最令人难忘的便是席卷草原的巨型沙尘暴。人们留下了诸多照片资料，记录下了那些惊人的画面：农用建筑、卡车、篱笆被沙堆掩埋，漫天的黑色沙尘将阳光拒之天外，无数小汽车加大马力与沙尘暴“赛跑”，当地居民纷纷逃往避难所或其他安全的地方（见图 9）。发生于 20 世纪 30 年代的这些灾难事件令人如此不安，无数家庭流离失所。美国作家约翰·斯坦贝克（John Steinbeck）在小说《愤怒的葡萄》（*The Grapes of Wrath*，1939）中重现了这番景象，他也凭借这部作品获得了普利策文学奖。小说中，住在俄克拉荷马州的乔德（Joad）一家不得不逃离他们生活多年的农场（尽管现实情况里，大部分居民都留下来了），搬到加利福尼亚州开始新的生活。斯坦贝克有力地捕捉到了当时沙尘暴的状况："地面结了壳，一层薄薄的硬壳。天空变成灰白，大地也跟着变成了灰白，红色的原野变成了淡红色，灰色的原野变成了白色。"[①]接着，"天空弥漫着尘土，愈来愈暗；风掠过大地，卷起尘土送往别处"。[②]

毫不夸张地说，这些沙尘暴从规模、力度和破坏程度上，影响都非常巨大。1934 年，美国东岸沿海地区又遭遇了一次大规模沙尘暴，两英里高的沙尘暴横扫了两千英里的范围。自由女神像等标志性建筑上都被裹了一层沙尘和残渣。当时，空气中充满静电，噼啪作响。如此严重的沙尘暴让人们的健康及整个环境都遭受了不可逆的损伤。1940 年，一位来自俄克拉荷马州的女士在接受访问时描述了她经历的场景。1934 年的某天，下午 4 点钟，她刚好赶上一场沙尘暴：

> 我们看见那么大一团黑云，就像从火车栈道或者什么东西里头冒出来的烟似的。尘土席卷而来，当它们刮到房子跟前时，我们都怕极了。我们以为那是龙卷风，便赶紧跑进农舍避起来。我们点了盏灯，但里面实在是太黑了，即使点了灯，我们也看不见彼此。我们在里面一直咳嗽，简直要窒息了。

灰尘成了当年无数美国人的集体记忆，在 20 世纪初的美国历史时期占据了异常重要的位置。

历史学家

历史与灰尘密不可分。研究和书写历史是历史学家与灰尘的"会晤"：资料文件、图书馆、档案室，这些都是名副其实的灰尘圣地。经过几个世纪的洗

① 胡仲持译，上海译文出版社。
② 胡仲持译，上海译文出版社。

礼，成箱的档案、旧书、手稿，图画纸和牛皮纸上都披上了一层灰尘的“外衣”。因此，历史学家的任务是：吹去历史之尘，注入新的活力。19 世纪法国著名历史学家儒勒·米什莱（Jules Michelet）首次造访法国国家档案馆（Archives Nationale）时做的正是这样的事。米什莱在著作《法国史》的序言里，对那些虽已去世，却被他写进史书里的人说道：

> 我亲爱的朋友们，如不介意，请恕我顺序道来。你们所有人都有自己对历史的主张……当我拿起那些布满灰尘的史料时，我仿佛看见它们跃然纸上，好似它们从坟墓里复活，就像米开朗琪罗（Michel-Angelo）《最后的审判》（*Last Judgment*）或是荷尔拜因（Holbein）《死亡之舞》（*Dance of Death*）中表现的那样。

儒勒·米什莱（Jules Michelet，1798—1874）

法国历史学家，因其著作《法国史》（1855）而为人熟知，他也是以“文艺复兴”（Renaissance）一词描述中世纪之后欧洲文化历史时期的第一人。

研读这些珍贵的档案资料时，米什莱写道：“这些书页和羊皮纸文稿被遗忘得太久了，它们渴望的不过是能够重见天日而已。”与历史资料打交道——所有历史学家都可以作证——难免会吸入历史之尘：这其中包括史料上日积月累的灰尘，也包括它们自己分解后形成的尘埃。

久而久之，不仅文件和书籍会落灰，纸张类档案本身也会腐朽并形成灰尘。1880 年之后的皮边珍籍，会经历一种独有的分解形式——被称为“红腐”（red rot）或“红朽”（red decay）。在这个过程中，经植物鞣革加工而成的兽皮碎成尘粉，灰飞烟灭。因此，珍本管理员要面对的是一场硬仗——如何避免古籍史料最终化为灰尘。在英国西南部的一间档案室里，詹姆斯在管理员们细心的指导和监督下认真研究了一本 18 世纪的账簿。他惊讶地发现，史料有时竟如此脆弱。其中有一卷大开本的手稿，本应待在资料保管实验室里供人查阅，结果却因环境潮湿而严重受损，现在人们只能借助裁纸刀小心翼翼地翻阅。大约有一百页的内容已经无法辨认。毫不夸张地说，它们已经碎成了渣。人们只能通过留存下来的史料和证据书写历史，无数历史学家都输给了腐坏的书页。对书记和手稿的保护和那些永失于尘的知识都是灰尘史中重要的组成部分。

书

“尘衣”护封[①]——也就是最外面那层用于保护书皮的可拆卸封装——几乎没有什么用。19 世纪 30 年代，人们用布（有时也用昂贵的皮革或丝绸）来装订书籍，于是护封应运而生。不过读者们往往还是会摘下护封，把它丢到一边。在此之前，市面上卖的都是没有装订的书。读者们会以自己独特的方式将书装订成册，并且通常会在形式上保持统一。现存最早的一个例子是藏于牛津大学博德利图书馆（Bodleian Library）的《友谊的馈赠》（*Friendship's Offering*，1829）的护封，它是一本用丝线装订的礼品书的包装纸。一开始的护封都比较朴实，后来，出版商和设计者们发现，护封有宣传推广书籍的功能。于是，设计精美的护封变成了绝妙的传统。但具有讽刺意味的是，护封的“下场”往往是被丢弃。尤其是在图书馆里，那些精装书的护封都会被拿掉。伦敦大英图书馆（British Library）和纽约公共图书馆（New York Public Library）里藏有大量护封。一些收藏爱好者乐于收集罕见的护封。亚瑟·柯南·道尔爵士（Sir Arthur Conan Doyle）的小说《巴斯克维尔猎犬》（*Hound of the Baskervilles*）的第一版印本通常能卖到 3000 至 4000 英镑。1998 年，有人以 8000 英镑买下一本——因为它有原版护封。

生物学

人类不仅生产灰尘，更产自灰尘，只不过是以一种特殊的形式罢了。这种想法着实令人警醒。现在我们知道，构成人体的每一种物质均来自百亿年前的宇宙大爆炸。我们的身体由星尘组成。每个人的体内都有与宇宙一样古老的物质。并且，每年约有四万吨宇宙尘埃落入地球，在改变、衰老的过程中被人类

① “护封”的英文为 dust jacket，为还原其与“灰尘”一语双关的联系，补足“尘衣”之意。

吸收进体内。我们的身体一直处于腐朽与重生的过程之中。细胞分裂是永不间断的——现在的我们已经不是几秒钟以前的我们了，一眨眼的工夫便不同往日。

这个想法有其历史背景。《圣经》及《古兰经》都曾多次提及灰尘。“耶和华神用地上的尘土造人，将生气吹在他鼻孔里，他就成了有灵的活人，名叫亚当。”（创 2:7）“你本是尘土，仍要归于尘土。”（创 3:19）《古兰经》里也有同样具体的叙述：“他的一种迹象是，他用泥土创造你们。”（30:20）

我们人类根源于尘土，最终都将归于尘土。我们并非“一成不变的”我们。生存是一个过程，一个范式可知的过程。灰尘虽与腐朽有关，但它与轮回、延续的关系显然更为紧密；它关乎的是永不停歇地消逝而去的时间——这也为我们揭开了下一篇章的内容，那便是“时钟”的历史……

第九章

时钟

时钟的历史关乎……

关乎比利牛斯山、祈祷、食物，

又关乎宗教改革，关乎冰山，还有寡妇。

如今，无论何时何地，我们都能精准获取时间信息。我们理所当然地接受了时钟为日常生活提供的便利。如此一来，我们反倒很容易忽略时钟的历史。但不妨想想这几个问题：过去，人们是怎样判断时间的？时间又意味着什么？时间观念又对人们的日常生活有着怎样的影响呢？对所有历史学家，甚至是历史这门学科本身而言，这些都是最基本的问题。千百年来，人类与时间的关系发生了巨大变化——一旦意识到这一点，你便会看到关于时钟史的大门赫然打开，一个全新的神奇世界映入眼帘。

奴隶制

19 世纪工业革命期间，工人们全都围着时间转。19 世纪早期，在维多利亚时代的工厂里，那些被工资奴役的工人们在什么时间做什么事都取决于工头手里的那块怀表：几点钟起床，几点钟拖着疲惫的身体，步履沉重地去上班，几点钟吃饭，几点钟开始工作，几点钟换班，几点钟睡觉。英国棉厂里“看表度日”的生活令人感到幽闭恐惧。对此，一位不愿透露姓名的资深棉花工人栩栩如生地描述道：

> 那些工人……自六岁起就受训工作，从早上五点一直工作到晚上八九点……那些小婴儿和他们的父母浑身上下都脏兮兮的，天气再差也不得不早早地从被窝里钻出来……他们到了之后（如果迟到了几分钟，那么四分之一天的薪水就会被扣掉）会被锁在工厂里，一直工作

到晚上，屋子里简直酷热难耐……而且，除了晚上四十五分钟的吃饭时间外，根本没有工夫休息……那个被奴役的英国棉花工人一丁点儿的室外阳光和舒适凉意都享受不到，整日被关在工厂里……直到那笨重迟钝的机器停歇时，他才能放松下来，然后回家休息，第二天又要打起百分百的精神继续工作；他完全没有时间与家人共享欢乐时光……

这段话描述的是时钟对普通百姓的生活造成了该死的影响（话有些难听了）。不过，世界并非一直被时钟奴役。曾经，季节变化才是指导人们生活的关键。在16世纪的欧洲，新生的花朵与白昼的延长标志着一年的开始；只有那些与官方文件打交道的人——比如律师或外交官——才会以文件上的日期确认新年的到来。在乡下，时间并非一成不变，而是由农历年的周期和粗略计算来判定的。

乡下的时间

蒙塔尤（Montaillou）

法国南部阿列日省（département of Ariège）的一个小市镇，中世纪时曾是卡特里教派（Cathar）的堡垒，现已成为遗迹。幸而有1294至1324年的大量宗教审判记录留存至今，我们才得以对当时仅有的250位居民的日常生活有了详细的了解，不仅知道他们每天都吃了什么，还知道他们对性的态度。

我们从中世纪时蒙塔尤比利牛斯（Pyrenean）村的居民生活的细节中了解到乡下时间的特点。那时，无论农民、牧羊人，还是工匠都没有时钟，他们似乎过着没有时间压力的缓慢生活。1318至1325年，帕米耶主教雅克·富尼埃（Jacques Fournier, Bishop of Pamiers）主持宗教裁判所时，对异端教派做了许多调查，审问了许多居民。从他们的证词中我们了解到，这个法国南部小山村里的百姓是如何谈论、判定时间的。在提及时间时，村民们的描述比较宽泛，比如“一小会儿”“片刻”。而且，他们会用一些具体节点来描述白天的时间：吃饭的时候、日落时、晚上、黎明鸡叫时分。当然，村里是有教堂钟声的——我们通常都会觉得教堂的钟声可以用来报时。但在蒙塔尤，只有在一些特殊场合——例如葬礼或圣祭礼，钟声才会响起，并不会做定期报时之用。与此同时，村民们也不会按照一个固定且有延续性的时间表来工作；日间休息并没有什么规律，大部分村民常停下手里的工作闲聊，丝毫没有时钟报时带来的压力和紧迫感。如今早已烂熟于心的那些标准时间概念——秒钟、分钟、小时、日、周、月、年——对蒙塔尤的村民来说，完全不起作用。他们是以自然现象来判定日期的——丰收、耕种，或基督教的节日和圣徒纪念日——比如9月29日的圣米迦勒节（St Michael's Day）、11月12日的圣马丁节（feast of St Martin）。这些是中世纪时期蒙塔尤乡下居民生活的真实写照。全镇唯一一个有准确时间表的人是镇上的牧师。他有一本日历，负责“与时俱进”，记录日子究竟过到了哪一年的哪一天。

物质生活与精神生活

在进入现代社会之前，商人与教会对时间颇感兴趣。对许多基督教徒[①]而言，记录时间是精神生活中最核心的事情。如果说乡下人依照“乡村时间”生活，那么信徒们则是依照“信仰时间”来生活的。

> **圣本笃会规（Rule of St Benedict）**
>
> 由努西亚的本尼迪克特（Benedict of Nursia，约480—550）制定的一套规定，为修士们在修道院的共同生活提供了行为准则，并确立了修道院院长的权威地位。直至今日，本笃会的修士们仍沿用着此套较为合理的会规。

就拿天主教本笃会修士来说吧：他们的每日作息是按照圣本笃会规中的一

① 英文为Christian，使人联想到“公元前”的英文缩写“BC”，即“Before Christ”，现今更为流行的写法是“BCE”，即“Before Common Era”。另“公元”的英文缩写“AD”，即“Anno Domini”，取自拉丁文“anno Domini nostri Jesu Christi”，可英译为“in the year of our Lord Jesus Christ”，足见纪年与基督（Christ）的关系。

系列规定进行的。他们夜以继日地进行祷告，于是他们的生活便是以这些祷告作为时间节点的。圣本笃会规制定于公元530年前后的意大利，其中包括“如何念日课”：

> 如同先知所说的，“我一日七次赞美你”。若是我们在念赞美经，在一时经、三时经、六时经、九时经、晚经及补充经时，尽了我们服役的本分，我们就可满全这“七”的神圣数字；因为先知所说的“我一日七次赞美你”指的就是这些日课。至于夜课，那位先知也说：“我半夜起来赞美你。”所以在日间这些时间，我们感谢造物主正义的判语；即在一时经、三时经、六时经、九时经、晚经及补充经时，我们念赞美经，半夜我们也要起来赞美他……

圣本笃会规随后成为欧洲整个中世纪时期修道院生活的基本规范。时间也成了其权威、禁欲准则的核心内容。千百年来，无数修士那永不停歇的唱经声就是他们生活的节奏。

在天主教徒出席的活动中，圣礼与告解是例行的日常仪式。无论对与世隔绝的隐士，还是对平信徒来说，构建他们日常生活规律的正是这些仪式活动。每日唱经、祈祷是深深扎根于教徒心中的虔诚信念，这一点在众多留存下来的中世纪祈祷书（Books of Hours）中得到了绝佳印证。这些为祈祷所用的手稿通常都有非常精美的插图，还有一系列《圣经》里的赞美诗或其他祷文，这些内容为信徒们的日常生活提供了具体安排。信徒每天的例行仪式以教规规定的八次祷告为基础。以晨祷为开始，以上床睡觉前的最后一次祷告（即晚祷）为结束。影响信徒每日作息的还有天主教的节日。这些书卷对每日祷告有着实际指导意义。同时，祈祷书的内容往往还会根据书卷主人的具体需求而有所不同。有证据显示，有些祈祷书专为女性制作，甚至作为婚礼礼物，成为家族的传家宝。祈祷书的主人通常会在书页上做一些注释，记录一些特定日期发生的事件。住在诺福克郡科林普汉姆（Crimplesham in Norfolk）的德汉姆（Derham）家族曾有一本祈祷书，最开始的空白页上简要记录着家族子女们的“生辰八字”：“我的儿子托马斯生于公元1488年1月13日礼拜二的晚上，在黄道第八至第九宫之间，这表明了上帝的旨意：他将会是个善良的人——因为这一天是圣希拉利日（St Hilary's Day）。”这条历经几百年而留存下来的注释不仅传递出了祈祷书主人的日期意识，还表明了强烈的个人冲动，一种记录家族经历的重要仪式活动的冲动。另外，这条注释也证明，当时的人们已经知道用具体的时辰来记录出生时间——500 多年前，人们就已经有了精确的计时方法。

宗教改革

宗教改革运动给人们带来了一种对时间日益内省的迷恋。16 世纪后半叶及整个 17 世纪，欧洲出现了一批宗教日记作者，他们尤为关注对自身灵魂的救赎，会在日记中记述日常生活的细枝末节。宗教改革运动之后，这种“宗教记述”演变为监测新教徒是否“合格”的方式。伊丽莎白一世时期，英国出现了首批女性日记作家。极度虔诚的贵妇玛格丽特·霍比夫人（Lady Margaret Hoby）便是其中之一。

霍比夫人在日记中以诸多寻常，甚至是无聊乏味的细节——无论对她还是对我们而言——描写了英格兰北部某地区的单调生活。其中关于个人感受和隐私细节的文字少之又少，全然不像另一位日记作者塞缪尔·佩皮斯（Samuel Pepys）的文风那样生动活泼。不过，作为一名优秀的基督教徒，霍比夫人的日记倒是表达了一些有趣的东西——她对时间的虔诚迷恋。

我们来看看霍比夫人的一篇典型日记。1599 年 8 月 28 日，星期二，她写道：

> 早上，晨祷过后，我读了《圣经》，然后做手工（编织）做到了八点，随后便吃了早饭。吃过早饭，我去野外散了散步，直到十点，我又回来祷告。然后，我吃了午饭。大约一点，我去摘院子里的苹果，一直忙到下午四点，然后回到家继续做手工，直到六点才做完。随后，我去做晚祷和省心，使主称心，从而得到主的保佑，并以主之名向主祈求，每日赐予我内心更多主的神意，阿门，阿门。吃晚饭的时候，我听到罗德先生（Mr Rhodes，霍比夫人的精神导师）读到卡特赖特（即清教徒托马斯·卡特赖特）的名字。晚饭后不久，我又去做祷告，随后给霍比先生写了封信，之后就睡觉了。

霍比夫人日常生活的构成就是祷告、省心、学习《圣经》，以及一日三餐。从诸多方面来看，填饱肚子和填饱灵魂的过程都是由时间观念来主导的，而不是时钟显示的具体时间。

时钟拥有率

虽然英格兰教会及市政府的钟表已能让百姓们精准计时，不过，直到18世纪，私有时钟的数量才出现了显著增长。这一点可从人们的遗嘱清单（即列出逝者财产的名录）中获知。这些清单是研究人们日常生活及物品使用方式的绝佳资料来源。17至18世纪，一份对肯特郡（Kent）与康沃尔郡（Cornwall）两地家庭的对比调查显示：17世纪上半叶，肯特郡只有1%的家庭拥有时钟，而到了18世纪40年代，这个比例达到了78%。相比之下，17世纪50年代前，康沃尔郡只生产一种时钟，只有抽样家庭才拥有此类时钟。即使到了18世纪中期，也仅有12%的家庭拥有时钟。这项研究调查表明，在英格兰，时钟的拥有率在17至18世纪的过渡期内大幅提高，且因具体地区而异。

传家宝

时钟往往是值钱的私人物品，可以作为传家宝或近亲挚友的珍贵遗物被世代相传。如此一来，出现在遗产清单里的时钟显得十分耐人寻味。时间是一份上天有意选择的礼物，用以记录时光的流逝；而时钟本质上则是最具历史意义的物件。萨姆的手表是其曾祖父传下来的古董，是他曾祖父（曾为海军军官、警员）的同事所赠；詹姆斯拥有一块父亲传给他的手表，运转极其精准。

钟表作为传家宝的案例不在少数。在塞缪尔·吉克（Samuel Jeake，1652—1699）具有占星性质的日记中，记录了一个尤为感人的故事。吉克是17世纪英国苏塞克斯郡拉伊（Rye）镇的一位商人，非英国国教教徒。1690年10月3日，晚8点，他的父亲老塞缪尔·吉克与世长辞。他在日记中描写了在父亲临终床前诀别的场景。父亲将自己的手表递给塞缪尔，说道：“这就是我名下所有的财产了。现在我把它正式传给你，这样你就能真正拥有它了……”塞缪尔亲吻着父亲将要凋亡的双唇，向他道别：“再见了，我亲爱的父亲。”父亲回应道：“再见了，我亲爱的小羊羔。愿主保佑你，愿主守护你家业兴旺。”从将手表传给挚爱家人这样一个简单举动可以看出，钟表与人们的情感以某种复杂的方式结合在一起，成为人与人之间无形的纽带。

时钟的停摆

一旦你肯耗费脑细胞（具有讽刺意味的是，你还得额外花些时间）琢磨，就会发现时钟的有趣之处，不仅仅是因为它们的报时功能，更是因为它们给予了我们时间的概念。这不禁让人思考：当时钟突然……停摆，会发生什么呢？当报时功能由于突发的外部事件而发生转变时，时钟就有了更加重要的意义。

这些外部事件往往都是悲剧。1912 年 4 月 15 日，凌晨 3 点 07 分，发生了什么？1945 年 8 月 6 日，早上 8 点 15 分，发生了什么？2001 年 9 月 11 日，上午 10 点 04 分，又发生了什么？每个时刻分别对应一个历史事件。这些精准的时间点永久停在了事件中停摆的时钟表盘上，而那些时钟成了对全世界都意义深重的展览焦点，并因此深刻影响了无数观展者对历史的认识。

“泰坦尼克号”（Titanic）

上述第一个时间点所对应的是罗伯特·道格拉斯·诺曼（Robert Douglas Norman）遇难的时刻。1912 年 4 月，当时最负盛名的邮轮“泰坦尼克号”首航启程，罗伯特正是船上的一名二等舱乘客。然而，轮船在途中撞上了冰山，沉入了海底，罗伯特也随船沉入水中。1985 年，人们在海下 3.8 千米深的地方发现了“泰坦尼克号”的残骸，打捞上来数以百计的历史遗物，其中就包括许多手表。有趣的是，这些手表上显示的时间并非完全一致，相互之间有些出入。它们背后是这场灾难发生时，一系列截然不同的故事。手表所显示的时间并非沉船的时间，而是船上乘客落水的时间。这两个时间点并不一样。一些乘客老早就从船上跳入海里，另一些人在巨轮即将沉没时才挣扎着上了救生艇，也有人被困在船舱内，还有一些人选择留在船上，直至最后戏剧性的时刻到来。渐渐地，船头完全沉入海中，高昂的船尾在最后也只得向天空作别。终于，这艘重达 46328 吨的钢铁巨轮像折断的树枝一样一分为二。

与此同时，那些手表还不时地提醒我们，“泰坦尼克号”的沉没其实是一个痛苦而漫长的过程。船员发现冰山的时间是晚上 11 点 39 分，仅仅几分钟后，轮船便撞上了冰山。直到 30 分钟后，人们才开始做弃船的准备，而这一过程又花了 40 分钟。轮船撞击冰山一个小时后，救生艇相继离开轮船，最后一艘救生艇在凌晨 2 点 05 分才下水。15 分钟后，也就是 2 点 20 分，“泰坦尼克号”也迎来了它“生命”的最后时刻。此时，船头已陷入海中，船上的乘客不得不从船上跳下去，以争取一线生的希望。他们被迫在零下 2 摄氏度的冰冷海水里挣扎，只有少数几个人活了下来。在那样的情况下，所有人的手表都会被冰冷的海水冻住。指针的嘀嗒声被水中千余人异于寻常的叫喊声、挣扎声淹没。一位幸存者回忆：“有一个凄惨的哀号声令我永生难忘。那声音从那群漂在海上呼救的穷人中传来。那声音令人毛骨悚然，有种神秘而超乎自然的感觉。”这些停止的手表至今仍是拍卖会上最值钱的“泰坦尼克”遗物。在各种世界巡回展览中，停止的时钟或手表都是这艘沉船事故最重要的专题展品（见图 10）。对成千上万的观展者来说，“泰坦尼克号”的故事永远与停止的手表联系在一起。

广岛（Hiroshima）

第二个时间点对应的是美甘福一（Fukuichi Mikamo）被一道刺眼的光亮杀死的时刻。他的儿子新司（Jinchi）称：“那是一个巨大的火球，比太阳至少大五倍、亮十倍。当时它朝着我猛冲过来，火焰势头强劲，是那种很浅很浅的黄色，几乎像是白色。”那一幕景象还伴有他所听过的最响的雷声，“那是宇宙大爆炸的声音。”他身上也着了火，房子也坍塌了。他的皮肤“就像破衣服”一样稀碎地挂在身上，皮肤下的血肉呈现出一种怪异的黄色，好似母亲做的甜美蛋糕表层的颜色。没过多久，那个地方掀起了龙卷风一般的狂风，卷起无数残骸碎片。新司形容那风就像“一头黑暗的怪兽”。

这是美国原子弹轰炸日本广岛时地面上发生的真实景象。当时，约有 90000 至 146000 名百姓因此丧生。新司就在离爆炸中心不到一英里的地方。爆炸发生后，新司和父亲走散了。几个月后，他终于回到了那里。新司在一片碎石底下发现了父亲的怀表。这块光滑的银质怀表的表盘上，永久地镌刻着那个时间的影子——由于爆炸产生的热量巨大，怀表的指针融化后，将时间烙在了表盘上。对新司来说，这个时间不仅令他记起那次摧毁世界的爆炸，更意味着他再也不见不到父亲了。而这个场景也像“另一场原子弹爆炸”一样深深影响着新司。1955 年，新司将这块怀表捐赠给了广岛和平纪念馆（Hiroshima Peace Memorial Museum）。1985 年，它被借给了联合国纽约总部用于那里的常设展览。然而在 1989 年，这块怀表被人盗走，至今仍下落不明。

第三个时间点也与一个重要的展览有关。2001 年，美国世贸大楼遭到基地组织的恐怖袭击。成立于 2005 年的纽约归零地纪念馆工作室（Ground Zero Museum Workshop）举办了众多展览，为我们还原了恐怖袭击之后的“恢复期”。其中一件展品是大楼倒塌前，挂在墙上的一面钟，它的指针最终也停止了脚步。这也是该纪念馆中被拍照最多的物品之一。这些停止的钟表是连接历史与今天之间的桥梁，它们的角色也从报时的工具变成了穿越时空的大门。

留住时间

作为一种比喻意向，停止的时钟也有史可寻。1936 年，英国诗人 W. H. 奥登（W. H. Auden）创作了诗歌小品《葬礼蓝调》（*Funeral Blues*）。尽管其初衷是对权力的诙谐嘲讽，但由于诗句精彩动人，它已经成为现代葬礼仪式中广为人知的一部分。

> 停止所有的时钟，切断电话
> 给狗一块浓汁的骨头，让它别叫
> 喑哑了钢琴，随着低沉的鼓
> 抬出灵柩，让哀悼者前来。

实际上，停止的时钟与哀悼的意象早就诞生了，其中最著名的例子来自查尔斯·狄更斯作品《远大前程》（*Great Expectations*）中的郝薇香小姐（Miss Havisham）。她如同幽魂一样被囚禁在自己时间的监狱里，而她的时钟和手表就是狱卒。

当书中的主人公及叙述者匹普（Pip）意识到自己的居所有些不对劲时，进行了一番细致入微的描述。“我站在她面前，躲避着她的眼神，”狄更斯写道，“那时我才细心留意到周遭事物，我看见她的手表已经停在了八点四十分，卧室里的一面时钟也停在了八点四十分……这时我才恍然大悟，就像那手表和时钟一样，房间里的一切早已被定格了……”随后，狄更斯揭晓了“八点四十分”这个时间点的意义：穿着婚纱的郝薇香小姐在婚礼前突然收到未婚夫弃她而去的来信，那一刻正是八点四十分。她当即的反应便是将时间定格在那一刻，匆忙得甚至没来得及穿上梳妆台上的另一只婚鞋。

郝薇香小姐拨停时钟和手表的举动，是一种凝固时间或否认其存在的方式。仿佛这样做了，她的未婚夫就会回心转意，然而，作为旁观者的匹普却有另一种感受，他意识到“过去”在最大化地影响着“现在”——正是过去发生的事情塑造了现在的郝薇香。被未婚夫背叛后，她的幸福生活也被剥夺了。利用被拨停的时钟，狄更斯精准地表达了定格时间的象征意义。郝薇香小姐出场时穿的正是自己的婚纱，“她的婚纱用料丰富，有缎子、蕾丝、真丝，一切都是雪白的……胸口也有一块蕾丝”——这些无疑都是狄更斯精心为寓意深刻的婚纱而挑选出来的素材。说到这里，我们来聊聊有关“针线活”的历史……

第十章

针线活

针线活的历史关乎……

关乎遗孤、种族歧视，关乎谋杀、侵略，

还有海因里希·希姆莱。

种族隔离制度

针线活的历史非同寻常。它会让你感到内疚自责，甚至会令你落泪。

种族隔离制度（Apartheid）

1948 至 1994 年盛行于南非的种族隔离制度，是一系列高度制度化的种族政策。它通过镇压绝大多数黑人的方式从政治、社会、经济等方面维护白人至高无上的统治地位。1994 年，该制度被废止。同年，南非举行了自由选举，纳尔逊·曼德拉（Nelson Mandela）成为南非总统。

1996 年，真相与和解委员会（Truth and Reconciliation Commission）在南非成立。这个与种族隔离制度遗留问题做斗争的国家，希望以此种方式治愈人民的伤痛。南非一直在努力纠正种族隔离时期的错误，收集整理了一系列以视觉形式呈现的记忆。它们被缝制成“记忆之布”，藏于妇女之声博物馆（Voices of Women Museum）[①]。这些布片皆由南非黑人妇女缝制。通过这样的方式，人们记录下了在种族隔离时期，受害妇女们的证词和可怖经历：强奸、谋杀、暴力。其中一块“记忆之布”的作者——汤比·阿格妮丝·姆巴

① 在南非当地语言中写为“Amazwi Abesifazane”。

塔（Ntombi Agnes Mbatha）——用针线描绘了歹徒枪杀其家人的暴力场景，旁边附着这样一段话：

> 1992 年，我丈夫与我一同进城。20 岁的儿子托我们给他买双鞋，我们便去城里买了鞋。然而当我们回到家时，却发现儿子没在家。随后我们才听说有人开枪把他打死了。我们伤心欲绝……

在这些触痛人心的布片背后，针线活不再是宁静悠然的家务活，而是那些缺乏传统书写方式的妇女们记录家史、国史的另一种形式。对她们来说，缝制图案就是一种表达方式。

一旦你仔细去思考，针线活的历史便会铺陈开来，将它复杂的内涵如缝缀的布片般展现在你面前。针线活是一个很宽泛的概念，它既指缝制、纺织等手工活动，又包含各种与缝制相关的装饰形式——刺绣、拼布、挂毯、壁毯、编织等。针线活是件令人着迷的活计。我们还可以从其他角度去思考针线活，比如工具与材料、制造与生产、技术与形式。过去，针线活可以被定制和批量生产。人们消费、展示、传承它们。如今我们能对其有所了解，多亏了传家的针线作品和博物馆陈列中那些极具美感的艺术典范。自 1863 年第一件缝制藏品入馆以来，伦敦维多利亚和阿尔伯特博物馆已收入横跨 14 世纪至 20 世纪初期的七百余件针线藏品。精美的针线艺术作品成功地从历史中留存下来，让我们得以欣赏它们的美。与此同时，如果我们用一种有创意的方式去思考，针线活还能为我们打开一扇又一扇窗，让我们发现意想不到的历史故事。

美式拼布

美式拼布是针线活的一种，在美国土著、奴隶、黑人家庭及美国早期民众中世代相传，有着不同的传统特点。如今在美国，家族中不同代的女人们还会一起为家中待嫁的女子缝制结婚用的被褥。这类活动的意义在于图案的设计和实用缝制技巧的传承，在整个过程中让亲情关系变得更加密切。这些传家宝式的新婚礼物，背后是情感的象征，具有维系母亲一方血脉和传统的重要意义。

国立美国历史博物馆（National Museum of American History）位

于美国华盛顿区，是史密森学会下属的一个博物馆。该馆的国家拼布展区汇集了众多华美的织物艺术品。其中一件展品来自 19 世纪（大约 1826 至 1850 年），所属人是苏珊·斯特朗（Susan Strong）。她是最早移居俄亥俄州里奇兰县（Richland County, Ohio）的居民之一。这件蓝白相间的拼布作品有个显著特征：正中间的位置绣着美国国徽的变体图案。自 1782 年起，美国政府开始将该纹章加盖于各类官方文件上。也正是在这一年，曾为英国殖民地的美国终于赢得了独立战争的胜利，美利坚合众国就此诞生。如此具有爱国色彩的图案——展翅的秃鹰——无疑展现了深深的爱国主义情怀，也是 19 世纪留存下来的拼布及其他物件上的常见装饰图案。这样的作品出自女人之手非比寻常。这更加表明，在 1776 年美国《独立宣言》（*Declaration of Independence*）发表之后的几十年里，高涨的爱国热情已遍及整个美国。

拼布制作还曾盛行于黑奴及非裔美国人中间，同时也是非洲各部落的一种传统手工活动。对这些社会群体来说，拼布是保存家族历史、记录家族事件的一种方式——在布面上设计生日、婚礼，以及举行地点与宗教传承仪式的图案。1885 至 1886 年，来自佐治亚州克拉克县（Clarke County, Georgia）的非裔美国农场女工哈利耶·鲍尔斯（Harriet Powers）创作了一件精致独特的拼布作品。1886 年，哈利耶将它带到了雅典棉质品市集（Athens Cotton Fair）上，她极强的原创性作品很快便吸引了当地艺术家珍妮·史密斯（Jennie Smith）的目光，令史密斯惊叹万分。这件作品表现的是一系列圣经故事，包括“伊甸园中的亚当和夏娃”“该隐杀死亚伯”“耶稣受洗”“耶稣受难”“最后的晚餐”等。这件非凡的艺术作品备受哈利耶的珍视，并未在市集上出售。后来，由于生活艰难，哈利耶才以 5 美元的价格将其卖了出去。

男性焦虑

在女性对家庭经济的贡献中，制作拼布曾扮演着举足轻重的角色。不过，在文艺复兴甚至更早的时候，男人却常将针线活视为对付“不安分”女人的利器。1631 年，英国诗人约翰·泰勒（John Taylor）在其出版的《针尖上的美德》（*The Needles Excellency*）一书中宣称，女人应该“少些唇齿事，多做针线活”。然而，对于那些早期关注女性行为的男作家来说，针线活本身就是一个雷区——它虽然提高了女人的忠贞度，成功将她们绑在了家里。但与此同时，人们也开始担心，这些无聊闲散的女人会“缝制”出挑衅男权社会秩序的不当产物，又或许会在女人们的脑袋里填满各种浪漫的念头。更有甚者将针化为笔——展示各种技法的刺绣样品成为一种独立存在的表达方式，这也让一些男人颇感不安。尤其是那些精巧细致的缝制技法，更是被男人们所诟病，虽然它们体现了制作者震撼人心的技艺，但在某些男人看来，这些东西既耗时又昂贵，纯属炫技，是会让人产生不轨想法的体力劳动。照这个逻辑来看，针线活也是个危险的活计。

学习

在 17 至 18 世纪的英国和美国，样品的作用并不简单。女孩们在制作样品的过程中学会了读写和计算，也学会了刺绣的基础针法。这些技能有助于她们日后在衣物上绣制简单的数字及姓名的首字母。带有更多装饰图案的样品让我们领略到了更高超的艺术技巧与精致之美，无论对家庭主妇，还是婚姻市场，这些技艺都很适用。这些精美的样品藏于世界各地的博物馆。针线活里再寻常不过的形式也包含了丰富的技巧与用法。维多利亚和阿尔伯特博物馆中有一件创作于 1598 年的样品，是现存最早、成就最高的装饰性样品之一。1596 年，为纪念表妹爱丽丝·李（Alice Lee）的诞生，简·波斯托克（Jane Bostocke）特别制作了这个样品。这个样品包含十字绣、回针绣，以及其他更为复杂的刺绣技法。

馆藏的另一件精美的刺绣作品来自 200 年后，出自一位名叫玛丽·安·波迪（Mary Ann Body）的小姑娘之手。这件作品上绣着这样几句话：“亲爱的妈妈，我年纪太小了。绣功还达不到您传授的水平，但希望您会因我小小的付出而欢喜。我会努力学习，永远听您的话。”作为一种学习模式的产物，这件为母亲制作的样品向年轻女孩们灌输着温良顺从的行为规范，并强化了她们需要遵守的社会规范。在这里，针线活是颠覆性的自我表达形式的反例。

都铎王朝的政治制度

当针线活与政治、外交目的“结盟”时，它才真正体现出了作为一种自我表达方式的意义和效力。伊丽莎白公主——也就是未来的伊丽莎白一世——还是小姑娘的时候，便会绣制带有艺术字体的宗教手稿图案，以此作为新年礼物送给她虔诚的继母凯瑟琳·帕尔。1544 年，伊丽莎白公主年仅八岁[①]，却翻译了玛格丽特·德·纳瓦尔（Marguerite de Navarre）[②]的诗作《镜：有罪灵魂的写照》（*The Miroir or Glasse of the Synneful Soul*），亲手书写了诗句译文和祈祷词，并制作了一本手稿书送给了继母（见图 11）。书卷的封皮也是伊丽莎白亲手绣制的，以蓝色丝线为背景，用金银丝线绣成涡卷形蕾丝图案，针法精致细腻。封面上还绣了凯瑟琳·帕尔的名字首字母“KP”。里面写着这样的献词：

> 制于公元 1544 年最后一天的阿什里奇（Assherige）……献给我们最尊贵、高尚的凯瑟琳王后，小女伊丽莎白衷心祝愿王后幸福永驻、快乐长存。

凯瑟琳·帕尔（Katherine Parr，1512—1548）

英格兰、爱尔兰王后，亨利八世第六位妻子，都铎时期的女作家，也是伊丽莎白公主的监护人，因其对新教的热情而闻名。亨利八世去世后，帕尔与爱德华六世（Edward VI）的叔叔——托马斯·西摩男爵（Sir Thomas Seymour）结婚。

一年后，伊丽莎白公主又做了第二本刺绣手稿书送给凯瑟琳·帕尔。这次伊丽莎白手抄的是王后亲自写的祈祷文与沉思录，并将其命名为《凯瑟琳·帕尔王后的祈祷书》，封面也同样绣制了如前一本那般精致的图案。这两本珍贵的针线书卷不仅展现了伊丽莎白公主纯熟的绣工，同时也足以证明：尽管年纪轻轻，伊丽莎白公主已有了很高的政治敏感度，在处理政治关系方面显得聪敏

① 也有“十一岁”一说。

② 1492—1549，法国公主，纳瓦尔（Navarre）王后。

老练，懂得表达对继母凯瑟琳·帕尔的认同与支持。对宗教文本的翻译也充分体现了她在宗教人文主义方面有很强的学习能力。

无独有偶，苏格兰女王玛丽一世同样对刺绣颇为热衷。她的刺绣作品暗含着各种政治信息与意向，出卖了她的政治立场和野心。玛丽曾送过一个坐垫给诺福克公爵（Duke of Norfolk，1536—1572，后被伊丽莎白一世因叛国罪处死），上面绣着一只修剪枝蔓的手，旁边附有拉丁文格言，意为"'剪'以养德"。这其中的含义被解读为：伊丽莎白是贫瘠不果的茎，应当剪除，这样玛丽才能茁壮成长。后来，这件针线缝制的礼物成了审判诺福克公爵时的呈堂证供。玛丽被软禁时期的刺绣伙伴哈德威克的贝丝（Bess of Hardwick，约1527—1608）也是做针线活的一把好手。她曾以极其娴熟的刺绣技巧绣制了一批非常奢华的人物图案挂毯，其中表现的都是经典文学作品中的场景，用以装点查茨沃斯（Chatsworth）庄园及其他几处高贵优雅的住所。这也是她提升自己权势与影响力的一种方式。

无敌舰队

作为政治立场及政治结盟的化身，针线活的作用存在一定限制。1588年，都铎时期的不列颠群岛，经历了迄今为止最严峻的挑战和最大的民族危机——西班牙无敌舰队的威胁。在这之后，一系列有历史意义的挂毯诞生了。当时信奉天主教的西班牙国王腓力二世（Philip II）密谋入侵英格兰，欲从信奉新教的伊丽莎白一世手中夺取王位。为此，他派出了一支规模空前的海上舰队——130余艘战舰载着3万余人，向英格兰挺进。然而，这支舰队在英吉利海峡被英国皇家海军打得落花流水，随后又在法国港口城市加来（Calais）遭到了火船的攻击，猛烈的战势令无敌舰队四分五裂。在狼狈不堪的回国途中，舰队在苏格兰和爱尔兰附近又遭遇了风暴，从而驶向了自我的毁灭。西班牙无敌舰队的失败——同时也是英国海军的胜利——也以针线的形式被载入了史册。英国海军总司令，艾芬汉姆的霍华德勋爵（Lord Howard of Effingham，1536—1624）聘请荷兰著名艺术家、海景画家亨德里克·科涅里茨·弗鲁姆（Hendrick Cornelisz Vroom，1566—1640）设计了不下十张巨幅挂毯。

挂毯由弗朗西斯·斯皮尔因克斯（Francis Spierincx）于布鲁塞尔编织而成，每幅都有 14 英尺高、28 英尺宽，“奢华”二字根本无法准确形容它们的壮观程度。每一幅挂毯都表现了一场战役的宏大场面，画面四周是对关键人物的细节刻画。挂毯由精致的金银丝线编织而成，花费高昂，基本上相当于一名 20 世纪 50 年代的工人 87 年的工资总额。

挂毯制作完成后，霍华德先是将其留为己有。1616 年，他将挂毯卖给了英国国王詹姆斯一世(James I)。1644年,这些挂毯悬挂于英国上议院(House of Lords）的墙上，继续见证英国历史上诸多重大事件的发生。这段针线活的历史是多层次的：最初，它讲述了无敌舰队的故事，随后又见证了那些挂毯的诞生，最后又成就了后者作为英国几世纪以来重大历史事件目击者的重要角色。詹姆斯一世在位期间，在接待西班牙大使时，他肆无忌惮地将这些挂毯挂在宴会厅里。因为它们与君主制关系密切，在英格兰联邦（Commonwealth of England，1649—1660）时期，奥利弗·克伦威尔的手下将其重新命名为《1588 传奇故事》（*The Story of 1588*），并把它们挂于议会厅内。无论对于克伦威尔本人，还是在查理一世被处死时与克伦威尔站在同一阵线上的那些人，或是在君主制国家主宰的世界里统治和领导联邦的人来说，“强势应对敌对势力”是不变的主题。

1834 年，这些挂毯被大火毁于一旦，然而它们的历史却并未因此终结。如此伟大的艺术杰作悬挂于如此重要的地方，它们在我们的历史观中烙下了深深的印记，其影响从未消失。2007 年，一项旨在还原挂毯图案的绘画项目正式启动; 2010年,该项目宣告完成。如今,我们可以在上议院的王子厅(Prince's Chamber）里看到这些绘画。快去那里看看吧——既然知道路在何方，不妨去欣赏一下颜料与画布背后隐藏的刺绣史吧。

1066

我们不妨再看看另一件刺绣作品的历史：巴约挂毯（Bayeux Tapestry，又译作贝叶挂毯）。巴约挂毯与国家立场、君主制和侵略有着某种联系。它所讲述的故事我们并不陌生——诺曼人征服英格兰。1066 年，诺曼底公爵威廉（William, Duke of Normandy）发起了一场大规模入侵，他在萨塞克斯（Sussex）登陆，并在黑斯廷斯战役（Battle of Hastings）中大败英王哈罗德（King Harold）。诺曼人征服英格兰的故事也被记录在了巴约挂毯的正面。现代研究也为我们揭开了这件艺术品自己的故事，而这个故事就在挂毯的背面——没错，就是后面的那些织结。这也是针线活作为史料的一种美的体现。你可以几乎毫厘不差地去还原这幅挂毯，并在还原的过程中收获颇多。

>> **哈罗德国王（King Harold，1022—1066）**

1066 年 1 月 6 日，哈罗德成为统治英格兰的第十一位国王。在 1066 年，诺曼人征服之前，哈罗德在位仅十个月，他最终战死在抵抗诺曼侵略者的黑斯廷斯战役中，也成了英格兰历史上最后一位盎格鲁-撒克逊裔国王。至于他的一只眼睛究竟是否中过箭的问题，人们仍无从考证。

对巴约挂毯的研究揭露了一个事实，那就是，这并非一条编织毯，而是一条刺绣毯。我们一般指的挂毯都是在织布机上完成的编织毯。而刺绣毯通常都有一个“底布”，人们在底布上缝绣图案。在对巴约挂毯的技法做了详细研究后，我们还了解到，参与制作该挂毯的工人很可能都是职业刺绣师，全部受过训练，素质整齐划一，对技术精度及物料的使用都有最低要求。在描绘场景时，人们的技法水平偶尔会表现出参差不齐，但工艺标准却不尽相同。在解码不同场景图案的绣制顺序后，我们可以看到古人在制毯前做了多么宏大的规划。人们猜想，最初肯定有一位经验丰富的刺绣师对整个项目进行了监督。在一个或多个团队的协作下，其规划的蓝图最终变为现实。

与无敌舰队挂毯颇为相似的是，巴约挂毯也因其讲述的故事而获得了巨大的政治和宣传价值——它为人们讲述了维京后裔成功侵略英国的传奇故事。拿破仑（Napoleon）、希姆莱（Himmler）和希特勒（Hitler）都曾觊觎这幅挂毯。千百年来，巴约挂毯多次被偷、被毁、被藏，后来又被发现、被转移、被保护、被猎寻、被展览。这些都是因为它所表现的内容和它的绣制形式。

可以说，这件针线作品拥有撼动国家根基的力量。作为历史文物，它还有另一方面的美——你可以从中看到最私人、最私密、最感人的联系。因为在针线活的历史中，有一章揭示了那些最令人感动的作品，它们就像一根纽带，连接起那些因贫穷、疾病或家庭破裂而不得不将孩子遗弃的绝望母亲们。

弃婴

1741 至 1760 年，超过 4000 名婴儿被遗弃在伦敦弃婴医院（Foundling Hospital）。1739 年，为照顾那些有被遗弃风险的婴儿，慈善家托马斯·考勒姆（Thomas Coram，约 1668—1751）创建了这所医院。每位母亲在将孩子送到弃婴医院后，都会从自己或孩子衣服上剪下一块布作为信物。医院则以此布来辨认弃婴的身份。后来，这些布又与入院登记表关联了起来，成为医院账簿记录的一部分。

更令人感到心酸的是，这些布片代表了母子离别的悲伤时刻。它们与医院出生信息账簿里的只言片语一起，回响着几百年前这些孩子们的低吟。1756 年 10 月 27 日，一位名叫萨拉·巴博尔（Sarah Barber）的女婴被收入院，档案编号 2584。显示其身份的布块来自一件 1750 年前后生产的连衣裙，带有花卉图案，价格昂贵。可惜仅仅五年后，也就是 1761 年 3 月 17 日，巴博尔便去世了。另一个类似的案例发生在 1743 年 12 月 9 日。那天，医院接收了一个被遗弃的女婴，在她身上还放了一捆丝带。丝带共四条，分别为黄、蓝、绿、粉色，被人打好结，系在了一起。医院给小女孩取名叫帕梅拉·唐利（Pamela Townley）。然而，1746 年 9 月 1 日，这个才三岁的小生命便离开了人世。这些布块、丝带不单为刺绣爱好者们提供了设计灵感，更向我们讲述着弃婴的历史故事。

这些织物碎片同时也是 18 世纪布艺文化中最重要的组成部分之一，为后世研习布艺图案与时尚提供了不凡的灵感源泉。说到布艺，我们不禁想到衣服的舒适度。那不妨就来聊聊“痒”的非凡历史吧……

第十一章

痒

痒的历史关乎……

关乎体液、愧疚，关乎不忠和梅毒，

还有火药。

历史印记

你有没有过这种感觉——身上某个极难触及的地方奇痒难耐，真想去挠一挠？你有没有被蚊子、跳蚤或者床虱咬过？身上有没有过虱子、疥疮或是线虫？小时候，你是否得过水痘？是否耐心地等待父母给你的水痘患处涂抹炉甘石剂，并且听他们的话，忍住不挠？又或者，你有没有患过什么令你痒得只想一直挠到破皮流血的皮肤病，比如湿疹、接触性皮炎、荨麻疹、扁平苔藓、牛皮癣，或是梅毒、毛囊炎、痒疹？詹姆斯十来岁的时候曾有过一次奇痒无比的经历，让他至今心有余悸。20 世纪 80 年代，詹姆斯在法国北部一家乡间小旅馆里睡觉的时候被蚊子疯狂叮咬，整个人肿得好似象人①一样。而萨姆记忆中最痒的经历来自 20 世纪 90 年代。当时他对一个西班牙泳池里的化学成分产生了过敏反应，他跳着脚挠了好几个小时。而在接下来的几周里，他又为指甲挠破皮肤造成的感染所困。虽然事情过去 25 年了，但他始终难以忘怀。这类让人感到极为不舒服的经历很容易在记忆中扎根，成为我们生命中的印记。就连“痒”都有它自己的历史呢。

① Elephant Man，即指约瑟夫·梅里克（Joseph Merrick），是一位身体严重畸形的英国人，“象人”是他作为一些怪胎秀节目的演员时被演出方所取的称号，1890 年去世时年仅 27 岁。

了解痒

“痒”是个主观现象，纵观历史，其症状及发生都因人而异。尽管如此，人们仍然共同努力，做了许多研究和医治发痒症状的尝试。“痒”的医疗史可以追溯至19世纪之前。那时，皮肤病学和其现代科学的分类、诊断及治疗方法开始出现。此前的医学文献中鲜有关于“痒”的描述——因为在医学分类中，人类躯体的每个部分在中枢神经系统里都有其点对点的反应位置。而过去的人很难界定“痒”这个症状究竟对应身体的哪一个部分。但是，我们仍然能够在远古、中世纪，以及文艺复兴时期那些关于身体局部疾病或皮肤类疾病的医疗手册里看到相关文字。而令人感到非比寻常的是，“痒”这个症状曾被概念化地解读为与身体体液失衡有关。

《希波克拉底文集》（*Corpus Hippocraticum*）

古希腊医学百科全书，收录了古希腊医生、“医学之父”希波克拉底关于医学方面的文章。因每篇文章的内容与文风不尽相同，人们普遍认为该文集由希波克拉底的学生与追随者编辑整理而成。

编撰于公元前5世纪的古希腊医书《希波克拉底文集》中有一篇文章指出，“麻风病、瘙痒症、疥疮、扁平苔藓、白癜风及脱发均缘于痰液，仅属于瑕疵表现，而非疾病”。此处，瘙痒被归为体液病理范畴——换句话说，它缘于构成人体的四种“体液”之间的失衡关系。从这个角度讲，皮肤瘙痒的罪魁祸首是痰液失衡。然而，痰液并非瘙痒的唯一症结所在。书中另一篇文章还将矛头指向了代表火的黄色胆汁。在其中一个严重病例中，“浆液组织进入皮肤，在相互融合后升温，并导致皮肤瘙痒。随后，浆液就像被火点燃的水疱一样爆裂，在皮肤里层闷燃郁积。”瘙痒曾是诊断疾病的一种方法。另一部古希腊医书——《科恩预诊》（*Coan Prenotions*）中称，肺痨患者如在便秘后出现瘙痒症状，那就意味着将要发病，而且“对所有患者来说，瘙痒症状之后的表现都会是粪便发黑并且呕吐”。这些将瘙痒解读为体液失衡的理论并非没有争议，不过它们仍然流行于整个拜占庭及中世纪时期。公元10世纪，伊斯兰作家海利·阿巴斯[1]认为，疥疮和瘙痒缘于“高盐度痰液与胆汁血液的混合”。

瘙痒症的“体液说”理论引出了一系列有针对性的治疗方法。其中一种调节体液失衡的方法被称为出血法。不过，并非所有人都推崇该方法。生于瑞士的医生、炼金术士帕拉赛尔苏斯（Paracelsus，1493—1541）便是文艺复兴时期对该方法坚定不移的批判者之一。他认为，疾病与体内化学元素失衡有关。因此，治疗方法离不开化学知识。他曾写道，“无论是谁渴望治愈、诊疗”那些被其称为“兽疥癣”的皮肤病：

> 不能使用出血法，而应采用其他方法，即神秘术[2]。认清出血法的真相吧。试想一个人挠破头皮的疥癣，引起次日清晨头皮出血，这出血有什么用呢？出血法与之又有什么区别？那根本是徒劳，很快又会出现另一处疥癣。可见，出血法不过是为了挠破疥癣后再生出新的疥癣，再为新的疥癣放血罢了。

治疗瘙痒

历史上到处都是治疗瘙痒症状的妙方和解药。古代著名医生亚历山大·特拉利安努斯（Alexander Trallianus）于公元6世纪时曾写下建议，疥癣患者、头皮瘙痒者应“将芸香与明矾捣碎后混入蜂蜜中，然后将混合物涂抹于剃干净的头皮上。在皮肤自然脱落后，再将橄榄树叶水煮后与蜂蜜一起敷在头皮上”。

一本写于1680年的医学妙方书中还介绍了一种治疗“不治之痒”的方法。该方法需要用到火药的重要成分——硝酸钾。同时还需让患者脱掉衣服站在火焰前，衣服则要经过水煮处理。这无疑是个比较极端的例子。该方法的“创始人”想必也曾深受某种无止境的奇怪瘙痒症折磨。

·不治之痒的妙方·

将1/3盎司的汞倒入1夸脱[3]泉水中，并加入1盎司硝石与少量盐，将以

① Haly Abbas，波斯医生、心理学家。

② Arcanes，意为化学知识。

③ 夸脱分英制和美制两种，美制分干量夸脱和湿量夸脱。美制1夸脱等于0.946升（干量单位约等于1.10升）；英制1夸脱等于1.1365升。

上原料小火煮一个半小时。当原料煮开时，加水以避免水流失，同时，让患者裸身站在火焰前，身披一块布，哪里瘙痒就用布轻擦哪里，随后将布衫放入土罐里用水煮开，最后将这罐有毒的容器打碎。

当时的人认为瘙痒会危及生命，因而想要治愈瘙痒的压力也与日俱增。英国人口统计学家约翰·葛朗特（John Graunt）在《对死亡率报表的自然与政治观察》（*Natural and Political Observations Made upon the Bills of Mortality*）一书中曾提到，1648 年，一位伦敦市民正是死于瘙痒。与“痒”并列的死亡威胁还包括嗜睡、极度悲痛、精神失常、极度恐惧及在浴缸中晕倒。托马斯·斯普纳在《瘙痒、长期致痒体液、疥疮、麻风病问题简述》（*A Short Account of the Itch, Inveterate Itching Humours, Scabbiness and Leprosy*，1718）中写道：

> 瘙痒属严重瘟热，无一例外地滋生于身体外部，不过更多见于关节处及手指间，常因瘙痒难忍导致表皮脓包破裂，有时瘙痒程度可达到极度剧烈；这些脓包或囊包破裂后会释放出淡薄、透明的体液，而一旦该体液接触到其他未感染的部位后也将引起无休止的瘙痒，且越挠越导致更多囊包的生发。

可见，在 19 世纪以前，人们对瘙痒的医学认识与今日我们的专业认识相比有着诸多区别。人们在医学思想与医学实践方面也经历了世代的改变。这个过程有着重要的意义与无尽的文化启示。

舒适程度

“痒”的历史从某种角度来说也是有关舒适度的历史。试想一下衣服造成的某种痒。如今，衣服不适导致的瘙痒意味着窘迫异常。从舒适度这个角度出发，人们对衣服的接受程度也有其历史。令人惊讶的是，舒适度——准确地说是大众心中的舒适度——是一个很新的概念。工业革命之前，舒适的衣料并非人人可得，舒适服装的大规模生产也尚未普及，舒适度不过是少数人的“特权”，而瘙痒也成了对多数人的诅咒。几个世纪以来，无论对哪个阶级而言，最常见的衣料就是羊毛。而亚麻则是最常见的内衣材料。棉花虽然罕见，但确实存在。有证据显示，三千年前人们曾在巴基斯坦和埃及地区种植棉花。丝绸则是中国人的“专利”，直到公元元年前后，它沿着丝绸之路传到了西方。约 1400 年后，欧洲人才开始植桑缫丝。即便如此，在当时甚至是这之后的几百年里，丝绸都是富人才能享有的特权。在 16 世纪的欧洲，丝绸是宫廷、军队及教堂生活中的奢侈材料之一。意大利作家托马索·噶索尼（Tommaso Garzoni, 1549—1589）曾记述道：

> 丝绸岂不是与万物百搭？它可以制成马饰、套装、流苏、边饰、线绳、坐垫、衣服，甚至是无数更漂亮的东西，用来搭配四轮大马车、四轮小马车、轿子、贡多拉[①]、王子们骑的马。它还能搭配条幅、旗帜、徽章、饰以锦缎天鹅绒与流苏的戟，还有长矛、子弹带、小号，以及战士的军装。它与一切教堂用品都很搭，比如雨伞、罩篷、十字褡[②]、斗篷祭衣、挂画、披肩、凉鞋、长袍、加冕服、手套、弥撒带、圣带、圣餐布收纳箱、圣杯包巾、圣体柜内衬、坐垫、布道坛等。

尽管是奢华之物，但实际上它在当时社会中的分布很广。意大利作家乔凡·安德烈·库索奇奥（Giovan Andrea Corsuccio）曾在《不起眼的蚕》（*Il Vermicello dalla seta*，1581）中宣称，“无论地位多卑贱，所有人”都穿起了丝质衣服，“以致那些江湖骗子要是不配上天鹅绒帽子和短款紧身上衣的话，根本无法吸引人们的注意力，没人会凑过来听他们忽悠。”这得益于一种新型布料的发明。这种布料中仅含有少量丝线，因此很便宜，人们都买得起。伦敦弃婴医院收藏的那些登记簿也表明，曾经贵为奢侈品的丝绸在当时已经很常见了。它们为我们揭开了那个特定地点、特定时期内布料历史的面纱。并充分表明，丝绸和棉布物美价廉，它们的普及让社会最底层的老百姓也能使用。

---

① gondola，又称“刚朵拉”，独具特色的威尼斯尖舟。

② chasuble，天主教举行弥撒时，主祭神父穿在最外层的祭服。

跳蚤

对社会精英而言，除痒的方式也因人而异——跳蚤和虱子在咬人时可不会顾及这个人的身份地位（见图 12）。1664 年，伦敦知名日记作家塞缪尔·佩皮斯的妻子伊丽莎白·佩皮斯曾指责女仆没有检查床上的跳蚤。佩皮斯感觉身上很痒，因此担心是在夜里睡觉时被跳蚤咬了。他在那篇日记的结尾写道，其实那“不过是因为天气变化的缘故。气温从高变低，就像两年前一样。寒冷使我的毛孔关闭，血液在体内造成刺痛感，搞得我浑身上下痒了一天”。有一些迷人的作品记录了当时那些讨厌的“咬人虫”。其中有两幅经典画作——巴基斯坦艺术家尼古拉斯·兰克里特（Nicolas Lancret）创作的《厨房里的女孩》（*A Girl in a Kitchen*）及《洗澡的女人》（*Women Bathing*）——表现的都是女性。尽管她们来自社会阶层的两极，但她们都会仔细检查自己身上是否有被跳蚤叮咬过的痕迹。精英阶层倒是有个别出心裁的设备——跳蚤捕捉器——来解决问题。位于林肯郡（Lincolnshire）的劳斯博物馆（Louth Museum）里便藏有一件设计繁复的精致象牙跳蚤捕捉器。这款长约 7 厘米的捕捉器佩戴于颈部，里面放有血液、肥肉，有时也会放些果酱或蜂蜜用以吸引跳蚤，从而将其捕获。

塞缪尔·佩皮斯（Samuel Pepys，1633—1703）

英国海军指挥官、议会成员、日记作家，曾晋升为海军部长。他用密码记录了 1660 至 1669 年的大小逸事，内容全部需要破译。作为诸多历史事件的见证者，他在日记中告诉我们，1666 年伦敦大火[①]发生时，他还在纠结要不要挽救他的奶酪，而 1661 年查理二世加冕时，他却在排水沟边呕吐不止。

① 发生于 1666 年 9 月 2—6 日，大火烧毁了许多建筑，使几万伦敦居民流离失所，但人们也普遍认为正是这场大火切断了 1665 年肆虐伦敦的鼠疫传染源，大火之后，鼠疫再未侵袭伦敦。

自我惩罚

上述那些案例无疑都视瘙痒为诅咒——一种亟待被移除的东西。然而，许多奇妙的证据证明，某些人会欣然接受“痒”这件事，因为这意味着舒适度被牢牢掌握在自己的手里。痒与不痒完全可以由自己做主，“痒”也就成了自我表达的一种方式：穿上真丝的衣服，你会因衣服的细腻顺滑而心旷神怡；而如果穿上苦行者的刚毛衬衣（cilice），你会被它的粗糙质感激怒。

很久以前，人们会刻意去穿那些致痒的衣服。苦行者穿的刚毛衬衣得名于小亚细亚的西里西亚（Cilicia）。那里生产一种质地尤为粗糙的山羊毛，会使人皮肤发痒。于是它就成了那些寻求禁欲、效仿耶稣忍受痛苦的忏悔者心中的最佳衣料。早在公元 2 世纪就有这样的传统了，而且形式十分多样，不仅局限于个人。公元 10 世纪后期，在美因茨（Mainz）与萨尔斯堡（Salzburg）的大主教管辖区里，在圣灰日（Ash Wednesday）及濯足节（Maundy Thursday）这两个节日仪式中，忏悔者可以选择穿着刚毛衬衣。

道德评判

对许多人来说，瘙痒并非是令人欣然接受或愤怒烦恼这么简单的事。它更像是一种讯号——有什么事不太对劲。常见情况下的症状是瘙痒，比如毁容、作息改变，甚至是致命疾病——比如梅毒（见图 13）。于是，我们还可以从道德角度来谈论“痒”。1495 年 6 月，意大利医生尼古洛·斯奎拉奇（Niccolò Squillaci）作为外交使团成员之一，向西班牙宫廷写了一封信，记述了当时（文艺复兴时期）肆虐欧洲的梅毒传染症状。

> 有诸多瘙痒感，关节处伴有疼痛；体温迅速升高；皮肤上会起令人作呕的疥癣，并且全身都会肿胀、产生结节，结节起初是暗红色，随后会越变越黑……瘙痒的症状往往从私处开始。我诚请你们为意大利人民提供一些新型药物来去除这场灾祸……没有比这个诅咒更严重的问题了，这（梅毒）简直是一种残酷野蛮的毒药。

如今我们知道，斯奎拉奇在信中提到的“残酷野蛮的毒药”——梅毒——是通过性行为来传播的。在维多利亚时代，人们往往会将梅毒与不道德联系起来。不过早在 18 世纪，这种关联就已经出现。拿英国艺术家威廉·霍加斯（William Hogarth）的系列版画《妓女生涯》（*A Harlot's Progress*, 1731—1732）来说吧。这组作品描绘了一位名叫摩尔·诺克宝特（Moll Knockabout）的女子从乡下来到伦敦，开始了自己的妓女生涯。第一幅版画中，一位长痘的老鸨审视着刚刚抵达伦敦的摩尔。然而到了第五幅版画时，画面中堕落的摩尔已经身染梅毒，处于临终的痛楚之中。

威廉·霍加斯（William Hogarth，1697—1764）

18 世纪英国画家、版画家。他的绘画形式十分广泛，除正统的肖像画外，还曾创作过一系列道德讽刺作品，比如《妓女生涯》（*A Harlot's Progress*）、《浪子生涯》（*A Rake's Progress*）、《时髦婚姻》（*Marriage à la Mode*）。

威廉·霍加斯版画《妓女生涯》（第五幅）

显而易见，梅毒所造成的瘙痒是不道德行为的结果。堕落即是病因。因此，“痒”也成了一种道德指示牌，供他人评头论足。那时人们会这么想：瞧，那个人正挠痒呢；那个人死了；那个人道德败坏。

不忠

另一个将瘙痒与罪恶联系起来的关键词是不忠。最为道德败坏的一宗罪——至少世界上大多数宗教是这样认为的——便是通奸。古往今来，在世界上大多数地方，婚内忠贞都曾被视为社会的基石，是限制性行为的父权社会最核心的内容。20 世纪下半叶，婚内的出轨欲望被称为“痒”。正如 1955 年玛丽莲·梦露（Marilyn Monroe）主演的美国浪漫喜剧《七年之痒》（*The Seven Year Itch*）那样，这部电影改编自乔治·阿克塞尔罗德（George Axelrod）的同名戏剧。这两部作品讲述的都是短暂婚姻后夫妻双方对彼此逐渐失去兴趣的故事。“七年之痒”一词源自一种长期皮肤病。面对欲求不满的性生活，梦露的角色所代表的人群选择屈服于“痒”，并最终出轨。这类人的故事背后有着一段意义重大的历史渊源。

在 16 世纪的英格兰，教会法庭负责监管婚外性行为，对通奸的男女进行公开羞辱——在礼拜日的时候，那些性“罪犯”的脖子上甚至会被戴上细数其“罪行”的标语牌，在教区教堂外示众。除了佩戴“羞辱牌”之外，他们还要进行一种正式的补赎仪式。1589 年，乌尔苏拉·谢波德（Ursula Shepherd）的丈夫以通奸罪将妻子告上法庭。大法官裁决夫妻双方分居，不过并未要求任意一方再婚。乌尔苏拉被执行了补赎。法庭记录了她公开补赎时的原话：

> 在此，我当着上帝及在座所有人的面忏悔。你们都是好人，而我，作为亨利·谢波德（Henry Shepherd）二十年的结发妻子，忘记了上帝，也忘记了自己对丈夫的责任，与我的仆人理查德·马修（Richard Mathewe）淫腻通奸，我也因此被判与丈夫离婚（即分居）并做此补赎。我希望，你们能以我为戒，保持忠贞。我的补赎将于下个礼拜天结束，期间我将在伦敦圣玛丽·伍尔彻池（St Mary Woolchurch）教区教堂服役。

这种事真让人感到羞耻，而且是以这种方式——大庭广众下进行。我们不禁要问，他们通奸的事情是如何被发现的——这个问题为我们引出了接下来的话题：“洞”的历史……

第十二章

洞

洞的历史关乎……

关乎性、偷窥与隐私，关乎丢东西，

还有激光扫描仪。

洞的意想不到之史都与性有关——不过可能与你想的不太一样。洞的背后是隐私、窥秘癖和偷听的历史；它告诉我们这样的事实：过去，城市居民房屋的墙壁是如此之薄，以致邻居们可以通过墙上的小洞窥探彼此的生活，举报不检点的生活作风、不正当的性关系或肉欲。这些情况显然超越了教会甚至是当地社区的底线。宗教改革之前，教会将约束的触角伸向了民众。文艺复兴之后，欧洲情报大国不断崛起。这些情景与20世纪的法西斯世界和“正在看着你的老大哥”①之间的联系其实并不遥远。

偷窥

1666年，英格兰居民玛丽·巴伯（Mary Babb）与其姐夫理查德·巴伯（Richard Babb）因通奸和乱伦被起诉。案件由负责监管非法性行为的约克郡天主教法庭受理。彼时，无论是婚外性行为，还是近亲之间的性关系都是被严格禁止的。教会法庭的裁决通常包括公开羞辱性的补赎活动，比如礼拜日身着白色床单站在教堂外，床单上写有诸如通奸等阐释罪行的字样。埃塞克斯档案办公室（Essex Record Office）的科尔切斯市档案中留存着一块1584年的标语牌，上面写着“布莱恩·海德（Briant Hedd），与寡妇爱丽丝·萨姆福德（Alyce Samforde）通奸”。这种仪式化的当众羞辱的确强化了教区内

① 出自奥威尔小说《1984》。

百姓的道德行为准则。

在玛丽·巴伯和理查德·巴伯的案件中，一位名叫伊丽莎白·图莱特（Elizabeth Tullett）的邻居提供了非常不利于他们的证据。图莱特在证词中提到了“与他们只有一墙之隔”的自己是如何“多次看到两人粗鄙失礼行为”的。有一次，她通过墙上的一个小洞看到“那个玛丽·巴伯走了过去，外衣和衬衫都脱到了胸部。当时家里就只有她和理查德·巴伯”。还有一次，“那个玛丽·巴伯撅起臀部，把衣服撩到腰间。理查德·巴伯在她身后做了九下”。这里说的可不是人身上的孔洞，而是可以让我们偷窥的缝隙。巴伯家的故事还没结束。后来，偷窥者的队伍又壮大了。理查德·温汀（Richard Vintin）夫妇与伊丽莎白·图莱特一起目睹了当事者的淫行。这三个人看到玛丽·巴伯和理查德·巴伯的所作所为后非常愤怒，他们“急忙冲进两人的屋子里”，想要捉个现行。但是两人听到动静后迅速穿好了衣服。后来被控乱伦时，理查德·巴伯看上去“脸色苍白、面容可耻”，一句话也没说。

神父的逃生洞

历史上，洞是藏人匿物的绝佳场所。1570年，教皇庇护五世（Pope Pius V）革除了伊丽莎白一世女王的教籍。这使得女王公开支持新教，宣布新教为英国国教，并一改其宗教宽容政策，严厉处罚并关押那些拒不加入英国国教的天主教徒。与此同时，英格兰当地教区教堂的基督教宣讲活动对天主教徒采取了孤立政策。于是，为满足天主教徒的精神需求，大量耶稣会神父被派往英格兰布道。新教也开始对这些神父进行抓捕、审问和处决。在天主教徒的实际生活中，神父作为教徒与上帝的中间人具有非常重要的意义，是掌管诸如圣餐礼等圣事的关键人物。在伊丽莎白一世后期，对维持与满足信仰被禁的天主教徒来说，神父的角色尤为重要。迫于无奈，天主教徒将祷告等活动秘密地集中在了家中。于是，一张常依赖于那些不易引人注意的女性而活动的天主教地下网络应运而生，为前来为天主教徒服务的神父提供了避难之所。

> **反抗者（Recusant）**
>
> 16至17世纪英格兰、威尔士及爱尔兰境内拒绝加入英国国教的人。伊丽莎白一世在位期间，政府起草并通过了一系列法律惩治那些公开宣称信仰天主教的人，具体惩罚措施包括罚款、没收财产，以及关押入狱。

神父的逃生洞便是在这样的情况下发展出来的。这些藏身处主要分布在天主教家庭中，为了帮助神父躲避像理查德·托普克里夫（Richard Topcliffe）这样的“狩猎者”。传说托普克里夫曾随身携带着审问架，随时准备对他的“猎物”刑讯逼供。16 世纪后半叶，源自欧洲大陆的天主教地下网触及了英格兰的各个郡县。天主教神父成了被追踪的对象。酷刑成了迫使他们交代出情报的手段。在那段时期，为帮助神父躲避当局抓捕而建造的“洞”或者说藏身之所层出不穷。它们被藏在壁炉架、橱柜或卧室里。有的结构复杂，与其他空间相通；有的则是结构简单的小屋，嵌在楼梯间或走廊的墙里。建造藏身所的人会充分利用房屋的特点——比如壁炉烟囱、地板下或房顶三角墙下的空间——设计出隐藏的出入口，确保神父不被前来搜查的人发现。后者是英国当局委任的代表，负责搜查天主教神父及他们藏匿的窝点。

尼古拉斯·欧文（Nicholas Owen，1562—1606）是一位神父逃生洞的建造专家。这位来自牛津郡（Oxfordshire）的反抗者是木工行当的一把好手。人们都亲切地称呼他为“小约翰”。在伊丽莎白一世执政的英格兰，欧文的木工手艺派上了大用场。他在英国境内为天主教神父建造了众多结构复杂的避难所，赢得了英国天主教徒的敬重。为了保障被孤立、排斥的少数派也能得到精神上的慰藉，欧文从事这项秘密工作长达十八年之久。为了避免被英国当局发现，他常常趁着深夜在狭小幽闭的环境里完成这些工作。1607 年初，英国耶稣会神父约翰·杰拉德（John Gerard）在罗马圣彼得（St Peter’s）被封为英国神父，此后不久，他在《火药阴谋要述》（*Narrative of the Gunpowder Plot*）中提到了尼古拉斯。他写道：

> 他的主要任务是建造藏匿神父及教会用品的秘密处所，助其避开

当局狂暴的搜索。他对这项工作驾轻就熟，既擅于结构设计，又能选择最合适的实现方式，他也因此颇为“抢手”。我真的觉得上述那些工作，无人更胜欧文，其中首要的原因就是他挽救了千百人的性命……

欧文设计的藏身所以结构复杂闻名，通常都有一个逃生的小口。据说是他建造了位于约克郡南部伯格沃利斯大厅（Burghwallis Hall）的逃生通道，其中包括一系列藏身点及一个逃生出口。1606 年 1 月，欧文因火药阴谋被捕。为了让他供出其他天主教徒的秘密，抓捕者对他用了各种酷刑。最终，欧文在极度痛苦中死去，肠子甚至都被割开了，却未泄露任何信息。用约翰·杰拉德的话说“他肠出而命殒”。

激光扫描仪

为了发现并了解那些藏身之所，房屋历史学家正在研发新型技术。思罗克莫顿家族（Throckmortons）是都铎王朝时期著名的英国天主教家族，他们曾经的住所位于沃里克郡（Warwickshire）的库顿庄园（Coughton Court）。19 世纪 50 年代，该庄园门楼内的一处神父逃生洞（见图 14）首次被发现。21 世纪的今天，人们利用 3D 激光打印技术还原了这个隐秘的建筑结构——“双盲”（double-blind）结构。“双盲”即指逃生洞中的逃生洞——目的就是为了让搜捕者以为自己发现了神父的逃生洞，但里头却空无一人，造成人去洞空的假象。这类创新性的研发对人们研究历史建筑中的神父逃生洞非常有帮助。事实上，神父逃生洞仍遍布今天的英格兰地区。不过即使知道这些地方的位置，我们也很难进得去。在激光扫描仪的帮助下，人们便可以直观地想象和理解建筑中那些隐藏的空间究竟是什么样子。这无疑是科技助力理解历史的绝佳例子。

火药阴谋

1605 年 11 月，由罗伯特·盖茨比（Robert Catesby）领导的一众天主教徒企图炸毁英国国会大厦，并暗杀英国国王詹姆斯一世（同时也是苏格兰国王詹姆斯六世）。计划最后以失败告终。该事件史称火药阴谋。盖伊·福克斯（Guy Fawkes）负责监管和点燃火药。尽管该计划失败了，但人们还是会在每年的 11 月 5 日以篝火点燃福克斯雕像的方式来纪念该事件。

逃生洞藏匿的不仅是逃跑的人，还有那些需要保密的书籍与资料。1605 年火药阴谋发生后，来自北安普顿郡（Northamptonshire）的天主教反抗者托马斯·特莱萨姆爵士（Sir Thomas Tresham）想要保全其各种文件资料。在其女儿的谋划下，他将那些文件“用亚麻布裹起来，并用硬蜡封好口”后封到了墙里的一个壁柜里。据历史手稿委员会（Historical Manuscripts Commission）管理员记载，该壁柜建于 1596 年。直到 1828 年，人们才发现墙里的文件。当时，一位工人打掉了“连接大厅通道中的一道隔断墙”，发现了“一个非常大的凹槽或者说壁柜，中间放着厚厚一沓文件资料”。关于洞、秘密与宗教信仰之间无比紧密的关系，隐秘的藏身空间及其中的天主教书籍资料是再好不过的证明。

囤积物

中世纪早期的西方世界危机四伏，藏东西成了人们普遍会做的事情。他们会把私人物品、珍宝、战利品和硬币埋在地下的洞里，日后有机会再取出来。暴乱的年代催生出如此极端的囤物方法来确保物品的安全。我们可以将地下那些洞想象成中世纪早期的银行、保险柜，甚至是床底下的鞋盒子。有关早期社会，历史上留存下来的书面资料非常有限，分布不均又难以解读。而这些储藏物与（源自中世纪时期人们习惯将物品与过世之人一起埋葬的）陪葬品都是那个时代给我们最珍贵的财富。

斯塔福德郡宝藏（Staffordshire Hoard）便是其中一例。这座惊人宝藏中尽是盎格鲁–撒克逊时期的金银器，总计约 3500 件。这座宝藏被英国伯明翰博物馆和美术馆（Birmingham Museum and Art Gallery）、英国陶瓷博物馆和美术馆（Potteries Museum and Art Gallery）以 328.5 万英镑的高价收入馆藏。2009 年，人们在斯塔福德郡（Staffordshire）哈莫维奇（Hammerwich）附近的田野里发现了它，其中包括各种各样的兵器装备，比如头盔、剑等。这些兵器做工精良，年代可追溯至公元 7 世纪。埋于地洞中的宝藏为我们带来了一束光，照亮了中世纪早期的社会面貌，使我们得以了解当时人们的生活习惯、社会结构、财富状况、宗教信仰、战争与兵器，以及家庭与日常生活。

意外损失

不过，“洞”也可能与“损失”有关——比如那些从口袋或包的破洞掉出去的东西。关于这方面的历史溯源也非常重要，陆续有捡到遗失物品的事件发生。公元 9 世纪，阿尔弗雷德大帝（King Alfred）统治的威塞克斯王国（Wessex），如果某个漫步田间的修士发现了他的口袋裂了一道缝，或是他拎的袋子底角被老鼠咬了个洞，那我们便不会找到阿尔弗雷德宝石——这是已知现存的盎格鲁–撒克逊时期最重要的锻金珐琅器（见图 15）。1693 年，人们在萨默塞特郡的一座鹿园内发现了这块宝石。距离鹿园 3.5 英里的地方正是阿塞尔内岛（Isle of Athelney），阿尔弗雷德大帝曾命人在那里建了一座修道院。院墙上甚至还醒目地刻着“aelfred mec heht gewyrcan”的字样，意为“阿尔弗雷德命鄙人修建”。阿尔弗雷德宝石估计是某根指示棒——可能用于在阅读书籍时指示文字——末端的装饰物。这根阅读棒也很可能是一根权杖。我们从一份书面史料中了解到，当时阿尔弗雷德大帝曾向王国内每个主教辖区赠送权杖，这块宝石可能就是其中一根上的饰物。同时，阿尔弗雷德还附赠了格雷戈里主教（Pope Gregory）著作的《精神关怀》（*Pastoral Care*）译本。他在书的序言中写道：“我将向王国内的每个主教教区赠送一本书，并附赠价值 50 曼克斯①的权杖一根。我，以上帝之名，命令：任何人不得将权杖从书中取出，也不得将书带出教堂。”

这次偶然的发现改变了我们对盎格鲁–撒克逊时期艺术的认识与评价。那块宝石是不是从某个口袋或包的破洞里掉出来的呢？这些“洞”也是时间流逝的产物，它们直接铸就了我们对历史的理解和认识。流逝的时光为我们理解流

① mancus，中世纪欧洲金币的表示方法，重 4.25 克。

逝的时光创造了各种机缘巧合——历史创造了历史。

实际上，偶然捡到的金币——大部分都是从钱包或口袋的破洞里漏出来的——让我们对历史的认识发生了巨大变化。它们能告诉我们诸多历史信息——比如某位皇帝或统治者的名字，而且往往可以帮助我们确定某一历史遗址或该遗址内某个具体地层的年代。神奇的是，另一次非凡的“偶然”也发生在盎格鲁-撒克逊时期。2001年，在贝德福德郡（Bedfordshire）爱福河（River Ivel）河畔的小径上，一名寻宝爱好者利用金属探测器发现了一枚完好无损的金币，其历史可追溯至麦西亚（Mercia）国王科恩伍尔夫（Coenwulf）统治时期。这枚硬币——虽不幸掉落却有幸被重拾——是20世纪有关盎格鲁-撒克逊时期最重要的考古发现之一。

麦西亚的科恩伍尔夫（Coenwulf of Mercia）

公元796至821年盎格鲁-撒克逊王国麦西亚的统治者。在其统治时期，来自竞争对手的权力斗争异常激烈。他曾在肯特（Kent）受到埃格伯特·普朗恩（Eadberht Præn）的挑战，这使得科恩伍尔夫发起了重夺王国的侵略战争，擒下埃格伯特，并致其失去双眼和双手。

这枚硬币的品相极好，肯定是刚铸造出来不久就被遗失了。它是诞生于公元700至1250年，并留存至今的八枚金币之一，也是其中最早的常规货币。尽管我们对科恩伍尔夫知之甚少，但毫无疑问，他是统一英格兰的重要历史人物。他从奥法国王（King Offa）的儿子手中盗取了王位，入侵东昂格利亚（East Anglia）和肯特地区，最终创立了自己的帝国，疆域自南海岸直至威尔士边界及亨伯地区（the Humber）。金币上刻有科恩伍尔夫作为罗马皇帝的形象，以及“DE VICO LVNDONIAE”的字样，意为“来自伦敦贸易区”。事实上，罗马人早在三百年前就已经从不列颠撤离了。但这枚金币上的文字仍刻意将盎格鲁-撒克逊国王与罗马人联系起来，这实在是有趣又颇具历史意义。它表明了盎格鲁-撒克逊人的历史观，也映射出查理大帝统治时期的社会行为与货币使用的情况——查理大帝统一西欧大部分地区并成为罗马皇帝的时候，科恩伍尔夫统一了不列颠南部地区。这枚金币展现了公元8世纪时人们对大陆疆域的争夺与野心，同时也影射了盎格鲁-撒克逊人之于其过往历史的看法甚至是赞赏。

早在20世纪40年代，便有历史学家对这些偶然发现的钱币进行研究与应用。德国曾有一个名为“古典时期钱币的考古发现”（Funmünzen der Antike）的项目，该项目将每一枚在德国境内发现的钱币都登记在册，此后不久，其他国家和地区也纷纷效仿此方法。钱币学也逐渐发展为考古学的一个分支。

书虫

当然，“洞”还与其他层面上的损失有关：书籍资料被虫蛀穿、被鼠咬破的洞吞噬掉的则是文字。洞的历史又把我们拽到了历史文件资料上来。如今，“书虫”一词已经成了书籍爱好者的代名词，有时也指代那些从小就热衷于看书的孩子。它本来泛指一切蛀书的昆虫，其中包括会侵袭布面封皮的蛾子、蛀食皮质书的甲壳虫，还有爱吃霉菌的书虱——它们大快朵颐，吃掉保管不善的纸品中含有的有机物质。我们常会在中世纪时期的书籍中发现虫洞，有些书甚至被蛀得千疮百孔。虫子在木质书皮上产下卵，卵又孵出幼虫。后者会将书页蛀穿，所到之处可谓一片狼藉。与此同时，老鼠和潮湿的环境也是保管文件资料时要面临的问题。对此，来自德文郡的一位自耕农罗伯特·福尔泽（Robert Furze，约1535—1593）曾有过相关描述。在岳父埃德蒙德·罗兰德（Edmond Roland）去世后，家书等纸质资料由其遗孀琼（Joan）继承，然而这些纸质遗物的境遇似乎是个悲剧——它们被琼的新夫君偷走，放在一个没有锁的保险柜里，纸品状况很令人担忧。用福尔泽的话说，那个保险柜“真的把那些文件资料都毁了”，不是被鼠咬，就是被人偷。

中世纪时期的手稿——通常是写在牛、绵羊或者山羊的皮上——往往“漏洞”百出，有时是在制备过程中剔除肉、毛的时候不慎被戳破的。将动物的皮制成可供书写的页面或装帧书皮是一项细致与技巧并存的艰巨任务。对中世纪的抄书吏们来说，与纸洞打交道是家常便饭。他们通常会绕着破洞书写，或是干脆把它们变成一种装饰。一部来自法国东部、写于公元9世纪的手稿上便有一个“透视”洞。读者可以从这个洞里看到下一页起始段中龙头形象的首字母（见图 16）。有时候，抄书吏或书的主人会试着修补这些破洞，比如将撕裂的部分缝合。14 世纪一群可爱的瑞典修女则用紫色、红色绣线将其保管的一本宗教手稿中的破洞覆盖了起来（见图 17）。

不得不说，“洞”的历史离不开日常磨损、修旧利废这样的话题。人们用丝线补袜子，用布块补衣服，用绣线以精湛的手艺缝补中世纪手稿。“洞”与就地取材的缝缝补补有着千丝万缕的联系。

虐待

20 世纪末的爱尔兰有多座玛德莲（又译抹大拉，出自《圣经》人物的名字）洗衣房（Magdalene Laundries）——又称玛德莲疯人院（Magdalene Asylums）。彼得·穆兰（Peter Mullan）导演的电影《玛德莲堕落少女》（*The Magdalene Sisters*，2002）中描述的故事就发生在那里。这些洗衣房由天主教修会创立与运营，接收所谓的“堕落少女”。她们像犯人一样被囚禁、控制、管教，完全与社会隔绝，而这一切都是“为了她们好”。据估计，这些野蛮的机构共接收过大约 3 万名女性。那里的环境非常恶劣，多家媒体曾广泛报道过这些机构对女性进行身体、精神及性虐待。她们被殴打、被当作奴隶对待。管理者切断了她们与家里的联系，甚至剥夺了她们原有的姓名，仅用数字编号。可怜的年轻女性们在洗衣房里做着枯燥琐碎的工作，比如缝补床单、被罩上的破洞，学习修补亚麻制品甚至取代了对她们的正规教育。上万名女性的历史证词记录了这些机构如此大规模的虐待行径。随着媒体曝光的势头愈发强劲，爱尔兰政府迫于压力，终于在2013年正式发表了一封道歉信。爱尔兰总理恩达·肯尼（Enda Kenny）称这些机构是“爱尔兰的耻辱”。这段关于禁闭和无止境地修补床单的往事为我们引出了下一个重要的话题——床的历史……

第十三章

床

床的历史关乎……

关乎生死、贩鱼商，关乎隐私、历史教育，

还有海盗。

第一次世界大战

第一次世界大战之后，人们在各地医院拍摄到的照片充满着大规模战争带来的恐怖情绪。这些难得的历史画面令人触目惊心。稀稀疏疏的钢架床像游行队伍似的，不偏不倚地靠墙站着。床单干净整洁，间距整齐，仿佛士兵列队一般。它们除了整洁、整洁，还是整洁——在那个特殊时期，内务表现是衡量医院临床能力、评判护埋水平的一种方法。照片中，躺在床上的伤员大多时候都是昏迷的。有时候护士会给他们注射镇静剂，使他们露出呆滞的神情。还有的时候，他们依然能够谈笑风生，乐观地面对残肢伤臂、烧伤枪伤带来的痛苦。

如果你看得再仔细一些，会发现这些伤员所在的建筑有些不同寻常。那个头上缠着绷带的男人身后，难道是一扇彩色的玻璃窗吗？那不是中世纪的房梁木架结构吗？那个腿上打着石膏的男人身后莫非……莫非真的是一幅鲁本斯（Rubens）的画作吗？

战火从 1914 年夏天开始就接连不断，现有的医疗机构很快人满为患，病床更是供不应求。许多私家住宅也被征用，成为辅助医院。被军队征用的不仅有乡下住宅，还有市政厅、牛津和剑桥大学的学院、教堂、城堡，甚至是王宫。索姆河战役（Battle of the Somme）之后，露易丝公主（Princess Louise，1838—1939）——维多利亚女王与阿尔伯特亲王的第六个孩子——也将其位于肯辛顿宫（Kensington Palace）的住所贡献了出来，用于收治伤员。难怪那个时期的伤员在后来的回忆中充满了对那些建筑的描述。病床将伤

第一次世界大战期间，英国东萨塞克斯郡大迪克斯特府（Great Dixter）的一间卧室被改造成医院病房。大迪克斯特府是英国一座著名豪宅，内饰众多艺术品，府内各种花园更是远近闻名

员们与英国历史以一种他们未曾想过的方式联系在一起。

其中一个辅助医院——伦敦市鱼商行业公会（Worshipful Company of Fishmongers）的大厅——为我们揭开了一段不为人知的英国历史。作为伦敦十二家历史最悠久的行业公会之一，鱼商行业公会的历史至少可以追溯至公元 13 世纪。1914 年，金碧辉煌的公会大厅被一些木质挡板分成多个隔间，每个隔间里有两张床。在一战之前，想进这家公会大厅的门并非易事。而到了一战后期，这座大厅已经迎来送往了 800 名病人，临时搭建的手术室完成了 250 余台手术。国王与王后甚至在 1914 年 11 月亲自到这里走访。

对辅助医院里的伤员来说，在那里的日子成了他们生命中极为重要的一部分。他们经历了生与死的碰撞。那些床既是治愈者的康复病床，也是牺牲者的临终舞台。而在这样的背景下，床的历史变得非同寻常，它不单单是用来睡觉的场所了，还扮演着许多其他角色。它关系着一个家庭的生老病死、循环往复。它是产床，是病床，也是临终所卧之床。它是人们来到这个世界的入口，也是离开这个世界的出口。尽管我们认为，床是具有私密属性的东西——它往往与婚姻、夫妻同床、亲密性事有关，但实际上，床是个具有公共与社会属性的半开放空间。

临终床

临终的床是一种特别的公共空间，它是人们告别世界的舞台。古往今来，有关这个重要人生节点的仪式从未衰减。如今，医学已经发达到了“生死可控”的程度。即便如此，人们仍然会守护在挚爱家人的床边，陪伴他们走完最后一程。我们两位作者都经历过病床前的守夜，也参加过亲朋挚爱的道别仪式。许多人都与我们有同样的经历。无论是宗教改革之前还是之后，临终床一直是家人共度亲密时光的地方。其实，从很多角度来看，几百年前的人们为死亡做的心理准备比我们更多、更完备——信仰人有来生，接受死亡无处不在。与死亡相关的种种仪式，都在减轻它所带来的恐惧和不适之感。

临终床前的场景也能给予人们足够的力量，为在世之人带来对生命的信念。伊丽莎白时代就曾有过这样动人的临终一幕。1590 年，年仅十九岁的凯瑟琳·斯塔博斯（Katherine Stubbes）不幸离世。1592 年，她的丈夫菲利普（Philip）出版了一本名为《基督教女性之鉴》（*A Chrystal Glasse for Christian Women*）的小册子，里面描写了妻子临终时的场景。这本小册子非常畅销，屡次再版。它记述了凯瑟琳在世时的生活点滴，也描绘了她“神圣的”——换句话说就是非常虔诚的——死亡。册子的出版也是为了表达对上帝的赞颂，而凯瑟琳则成了女性榜样的一面镜子（也就是书名中“鉴”的含义）。换言之，它是一本“行为准则”式的类文学作品，旨在告诉世人应该如何做一名善良高尚的女性清教徒。

凯瑟琳的丈夫从她的出身写起，随后写到她 15 岁时与自己结婚。在当时，结婚年龄普遍为二十来岁。但在清教徒眼里，凯瑟琳是再适合不过的妻子了——虔诚、顺从、少言、热忱。她常看宗教书籍，频繁祷告。丈夫离家时，她从不出门。她饮食节制，衣着保守。对待丈夫一向恭敬顺从。然而从下面的文字中，你却能看到一个丝毫不柔弱、不胆小的凯瑟琳。

丈夫斯塔博斯用了很大的篇幅描写凯瑟琳为死亡做的准备，以及在她临终床前的最后时光。凯瑟琳预言，她在生下儿子后便会死去。虽然产后恢复得不错，但后来她却是疾病缠身，每天只能睡一个小时。两周后，上帝把她带走了。然而，对于自己的种种磨难，凯瑟琳从未失去耐心，从未质疑过上帝的存在。她临终的那一幕更可谓是清教宣传的“典范”。

除了大量关于凯瑟琳患病与死亡的描写，小册子里还穿插着许多清教教义的宣传内容。其中最主要的篇章便是凯瑟琳的信仰告白。这段告白被解读为上帝的灵魂借凯瑟琳之口说出的话，内容涉及了清教教义的方方面面，通篇都是“我相信”这个字眼。这段告白堪称虔诚思想的合集，比如视拒绝别人善举为自我救赎与受难，以及仅凭信仰去相信宿命与正义。

在这段教理问答式合集的结尾处：

> 很快，她便结束了这段虔诚的告白。然而撒旦已经准备就绪，想要战胜凯瑟琳，而她对我主耶稣的信仰从未间断过，凭借主的力量，她将撒旦制伏。起初，她面容甜美可爱、亲切和蔼，面色红润如瑰，美丽动人。可突然间，她眉毛一皱，眉头紧锁，面露愤怒与严厉，仿佛她看到了什么肮脏、丑陋、令人不悦的东西，她旋即脱口而出下面的话，言语中充满了对“那个东西”的蔑视。

随后，耶稣基督将撒旦贬出天堂；凯瑟琳则因在临终前战胜了魔鬼撒旦而含笑离世。小册子以对凯瑟琳的赞颂结尾，她小小年纪却有这样的“表率”尤为令人动容，丈夫斯塔博斯写道：“是主的恩典令我们有了凯瑟琳这样的榜样。”女人通常是被教会边缘化的角色，凯瑟琳的经历无疑表明，临终床可给予女性极大的精神力量。

权力的转移

无论大国还是小家，临终时刻都无比重要。无论一国之君还是一家之主的死亡都意味着“继承”的开始——王位的交接、土地与权力的继承。因此，临终之床不仅标志着举国哀悼的时刻，也预示着权力的转移。

英国历史上曾有过那样一个决定英国命运的关键时刻。英国国家肖像馆（National Portrait Gallery）馆藏油画《爱德华六世与教皇》（*King Edward VI and the Pope*）将这一历史时刻记录了下来。这幅作品创作于16世纪末期，表现了亨利八世的临终时刻。其作者不详，很可能是受亨利八世女儿——后来的伊丽莎白一世——之命绘制的。都铎王朝在亨利八世的统治时期最为动荡。这幅油画中，亨利八世靠在床背上，衬着床后微微收起的幕帘，一只手指向坐在他旁边的王位继承人——他的儿子爱德华六世。亨利八世死后，爱德华六世仅仅在位六年便去世了。

爱德华六世（Edward VI，1537—1553）

亨利八世与第三任妻子简·西摩（Jane Seymour）所生，是亨利八世唯一的儿子，自幼接受新教教育，九岁时继承王位，六年后死于肺结核。爱德华六世在位期间，先后由其舅舅——护国公爱德华·西摩（Edward Seymour，the Lord Protector）、诺森伯兰公爵约翰·达德利（John Dudley，Duke of Northumberland）在幕后摄政。

年轻的爱德华王子身边尽是父亲亨利八世的左膀右臂，其中包括爱德华的舅舅——护国公、萨默塞特公爵爱德华·西摩，诺森伯兰公爵约翰·达德利，以及托马斯·克兰麦（Thomas Cranmer）。从那幅油画中可以看到，画面右上角表现了反传统主义[①]的场景——比如对圣像的肆意破坏。爱德华的下方是大主教，他被“君主的遗言”彻底击垮，重重地瘫倒在地。这幅作品无疑是王室用于高压宣传的一种手段，其历史可追溯至1570年之后（根据油画木版所用木头的年轮推测，那棵树的砍伐时间在1574至1590年）。那时，教皇庇护五世发布训令，革除了伊丽莎白一世的教籍，这使得许多英国民众不再效

① iconoclasm，信奉对圣像、图像或纪念碑进行破坏的重要，多与宗教或政治相关。

忠女王。因此，这幅油画对于英国历史具有重要意义，它表现了亨利八世与罗马教廷的决裂。而其子爱德华六世自幼接受新教教育，继位后开启了崭新的宗教道路，随后，伊丽莎白一世又将这条她引以为傲的道路继续发扬光大。

奢华之床

这幅画像中的床着实是个大家伙，它有四根雕刻床柱，床罩、窗帘及床单皆装饰华丽，极尽奢华。床的形状与尺寸历来多种多样，既有装点达官贵人寝室的高雅床具，也有陋室里仅仅盖着一条毯子的草铺简席。伊丽莎白时代的旅行家、作家威廉·哈里森（William Harrison，1534—1593）曾在1577年描写过当时家具的“精致”，其中就包括“带有织毯与真丝床幔的组合床”。哈里森称其是一种对过去的告别：

> 我们的父辈——与你我一样——常躺卧在草铺或简陋的垫子上，粗糙的床罩底下只有一张床单……头底下枕的不是长枕或软枕，而是一根还不错的圆木头……（他们说）产妇才会用软枕。而对于仆人来说，有的盖就不错了，毕竟他们甚至很少有东西垫在身下，饱受草铺毛刺和床面上不平整凸起的折磨。

威尔镇大床（Great Bed of Ware）

四柱大床曾是奢侈与身份的象征，例如藏于维多利亚和阿尔伯特博物馆的威尔镇大床（Great Bed of Ware，见图18）。这张床曾经非常出名，它的名字被莎士比亚写于1601年首演的戏剧《第十二夜》（*Twelfth Night*）中。与莎翁同时期的剧作家本·琼森（Ben Jonson，1572—1637）也曾在其作品中提及此床。赫特福德郡（Hertfordshire）木匠乔纳斯·弗斯布鲁克（Jonas Fosbrooke）受雇于白鹿旅馆（White Hart Inn），于1590年前后做好了这张“样板床”。白鹿旅馆是赫特福德郡威尔镇上最好的旅馆之一，距离伦敦只有22英里，当日往返很是方便。随后，这张床又辗转去了威尔镇上另外四家旅馆——乔治（the George）、皇冠（Crown）、公牛（Bull）以及萨拉森之首（Saracen's Head）。1870年，亨利·提尔（Henry

Teale）将它买了下来，放在位于霍兹登的拉伊旅馆（Rye House，Hoddesdon）用于招揽生意。这张床之所以远近闻名，不仅因为其非同一般的大尺寸（3.38 米长，3.26 米宽，2.67 米高，睡六七个人绰绰有余！），还因为床柱、床身上精致的雕刻装饰图案，比如象征金玉满堂的手持水果篮的人像，还有天鹅为伴的建筑景观。在成为博物馆展品之前，这张床"招待"过不少游客，他们在床柱和床头背板上刻下自己的姓名或印记，直至今日，在这件伟大的家具上，那些印记依然清晰可见。

便携式折叠床

从便携角度来讲，威尔镇大床可谓是最不便的那种。与之相反，那种可随时派上用场的"行军"床无疑是最便利的。说起来，它们的历史也颇为有趣。行军床——可折叠、便于移动的床——的发明完全是出于军用目的，它也因此而得名。行军床的历史与战争、帝国都息息相关。对整个 18、19 世纪来说，便携式家具都是欧洲军队的一个显著特征。当时的人们认为，在异地他乡服役的军官理应得到与那些驻守家乡的军官同样的待遇。因此，携带家当走南闯北成了社会身份的标志，也成了帝国的象征。正因为有这样的需求，家具设计界的大师——比如托马斯·奇彭代尔（Thomas Chippendale，1718—1779）、乔治·赫伯怀特（George Hepplewhite，1727—1786）——以及众多天才发明家都想借此机会赚到大钱。他们全身心地投入到自己的工作之中，力求设计出携带方便、安装简易的家具。

托马斯·奇彭代尔（Thomas Chippendale，1718—1779）

生于木匠家庭，约克郡土生土长的柜式家具设计者、制造者。1754 年，他出版了一部集结了 160 种家具雕刻图案的画册——《绅士的柜式家具制造者的"幕后推手"》（*The Gentleman and Cabinet-Maker's Director*），这部画册非常畅销，而奇彭代尔也成了 18 世纪最杰出的柜式家具制造者之一。

大部队过沙漠、越高山、穿丛林，一路长途跋涉。而战士们携带家具用品的欲望是如此强烈，你简直无法想象他们的随军装备阵容有多庞大。1793 至 1795 年，一位英国军官远征弗兰德斯（Flanders）与法国作战，他的随行物品清单幸运地留存了下来，上面列举了 49 件行军家具——足足 49 件，这还仅仅是一个军官的清单而已。1858 年 2 月 2 日的《泰晤士报》（*The Times*）曾刊文记述道，印度战场总指挥官科林·坎贝尔（Colin Campbell）将军“抵达印度勒克瑙（Lucknow）时，其随行物品运输队伍浩浩荡荡有 18 英里长”——差不多赶上法国加来港（Calais）到英国多佛港（Dover）的距离了。这种行军床实在是太受欢迎了，后来竟成了人们居家旅行必备之良品——野餐、露营、远行运动会时都能派上用场。在和平年代，它也是旅游或探险时的优选装备。

拿破仑的床

行军家具中最常见的莫过于床，而拿破仑的行军床无疑是历史留存下来的众多行军床中最为经典的一个。

那是一张可移动的钢制床，由自封“HM 皇帝与国王的衣柜锁匠”马力-让·德苏彻斯（Marie-Jean Desouches，1764—1828）制作而成。这张钢结构床的长宽两边皆可收起，通过铰链与黄铜圈折叠起来，收纳方便，稳固耐用。同时它还有一个带镀金把手的顶棚架——那种配得上这位曾统治半个欧洲、拥有 47 座宫殿的皇帝（或者说国王）的顶棚架。

这张床不仅随拿破仑征战沙场，更是在其帝国崩塌后，跟着他被流放到了南大西洋的圣赫勒拿岛（Saint Helena）上。自 1815 年 10 月 15 日那天起，他每晚都睡在这张床上，直至六年后的 1821 年 10 月 5 日在这张床上死去。在他不平凡的一生中，拿破仑的称谓无数，华裳无数，宫殿无数，珍宝无数。可他的这张行军床告诉我们，拿破仑至终仍是个军人，他的流放只不过是其人生中篇幅很小的章节罢了。有意思的是，拿破仑的死敌威灵顿公爵（Duke of Wellington，1769—1852）戎马一生，虽然在滑铁卢击败了拿破仑，他的晚景竟与拿破仑如出一辙——在生命的最后几年里一直睡在行军床上，最终死在了上面。我们充满好奇地想，对拿破仑和威灵顿公爵来说，他们的“临时”用床成了生活中的常设家具，也成了历史里的永恒。这两张床都幸存了下来——拿破仑的床藏于圣赫勒拿的朗格伍德别墅（Longwood House），威灵顿的床则藏于肯特郡的沃尔默城堡（Walmer Castle）。

布尔战争

在折叠床的历史中，布尔战争（The Boer War，1899—1902）[①]占据了重要一席。这场战争爆发于南非，是英国与布尔人、南非联邦共和国、奥兰治自由邦（Orange Free State）之间的战争。突袭战、快速队伍转移和游击战是这场战争的主要特征。很快，英国人就意识到，自己的队伍既笨重又迟钝。1903 年，英国陆军大臣 H. O. 阿诺德-福斯特（H. O. Arnold-Forster，1855—1909）宣称，“英国军队是个社会机构，什么紧急情况都能应对，唯独战争不行”。在那样一个汽车、摩托车满地跑的年代，士兵们已不再随军携带大量个人物品和家具了，行军床也成了纯粹用来睡觉的功能性用品——过去的人们除了在床上睡觉，还拿它来干什么呢？

近代早期，床属于公共空间，那时的睡眠行为与今日十分不同。丈夫不在家的时候，妻子与女仆同睡是很常见的事情，甚至两个男仆作为彼此的“枕边人”同睡一张床也是正常的事。毕竟，睡觉曾是一种具有社会属性的活动。床也就不仅仅只是与配偶同床共枕、与爱人亲热的地方了。

塞缪尔·佩皮斯

对于 17 世纪的花花公子、日记作家塞缪尔·佩皮斯（Samuel Pepys，1633—1703）来说，床的意义就是性。客栈、小巷、走廊，到处都是他幽会的地方。

萨姆——我们这位研究 17 世纪床与睡眠行为关系的历史学家——对佩皮斯的日记非常感兴趣。对佩皮斯而言，床是用来聊天和工作的地方——他在多篇日记中提到的诸如“与妻子躺在床上聊天”这样的句子都是某种委婉的说法。

① 此处指第二次布尔战争，第一次布尔战争发生于 1880 至 1881 年。

举例来说，1661 年，佩皮斯一家一反常态地在家里躺了一个冬天。1661 年 12 月 14 日星期六，佩皮斯在日记中写道：“一上午都跟妻子躺在床上，一直躺到十一点。这个冬天我们突然养成了赖床的习惯。”令人好奇的是，他的生活习惯为何发生了如此突然而重大的改变呢？

从他的日记中我们还了解到，1660 年 10 月，他曾与海军上将爱德华·蒙塔古爵士（Sir Edward Montagu）会面，之后还与蒙塔古的男仆夏普利（Sheply）共睡过一张床。但“整晚睡不好觉，一来床不舒服，二来他可真是个糟糕的睡伴”。1660 年 12 月，佩皮斯造访政客兼朝臣亨利·杰明（Henry Jermyn）时，后者就坐在床上。佩皮斯推测他身旁的男人应该是一名神父。

对佩皮斯和与他同时代的人来说，床的用处颇多——他的每篇日记都千篇一律地以“然后上床睡觉”作为结尾，可见他最喜欢用床做的事还是睡觉。他睡着的时候，脑子里在想些什么，就是另外一回事了——这为我们引出了下面的话题，那就是“梦”的历史……

第十四章

梦

梦的历史关乎……

关乎魔鬼、诱惑，关乎帝国的兴衰、伊斯兰教，

以及配方与勺子。

专家认为，所有人都会做大量的梦。平均每人每晚会做三到五个梦，有些人甚至会做七个。梦的长短也不尽相同，少则几秒钟，多则半小时。人们在进入快速眼球运动（REM）睡眠阶段后做的梦往往最栩栩如生。如果这时醒来，这些梦多半会被记住。詹姆斯仍能清楚地记得童年反复做过的梦，甚至能准确记得是什么时候做的。詹姆斯一家经常搬家，那些梦往往与具体地点有关。他儿时的家有个花园，花园里有个装饰——一座带有许多小炮台的塔楼。对一个七岁男孩来说，那可是件令人惊叹的东西。詹姆斯的卧室窗户刚好在花园上方，他常常梦见一个飘忽的幽灵从最上面的窗户俯冲进来，朝他飞去。但每次幽灵要碰到他的时候，他便会从噩梦中惊醒，一身冷汗。他还做过其他难忘的梦，比如梦见牙齿掉了；梦见被人追逐而自己却动弹不得；甚至还梦见过自己乘着魔毯飞过一片绿林似的地方。这些梦境之所以难以忘怀，是因为它们曾反复出现。詹姆斯觉得三十多年来，这些梦一直与他同在。可话说回来，我们到底做过多少转瞬即逝、忘诸脑后、再也回忆不起来的梦呢？

这正是真正的历史问题所要讨论的。对历史学家来说，重新构建梦的世界史具有无穷乐趣与重要意义。梦境为我们提供了丰富、意想不到的知识学问；它们的产生深受日常生活、希望、恐惧、焦虑的影响；我们的梦详尽透彻、发人深省，并且都是不经意间的结果。然而，梦是很难被记住的。即使能记录这些梦（的确，历史上有诸多无声无形的东西被记录下来），我们也面临着非常棘手的问题。它们悄然无声、转瞬即逝，只在我们睡着的时候出现，存在于记忆的碎片里。

各式各样的书面载体都有对梦的记录，比如早期的宗教文本、忏悔者的笔记，或是日记。由于细节丰富，医生的笔记本无疑是最有趣的素材之一。

医生的笔记本

英国占星家、医生、教士理查德·纳皮尔（Richard Napier，1559—1634）曾是白金汉郡（Buckinghamshire）的一名治疗师。他会对病人的情况做详细记录，其中包括在产后被噩梦困扰的女人。1618 年，来自白金汉郡芬尼斯特拉特福的伊丽莎白·贝恩巴瑞（Elizabeth Banebury）产后遭受了严重的精神折磨，去纳皮尔那里看了三次病。每一次，纳皮尔都在笔记本上做了仔细记录。第一次会面后，他写道，伊丽莎白在一次噩梦之后开始变得“闷闷不乐”。随后，一场“恐怖梦境”又让她非常“焦虑”，使她根本喂不出奶。1618 年 3 月 13 日，纳皮尔写道：

> 她有个九周大的孩子嗷嗷待哺，但自生完孩子之后因做梦受到了惊吓常感觉害怕，好像有什么坏事降临一样。自此她为琐碎俗事烦扰，对世事过度谨慎，身体状况良好，但精神状态不佳。

伊丽莎白似乎患上了我们现在所说的产后抑郁症。她的梦境是精神状态的写照，同时也让我们对 17 世纪普通女性的心理状态有了深入了解。

梦境日记

早在 18 世纪，人们就开始以写日记的方式记录梦境。瑞典科学家、哲学家、神学家伊曼纽·史威登堡（Emanuel Swedenborg，1688—1772）便是其中之一。19 世纪 50 年代，人们在瑞典皇家图书馆（Royal Library）发现了史威登堡的梦境日记，1859 年，这些日记以《梦之书》（*Drömboken*）为名正式出版。日记内容始于 1744 年前后，那时的史威登堡游历到了荷兰，开始做一些令人身临其境的梦。有的让人兴奋，有的惹人害怕。记录梦境成了史威登堡精神宣泄的一个出口，也是检验他与上帝之间关系的精神行为。他在 4 月

17日至18日的日记中写道:

> 我做了许多噩梦；梦见刽子手用火烤着他被砍掉的头。他把那些头颅一个一个地往空火炉里放，没完没了地放。但火炉始终也装不满。有人说那是刽子手的食物。

此外还有许多著名的梦境作家，比如格雷厄姆·格林（Graham Greene，1904—1991）、杰克·凯鲁亚克（Jack Kerouac，1922—1969）和意大利电影导演费德里科·费里尼（Federico Fellini，1920—1993）。其中还包括了一大批超现实主义画家，比如马克斯·恩斯特（Max Ernst，1891—1976）、勒内·马格里特（René Magritte，1898—1967），以及萨尔瓦多·达利（Salvador Dalí，1904—1989）。20世纪20年代正是流行使用梦境的重要时期，所以这些充满创造力的天才活跃于同一时期，并非巧合。

法国作家、诗人、超现实主义的开创者安德烈·布勒东（André Breton）在首部作品《超现实主义宣言》（*Surrealist Manifesto*，1924）中指出，非理性思考具有重要价值，因为它能给予思考者充分的自由。对超现实主义者来说，梦境本身的现实价值与“现实”生活带来的价值是一样大的。他们认为，对人类思维来说，梦至关重要，并非微不足道。一些超现实主义者与梦境的联系，比在清醒时与现实生活之间的联系更为紧密。

达利甚至发明了一种能让他反复进入梦境的方法，从而将他的创作潜力发挥到极致——这就是达利的梦境播种，他创造出一片肥沃的土壤供梦境生长，待时机成熟，便将它们收割进梦境日记中。具体方法是端坐在椅子上，手持勺子置于一个金属碗的上方。这么做的意义在于，当他睡着之后，肌肉松瘫会致使勺子掉进碗里，“叮”的一声惊醒梦中人，让这位超现实主义者迅速清醒，记录他的梦境。这是达利的笔记本里满是令人惊叹的灵感来源之一，它深受收藏者青睐。

达利创作于1944年的一幅油画源自他的梦境，他给这幅画取了个正经名字——《醒前一瞬间绕着一个石榴飞舞的野蜂引起的梦》（*Dream Caused by the Flight of a Bee Around a Pomegranate a Second Before Awakening*）。画中，达利的妻子加拉（Gala）在半梦半醒的状态中伸展着身体，一条鱼从一颗爆裂开来的石榴里蹿出，两只咆哮的老虎和一把尖尖的来复枪从鱼的口中迸出，几秒钟过后，那把来复枪锋利的枪头就会把梦中的女人刺醒。创造这一幻象的时刻非常短暂，但的确是在梦境之中。梦醒的前一秒，是达利认为大脑最具创造力的时刻。

使用梦境

超现实主义者的“恋梦情结”得益于历史上另一个关于使用梦境的有趣篇章。其中，主要的书写者便是西格蒙德·弗洛伊德（Sigmund Freud, 1856—1939）。1900 年，他出版了精神分析学领域里的首部作品——《梦的解析》（*The Interpretation of Dreams*）。弗洛伊德常被视为梦境解析第一人，但事实并非如此。他在书的开头细致地记述了当时已有的梦境研究。接着，他又描述与分析了自己及其病人的诸多梦境，其中一段叙述了弗洛伊德梦见的一位 38 年未再见面的独眼医生：

> 在梦里我看见一个熟人，他是我老家的医生。我看不清他的样貌，但他的面部特征与一个我时常见面的男老师很相像。醒来之后，我想不出这两个人之间有什么联系，但问过母亲之后，我得知那个医生是个独眼，在我梦里，他的样貌似乎被那个男老师替代了，而那个男老师本身也是个独眼。我已经有 38 年没有见过那位医生了，而且在我清醒的状态下，从未想起过他。不过我下巴上的疤痕或许暗暗提醒着我，他是个医生。

在整个《梦的解析》中，弗洛伊德将病人的梦境与自己的梦境放在一起研究。在 20 世纪初期的维也纳，弗洛伊德对人类思维活动的研究和理解还较浅显，的确不比今日。然而，他的精神分析学说对 20 世纪的历史产生了深远的影响。简单来说，弗洛伊德的梦境解析体系可谓一次改革，颠覆了几乎整个 20 世纪西方世界对人类行为的认知和想象。

弗洛伊德是将梦境应用于精神分析与治疗的创新者，但他绝不是第一个发现梦境解析价值的人。而历史遗留下来的梦来自整个人类历史——无论是古老的美索不达米亚和埃及，还是古希腊、古罗马，抑或是今天，梦就是梦。时过境迁，我们对梦的理解已经发生改变。换言之，当我们开始回忆并阐述梦时——一个记忆形成的过程，当然是通过语言和叙述方式决定——社会理解梦的方式会随着时间和地点发生改变。

神的旨意

古时候，人们认为梦是来自上帝的启示。有时候神灵会在人们睡着时造访。《圣经》第一卷《创世纪》（*Book of Genesis*）中随处可见关于梦的描述，比如雅各（Jacob）梦见了一架连接天与地的梯子；《古兰经》里的梦境也是传递真主安拉（Allah）启示的“中间人”。在美洲本土文化中，梦被视为与先人进行无言沟通的方式。奥吉布瓦人（Ojibwe，也称齐佩瓦）将捕梦网视为一种护身符。传统的捕梦网由柳枝箍制而成，在圆箍中间穿好织网后再点缀一些神圣的羽毛，然后挂在婴儿床或大人的床头，以便在他们睡觉时捕获噩梦。

奥吉布瓦部落（Ojibwe tribe）

加拿大及美国阿尼什纳比（Anishinaabeg）的原住民，居住在美国密歇根州大湖区、威斯康星州、明尼苏达州、北达科他州以及加拿大安大略省，说奥吉布瓦语——一种阿尔冈昆语言。在法国印第安人战争（French and Indian War，1754—1763）中与法国人并肩作战对抗英国人，美国独立战争（1775—1782）时又站在了英国一方。

欧洲西部早期的教会中，神父的生活深受梦境影响。公元 375 年，告解神父兼神学家圣杰罗姆（St Jerome，347—420）在四旬斋戒（Lenten fast）时做了一个梦，导致他高烧不止，神志不清。惊人的是，他的梦境被马提奥·迪·吉奥瓦尼（Matteo di Giovanni，约 1430—1495）画了下来（见图 19）。圣杰罗姆梦见自己被天庭审判，因阅读异教言论、不愿诵读经典而受到谴责与鞭打。我们之所以对他的梦了如指掌，是因为他曾在公元 384 年前后写给门生茱莉亚·尤索贞（Julia Eustochium）的信中描述了那个梦：

当时我陷入了自己的灵魂之中，被拖到天庭前接受审判；那里实在是太亮了，站在我身旁的人也都光芒四射，以致我站在那里一动不动，不敢抬头看。当被问到我是谁、信仰什么的时候，我答道："我是一名基督徒。"但主持审判的人却说："你撒谎。你是西塞罗[①]的信徒，根本不是基督徒。因为哪里有财宝，你的心就会去哪里。"我当即哑口无言，而且在挨鞭子的间隙——因为主持审判的人下令鞭打我，良心之火对我的折磨更加痛彻——我思忖着那句赞美诗"在阴间有谁称谢你？[②]"这时我开始哭泣，并为自己感到惋惜地说："主啊，请宽恕我吧，请宽恕我吧。"

从噩梦或幻象的角度来讲，这个梦也许并不"真实"，也许它只是某种充满寓意的虔诚虚构描述。无论如何，它无疑发人深思。这个梦带来的结果是，"现在我对神学书籍的热忱远胜于此前读任何庸人作品时的热忱"。从这个意义来看，这个梦——无论真实与否——令杰罗姆脱胎换骨，并成了让其他人也踏上基督教道路的榜样力量。

不过，梦境不总是传递神圣旨意的"中间人"。中世纪时期，梦境不再只和上帝或先人有关，更被理解为超自然的力量。因此，教会制定了更严厉的标准，将梦界定为有害、邪恶的东西。夜晚熟睡之时，正是黑夜魔鬼造访的最佳时机。马丁·路德视梦为魔鬼的"杰作"，企图潜移默化地侵入人们的生活。"撒旦以各种方式纠缠、折磨着人类"，他在《熟悉的文字》（*Familiar Writings*）中针对"魔鬼与其杰作"的问题写道："魔鬼无处不在，他会在人们的睡梦中实施欺骗，人们于是会做许多梦并出现幻觉，以致人们有时会因为内心极度痛苦而浑身出汗。"

在弗洛伊德的理论出现之前，已有人明确认为梦境是一种自我剖析的形式。英国医生、作家托马斯·布朗（Thomas Browne，1605—1682）很早之前就有过相关论述："无论梦境与外界事件相比显得多么荒谬，它们对内都具有重要意义，可以使我们更加了解自己。人们睡着时也会有感知，梦境也许会给予我们宽慰或挫败感，这也让我们对自己有了更深入的了解。"17 世纪伦敦

① Cicero，前 106—前 43，古罗马著名政治家、演说家、法学家和哲学家。
② 出自《圣经》中的《诗篇》（*Psalms*）。

工匠尼希米·沃林顿（Nehemiah Wallington，1598—1658）也会定期记录自己的梦境，但总的来说仍然对其不屑一顾，视梦境为“无用的谎言”。

孩子的梦

孩子们的梦尤为有趣。不过对历史学家来说，它们比成人的梦境更难了解。在人类进入现代社会之前，人们很难重建孩子的梦境，除非通过父母的帮助。尽管如此，一些偶然的发现仍为我们开启了通往这一神奇世界的大门。17 世纪埃塞克斯郡厄尔斯科恩（Earls Colne）教区牧师拉尔夫·约瑟琳（Ralph Josselin）热衷于观察家里的大事小情。1654 年 12 月，他在自己的祷告日记里记述了儿子汤姆讲给他的一个生动梦境：

> ……今天早上，儿子汤姆给我讲了一个精彩的梦。正当我布道时，身着白袍的耶稣基督来到我的布道坛前，我们互相拥抱了一下。随后，他走向汤姆，把他的墨水瓶放进了汤姆兜里，然后把他带到了教堂墓地并问他想要什么。汤姆答道：“福音。”于是，耶稣基督让汤姆跟着他一起升上了天堂……

这段节选不仅揭开了近代早期埃塞克斯郡一个小男孩的梦境，也让我们了解到了他自己的信仰。在约瑟琳家里，正向的宗教指引无疑令汤姆·约瑟琳幼小的心灵在夜晚“神游”不断。显然，汤姆渴望取悦他的牧师父亲。

毒品

上述通过自然作用产生的梦境只是梦的一种。另一种同样具有重要历史意义的梦，如今被我们称为“吸出来的白日梦”（pipe dream）。现在人们用这个词组比喻空想和不切实际的渴望。无数描绘 16 世纪鸦片梦境的文学作品被留存了下来。虽然水平参差不齐，但或许这也是意料之中的事。

> 我已被吞噬，淹没在一片甜美之中。

轻柔的音乐如香水，柔和的金光
夹杂着芬芳细腻的旋律，
那是包裹我的永恒的寿衣。
时间一去不返。我顿了一秒，最终还是逃跑了。
一百万年的黑夜将我笼罩。
一百万年的快乐被我吸干。
未来尽在我的记忆里面。

——选自亚瑟·西蒙斯（Arthur Symons，1865—1945）
诗歌《吸鸦片的人》（*The Opium Smoker*）

像亚瑟·西蒙斯这样利用鸦片和梦境力量的画家、诗人、音乐家还有很多。比如塞缪尔·泰勒·柯勒律治（Samuel Taylor Coleridge，1772—1834）、约翰·济慈（John Keats，1795—1821）、珀西·比希·雪莱（Percy Bysshe Shelley，1792—1822）、托马斯·德·昆西（Thomas De Quincey，1785—1859）、弗雷德里克·肖邦（Frédéric Chopin，1810—1849），以及艾克托尔·柏辽兹（Hector Berlioz，1803—1869），他们在各自领域的创作仍被世世代代的人们所尊敬。

古希腊、古罗马时代，人们对鸦片已经有了一定的了解。16 世纪，由于欧洲医学的发展，鸦片变得广为人知。早在 1700 年，约翰·琼斯医生（Dr John Jones）便出版了世界上第一本关于鸦片成瘾的英文书——《解密鸦片》（*Mysteries of Opium Reveal'd*）。然而，直到 18 世纪 80 年代，西方国家才开始大量使用鸦片。当时英国对鸦片的使用丝毫没有限制，直至 1868 年《药房法》（*Pharmacy Act*）的颁布。彼时，英国——与西方其他国家一样——对鸦片的无限制大量使用并不走心。人们为了逃避现实或应对社会压力时会吸食鸦片，而一些止咳药或其他药物中也含有鸦片成分。从某种程度上说，在 18 世纪的大部分时间里，带有鸦片色彩的梦影响了成百上千万人的生活，甚至他们的生活本身就是一场被鸦片渲染的梦境。

人们可以私下吸食鸦片，但更常见的情况是在鸦片馆这样的公共场合里吸食，那里是维多利亚时代的梦之剧场。这些场所对当时社会产生了巨大影响，因而很多相关记述文字都留存了下来。其中最为清醒的描述出自奥斯卡·王尔德（Oscar Wilde）。他在小说《道林·格雷的画像》（*The Picture of Dorian Gray*，1891）中写道："在鸦片馆里能花钱买到遗忘，在恐怖馆里，新罪的疯狂可以摧毁旧恶的记忆。"对历史学家来说，这些自 19 世纪 60 年代起关于英国国内吸食鸦片的描述可谓一种馈赠，在许多研究中都派得上用场。比方说，单是其数量之多，就足以说明那一时期鸦片的实际消耗量之大，也透露出禁烟运动收效甚微。同时，也体现了人们窥视 19 世纪 60 年代英国生活黑暗角落的欲望。

奥斯卡·王尔德（Oscar Wilde，1854—1900）

爱尔兰诗人和剧作家，以讽刺剧、戏剧和小说《道林·格雷的画像》及众多儿童故事而闻名。因其性取向，王尔德在雷丁监狱中被囚禁了两年。对于所读的一切文字，他都有着非凡的智慧和过目不忘的记忆。

鸦片战争

英国与土耳其之间的陆路贸易路线历史悠久，英国国内很大一部分鸦片正是来自土耳其。但将鸦片推向世界舞台的其实是英国。英国人在他们位于热带的殖民地——主要是印度——种植鸦片，然后由庞大的商船队伍运至世界各地的新旧市场。从中谋取的利益又被重新投回英国。英国甚至还打了两场战争——第一次鸦片战争（1840—1842）及第二次鸦片战争（1856—1860），迫使中国敞开国门，进行鸦片贸易。在这两场战争中，成千上万人丢了性命，还有一位皇帝中途逃跑。他的宫殿着起了大火：没错，在关于梦境的特定历史中还有这样一段侵略、死亡与文化破坏的历史。

暴力战争与毒品泛滥"双管齐下"，导致中国社会的瓦解。对鸦片"如饥似渴"的中国灾难重重。作为 20 世纪 20 年代之前鸦片主要供应地区的英属印度也难辞其咎。几十甚至几百年来，东印度公司（East India Company）

始终强制种植罂粟花，制造了一场人类和自然的大灾难，一场历史学家们现在才刚刚开始深入了解的灾难。梦的历史就是这样与帝国兴衰联系起来的。

制梦

吸食鸦片能够催生梦境，但“梦的产生”这个问题本身也很有意思。中世纪后期以及近代早期社会中，学识渊博的人们陷入了难题：梦究竟是超自然力量的结果，还是仅仅源自人体自身的失衡状态呢？他们逐渐认为，食用了不恰当的食物和水果，或者吃得太饱才是导致晚上睡不好觉的原因，而不是什么邪恶力量——那是中世纪教会的迷信糟粕。英国医生威廉·特纳（William Turner）在1568年写道：“新酒难以消化，以致做梦不断。”17世纪英国医生尼古拉斯·卡尔佩珀（Nicholas Culpeper，1616—1654）又向前迈进了一步，谴责中世纪教会散播魔鬼之说。“那个噩梦”，他写道：

> 在古人看来根本不是什么身体失衡所致，而是在睡觉时与恶灵或魔鬼接触的一种反应或是感觉……这个信条实在荒唐可笑，竟然还有诸多与之相关的著作。

至于噩梦，卡尔佩珀认为它们缘于因消化不良而引起的“神经受损”。睡前多吃、贪吃有害健康。“专家”还建议少吃红肉、奶酪，以及葫芦、豆子、大蒜、黄瓜、韭菜等蔬菜。

撇开晚上睡不好、魔鬼诱惑这些不说，先人们显然很爱做梦。他们甚至制作了催生绝妙梦境的配方。1563年出版的《艾里克斯·皮埃蒙特的秘密》（*Secrets of Master Alexis of Piedmont*）中有一个“能产生神奇梦境”的配方，作者写道，“取麦鸡或黑鸻的血涂抹你的太阳穴，然后上床睡觉，睡着之后你会看见神奇的事物”，如果你想“在梦里看到野兽”，建议你“睡觉前将猿猴心脏放在床下”。

肉欲之梦

倾向于用宗教解析梦境的人，更关心的是梦遗和梦中淫秽不堪的内容。早期教会的神父圣奥古斯丁（St Augustine）在著作《忏悔录》（*Confessions*）中将这种道德困惑陈之于众。作为神父，他曾许下独身誓言，不能结婚也不得通奸。不过他在书中写道："在我的记忆里——关于我的记忆我已经说了很多，那些旧习雕琢的事物仍在我的脑海中挥之不去，我醒着的时候，它们也会侵袭我，只是力小势弱。然而在我的梦里，它们却能带给我快感，仿佛我对那些行为是默许的。"

希波的圣奥古斯丁（St Augustine of Hippo，354—430）[①]

西方基督教早期著名神学家、哲学家、教父，生于北非努米底亚（Numidia），曾是希波（Hippo，位于现在的阿尔及利亚）主教，代表作有《上帝之城》（*The City of God*）、《忏悔录》等。

围绕"梦遗"产生的道德问题与焦虑，始终折磨着基督徒的良心。信奉清教的日记作者常常受到性欲和负罪感的困扰，称之为"自我污染"。18 世纪的期刊曾探讨过关于梦遗的恼人问题，并将其与色情文学作品中的手淫之罪等量齐观。当时，人们一直纠结于如何准确解释梦遗现象的发生。辩论的核心内容出现了分歧：一方认为，睡梦之中的授精行为很难避免；另一方认为，那是肮脏梦境刺激下的结果。即使在睡梦中，人们的良心也是有一定的操控权的。18 世纪某期刊一位不知名的记者曾琢磨："一个人受到刺激，在其主观意识作用下做

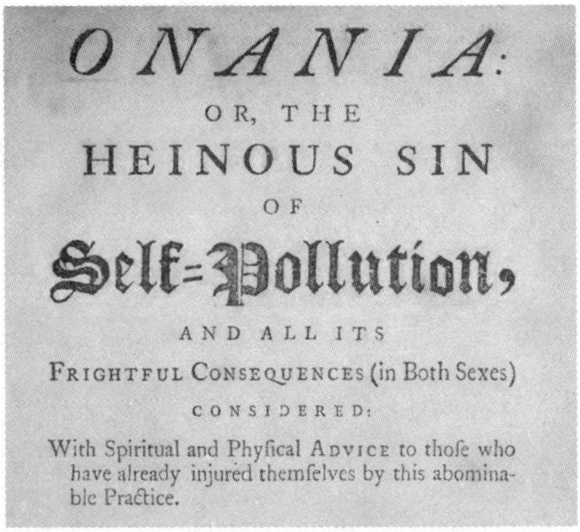

《手淫：令人发指的"自我污染"之罪》（*Onania: Or, the Heinous Sin of Self-Pollution*，1756）

① 又译作"圣奥斯定""圣思定"。

出放松自己的事，如果该行为完全与精神不洁无关，那么称之为‘污染’是否恰当……”他所探讨的问题其实是，一个人主观自慰而非晚上梦遗“污染”自身的做法，是否合乎情理，嗯，这个问题恐怕会令“那些做床品或亚麻生意的人”感到尴尬。

情欲梦境令虔诚的信徒陷入了两难的道德窘境。在极度虔诚的世界里，人们会因此做出自我否定的刚毅之举，甚至会自残。其中最常见的一种方式便是穿上极不舒服的羊毛衣服，下面要聊的话题，就是关于人身上的“毛”——“头发”的历史……

第十五章

头发

头发的历史关乎……

关乎威灵顿公爵、历史上的伟人，关乎记忆、爱，

还有北极探险。

一次偶然发现

头发的历史得从2015年夏天牛津大学的科研之旅说起。当时我们在博德利图书馆（Bodleian Library）的手稿室里待了好几天。在那里，詹姆斯翻阅了无数文献资料，希望能邂逅一些有趣的材料，帮他完成一本关于家族历史记忆保存方式的书。那天下午（准确地说是2015年6月18日，这个日期很重要），在浏览图书馆存档系统时，诺斯家族报业（North Family Papers）目录下一条字迹模糊的记录引起了詹姆斯的注意。这条记录描述了吉尔福德伯爵夫人苏珊·诺斯（Lady Susan North, Countess of Guilford，1771—1837）收录回忆的盒子。盒上贴着写有“诺斯夫人 d.68”字样的标签，里面是各种各种的东西：一沓签名、一团蕾丝、许多印刷书和手稿笔记本、压花、卡片。此外竟然还有一个小信封。该信封上写着：威灵顿公爵的头发。信封里是一小张对折的纸，标注着“威灵顿公爵去世前，其贴身男仆留存的公爵头发”。纸里夹着的正是威灵顿公爵几股银白色的头发。发现公爵头发的这天意义非凡——6月18日，正是著名的滑铁卢战役200周年。两百年前的这一天，威灵顿公爵在滑铁卢击败了拿破仑。詹姆斯当时非常兴奋，好像这位伟大的历史人物与他进行了隔空对话。他激动得恨不得猛地站起身来，在无比安静的阅读室里大喊一句：“你知道我找到什么了吗？威灵顿的头发！”不过，詹姆斯并没有冲动，而是小心翼翼地把包头发的纸对折起来，放回了盒子里。生怕自己打喷嚏或者不小心，把如此珍贵的头发撒到地上被风吹跑。

我们在档案室中继续搜罗资料，很快就发现，这位伟大的英国军人、政治家留存下来的头发远不止这几绺。实际上，人们曾研究发现，威灵顿去世时几乎没有什么头发了——都被那些文物搜集爱好者们薅得差不多了。他们不顾一切地想要得到属于这位民族英雄的东西。威灵顿葬礼的筹备过程更是见证了一阵名副其实的“威灵顿狂热”。有人卖“威灵顿葬礼用酒”，还有人卖“威灵顿葬礼蛋糕”。其中最为昂贵的东西便是几绺威灵顿的头发。《泰晤士报》还为其刊登了一则广告，写道：“某女士拥有少许已逝著名公爵之头发，现愿以 25 英镑出售。头发剪于 1841 年。”一幅金框装裱的威灵顿肖像中甚至也夹着三绺头发：一绺剪自威灵顿年轻时，一绺剪自其去世后，还有一绺则是他心爱的战马身上的毛发。这匹马名叫“哥本哈根”（Copenhagen），它的毛发至今仍是那些热衷于搜集战利品的人心中的宝贝。伦敦国家军人博物馆（National Army Museum in London）中藏有一个用金制盒子收纳的样品。

其他著名历史人物——比如拿破仑、托马斯·杰弗逊（Thomas Jefferson），甚至是可怕的连环杀手，比如“沼泽杀人魔”伊恩·布雷迪（Ian Brady），他们的头发也同样“晋升”为了文物。现在，世界各地仍有许多拍卖所拍卖这些东西，市场发展状况良好。

可见，头发的历史与历史伟人有关，留存他们的头发也是纪念伟人辉煌壮举的一种方式。人们认为，那些名人才是值得研究的历史内容。这种描述历史的方式无疑给了国王、王后、政治、战争与外交极大的特权，同时也牺牲了一部分历史内容。因为普通人和普通人的日常生活似乎并未被“记录在册”，换句话说，我们所了解的历史并不全面。

前面举的例子都是男人的头发，将头发作为信物或纪念品保存起来的人却不局限于男性。这个问题詹姆斯在德文郡蒂弗顿（Tiverton）教堂讲座时也阐述得很清楚。当时他举办了一个关于埃克斯特侯爵夫人格特鲁德·科特奈（Gertrude Courtenay，Marchioness of Exeter，死于 1558 年）的讲座。科特奈是一位活跃于都铎王朝早期的侯爵夫人，因其与“肯特郡的神圣修女”（Holy Nun of Kent，约 1506—1534）的关系而为人熟知。由于恶意预言亨利八世及其第二任妻子安妮·博林（Anne Boleyn）之死，那位神秘主义修女被宣布处以死刑。科特奈则及时向亨利八世和托马斯·克伦威尔提交了请愿书，请求网开一面，修女才侥幸逃过一劫。在詹姆斯开讲前，一位来自附近鲍德汉姆城堡（Powderham Castle）的档案管理员上前说：“我带来一件东西，兴许你会感兴趣。”果然，詹姆斯一下来了兴致。档案员带来的不是别的东西，正是一绺头发，标签上写着：埃克斯特侯爵夫人格特鲁德·科特奈之发。估计这绺头发被鲍德汉姆城堡档案室收藏之前，是科特奈家族世代相传的珍宝之一。

爱情信物

保存与分享名人头发只不过是这段奇特历史的一部分。18 至 19 世纪，头发——主要指一绺绺的长发或卷发——对个人及情感来说具有深远意义。亲朋好友或情人之间常常互赠头发作为信物，尤其是在双方即将分别之前。亲友或情人之间的通信中常会夹带一些发束，档案资料里的信件也因此成了容易发现头发的地方。17 世纪书信作家多莱希·奥斯伯恩（Dorothy Osborne, 1627—1695）与丈夫威廉·坦普尔爵士（Sir William Temple）结婚前，曾恳求丈夫给她一绺头发作为临别纪念，并在信里写道：“唔，我的爱！剪掉头发真是太可惜啦！”

这里的头发是一种爱情信物，让恋人们虽相隔万里却仍能睹物思人。人们往往会把头发放在盒式项链里并戴在脖子上。有时候，头发也会被烫在封缄信件的火漆里，传递出一种非常私人化并极具感染力的亲密姿态。就像 17 世纪初威尔特郡著名贵妇玛丽亚·塞恩（Maria Thynne）写给婆婆乔恩的信那样。当时，玛丽亚与丈夫背着乔恩结了婚，婆媳二人因此闹翻。随后，为了修复这段关系，在写给乔恩的和解信中，玛丽亚在火漆封缄处烫上了一绺自己的红头发，以示和解的诚意。借助颇具寓意的火漆与头发，本没有生命的信件完成了一次情感交流。

重要仪式

如今，婴儿的胎毛常是每个家庭都会收藏的纪念品。这一传统的历史颇为悠久，人们相信它会带来好运。位于伦敦邱园的国家档案馆（National

Archives）里藏有 19 世纪中期一位 R. B. 怀利（R. B. Wylie）夫人的私人文件，里头有她孩子的成绩单和其他家庭资料。这些有纪念意义的文件里还夹着一绺头发，标签上写着“四个月时的头发”。在摄影技术发明之前，人们常会以留存头发的方式来纪念孩子的出生；现在，记录那些重要日子的方式多是用数码相机拍照、制作手模脚模或是文身，也有一些父母仍会留存宝宝的胎毛。

在维多利亚时期，人们也会留存头发，甚至将其制成戒指，用以纪念逝去的家人。1817 年 7 月 29 日，卡桑德拉·奥斯汀（Cassandra Austen）给侄女（或外甥女）芬妮·奈特（Fanny Knight）寄了一封信，告知其妹妹——小说家简·奥斯汀（Jane Austen，1775—1817）——去世的消息。遵照当时的习俗，卡桑德拉在简·奥斯汀入殓前剪下了她的一撮头发。卡桑德拉在信中询问芬妮，想要如何安置给她留的那绺头发。芬妮回复说希望将其放进一个珍珠胸针里，标注简的名字和去世日期。英国图书馆里有一件文学主题藏品，展示的是英国浪漫主义诗人珀西·比希·雪莱（Percy Bysshe Shelley，1792—1822）的书信集，裱衬里头装着一绺雪莱的头发，还有一绺他妻子玛丽·雪莱（Mary Shelley）——小说《弗兰肯斯坦》（*Frankenstei*）的作者——的头发。书信集封底的内衬里则装着雪莱的一些骨灰。可见，雪莱那绺头发已经成为其作品的一部分，也是用以纪念这位文坛大师的遗物。

珀西·比希·雪莱（Percy Bysshe Shelley，1792—1822）

英国著名浪漫主义诗人，其激进的诗歌作品及政治立场使他在有生之年很难将自己的作品公开发表，而去世后却得到了极高的评价。距离雪莱三十岁生日仅剩一个月的时候，他却遭遇意外，不幸淹死。据一些史料显示，在其尸体被火化时，一位挚友从火葬柴堆里抢走了雪莱的心脏。

古往今来，头发一直都是一种纪念品，用以缅怀逝者或作为分别时、生死离别时的纪念。实际上，人们留存头发（而非其他东西，比如指甲、皮肤或是牙齿之类的）作为纪念这件事本身就很有意思。这或许与头发明亮的光泽相关吧，反正谁也不会说脚指甲是有光泽的。

割头皮

在欧洲以外的文化中，剪下及保存头发有着不同的含义。其中最为有意思的一个做法是割下头皮——割或剥下带发头皮——作为战利品。割头皮的传统历史悠久，最早可追溯至古希腊时期。古希腊历史学家希罗多德（Herodotus，约前 484—约前 425）曾在对斯基泰（Scythian，又译作塞西亚）战士的描述中提及此项传统。随着时间的推移，这一传统在东西半球不同文化中皆得到了独立的发展。割头皮通常被视为将人身体局部破坏，并作为战利品而展示的一种文化习俗。具体的割剥行为——紧握对方的头发，找中线切个半圆，任意扯掉左或右边带头发的头皮——恐怕（尤其在大众的想象中）与美洲印第安土著的关系最为密切。不过毫无疑问的是，欧洲人也没少奉行这一传统。1756 年，英国与美洲第一原住民米克马克人（The Mi' kmaq）之间打了一段时间的仗。期间，英国行政总督查尔斯·劳伦斯（Charles Lawrence，1709—1760）颁布了《英国割头皮公告》（*British Scalp Proclamation*），宣称："经国会批准，我们特此承诺，任何人每活捉一名 16 岁以上男性印第安人都将得到 30 英镑的奖赏；剥下其带发头皮则赏 25 英镑，活捉一名印第安妇女或儿童获赏 25 英镑。"

米克马克人（The Mi' kmaq）

加拿大魁北克及美国缅因州第一原住民，通用米克马克语——一种东阿尔贡金语（Algonquian）。在法国印第安人战争（1755—1763）中，米克马克战士与法国结盟抗击英国，而在美国独立战争时则与英国人同仇敌忾，共同对战美国。

割头皮是暴力战争的一部分。那些带发头皮也可能变成礼仪服饰的一部分，比如一件可追溯至 18 世纪中期的上衣。这件上衣来自达科他州苏族（Sioux）部落，装饰颇多，由豪猪棘刺、兽皮和人的头发制成。其中头发表明穿者在战争中的英勇善战。与此同时，割头皮在宗教与精神层面也有重要意义。在许多部落的文化中，头发都是巨大精神力量的承载者，是灵魂的归宿，因而倍受珍视。来自 19 世纪 90 年代末克罗（Crow）部落一位战士的羊毛上衣装饰有头发和白鼬皮。当时的战士们常常是通过梦境习得这类衣服的做法。他们认为这些衣服在战争中能助其一臂之力。

美国画家、作家、旅行家乔治·卡特林（George Catlin，1796—1872）为我们详细记录下了一些关于割头皮的细节。19 世纪 30 年代，他用画笔、用墨水为美国人描绘了平原印第安人在其领地里的生活习惯、举止方式及文化传统。作为一名基督徒，卡特林对割头皮的风俗感到“恶心”，但却在诚实地诉说着这一习俗的文化意义。比方说，他画了许多关于割头皮舞的画，描绘这种叙述战争细节的仪式舞蹈。他还描写了一位曾被他画过的黑脚族（Blackfoot）印第安首领的奢华长袍。这件长袍由鹿皮制成，上面绣着精美的图案，还有“一圈缀着一绺绺黑色头发的流苏，那些头发全部来自战争中他亲手屠杀的敌人的脑袋，他将其视为战利品穿戴于身。”对许多人来说，从割头皮这样致命的磨难中生还是根本不可能的。可历史上偏偏就有一些人奇迹般地活了下来，成了讲故事的人。美国奥马哈公立图书馆（Omaha Public Library）内便有一撮“150 岁高龄”的头发。这撮头发的主人——英国人威廉·汤普森

1867 年，威廉·汤普森头顶被割下一块头皮

（William Thompson）——曾是美国联合太平洋铁路公司（Union Pacific Railroad）的雇员，1867年，他被一众印第安夏延族（Cheyenne，又译夏安族）人埋伏，不仅遭到攻击、中了箭，还被割去了一块头皮，被丢在一边等死。谁料汤普森不但死里逃生，还成功找回了被割掉的头皮，希望能物归原位。可惜啊，他未能如愿。不过这块带发头皮却留存了下来——要不然它也无法成为展品，我们也无从知晓它的幸存史。

木乃伊的头发

带发头皮和一绺绺头发之所以能留存下来，主要是因为它们最终被割剪了下来。而有一些情况则恰恰相反，因为它们没被剪掉才得以穿越古代，留存至今——这里我们说的，是木乃伊的头发。木乃伊的形成，或许是因为下葬仪式而故意为之，比如埃及法老木乃伊；又或许是墓葬环境偶然造成的结果。湿度、干度、盐度及温度条件，都是影响人类头发留存几百年甚至是一千年的重要因素。当土壤中的化学平衡哪怕只是稍稍被打破，导致铬或铜含量升高，头发的留存率都会随之增大。

下面这个例子便是良好的环境条件成就的杰作。1845年，英国探险家约翰·富兰克林（John Franklin）前往北极探险。但富兰克林船长和129名船员全部遇难身亡。他们失踪后，直至今日，探险者们都在试图寻找当年的探险轨迹及其遇难原因。就在前不久，也就是2014和2016年，富兰克林探险队当时驾驶的英国皇家舰船“恐怖号”（Terror）及“厄瑞玻斯号”（Erebus，常被视为原始神，是黑暗的化身）被发现。它们如同时间胶囊一样，完好地躺在北极的海床上。1984年的一次考古发现，也成为我们了解那次探险的重要突破。考古学家们在位于加拿大北部的比奇岛（Beechey Island）发现了其中三名船员的掩埋地点。经历了150年的深冻环境，这三人的尸体状态可谓出奇地好。他们的衣服颜色鲜亮如初，皮肤完好无损。也许最令人震惊的还是他们的头发——仿佛还是去世当天的样子。其中一人向左偏分的头发还垂耷在脸上。如果有哪个发型配得上“浓密”这样的形容词，非这个发型莫属——它简直就是一捆麦子，棕色、直发、脏兮兮、凌乱、未经打理。上下左右看过去，一张人脸的模样徐徐展开，让我们看出更多关于他的信息。根据墓葬上的标记显示，这个墓的主人是艾伯·希曼·约翰·哈特奈尔（Able Seaman John Hartnell），逝于 1846 年 1 月 4 日，时年才 25 岁。

尸体刚被发现，科学家们就忙活起来了。在这样的背景下，头发成了探究历史的一种工具。自 19 世纪 50 年代起，科学家们不断利用对头发的研究帮助人类了解自己。不过，头发作为法医研究的历史要稍短一些，也就百年之久。头发的生长速度约为每年 15 厘米，这一点对于科学家来说是极为重要的线索，对历史学家来说也是极为有趣的探究工具。头发本身也包含一段历史，它随时间的推移而改变，而那些变化又是永恒的、可见的。因此，头发是一种独特的历史档案。比方说，尿检可以告诉我们一个人是否在过去几小时内使用违禁药品，对头发的检验则可让我们知道这个人的健康状况，了解此人在很长一段时期内的生活习惯：不仅包括他/她是否服用过毒品，还包括具体的服用时间——因为毒品成分会吸收至头发中，而头发则随着时间的推移在不断生长。

在刚刚提到的富兰克林探险队案例中，通过对三具木乃伊头发的研究，我们了解到，被葬在比奇岛上的那三名船员全都有铅中毒的迹象。铅是如何被他们摄入体内的呢？这无疑关系到船员们的日常饮食——或许是来自储存食物的罐头焊料，或许缘于水槽内层的铅成分，又或许是在启程前食用了大量含铅的东西。因此，船员的饮食也成了调查研究探险队遭遇的重要因素。除了铅中毒，研究的重点还包括肺结核、饥饿、坏血病，以及使尸体完好留存下来的天气条件。与之类似的案例还有很多。众所周知，贝多芬曾遭受了疾病带来的惊人痛苦，比如腹痛、消化不良、腹绞痛、慢性支气管炎和体臭。研究人员通过对贝多芬头发的分析发现，他因服用药物无意中摄入了过量的铅。此外还有乔治三世——英国著名的“疯子”国王，他曾摄入过砒霜，导致本身就有遗传性紫质症的乔治三世病情加重，诱发了精神疾病。

乔治三世（George III，1738—1820）

英国国王，1760 至 1820 年在位，德国汉诺威王朝（House of Hanover）第三位君主。乔治三世在位期间，全球战事不断，包括英法七年战争（Seven Years War with France，1754—1763）、美国独立战争（American War of Independence）、法国大革命（French Revolutionary）以及拿破仑战争（Napoleonic Wars，1793—1815）。在位后期，一直被精神疾病纠缠，1810 年，因旧病复发不再执政，立其长子乔治为摄政王。

奥斯维辛集中营

二战之后，头发分析结果甚至成了指证纳粹分子大屠杀罪行的呈堂证供，其中便包括奥斯维辛前指挥官鲁道夫·赫斯（Rudolf Hess）。1945 年 5 月，波兰官员向位于克拉科夫市（Cracow）的法医研究所（Institute of Forensic Medicine）寄送了他们在奥斯维辛集中营里采集的重达十磅（1 磅约 0.45 千克）的头发样本。经法医检验，这些头发里含有氰化物和名为“齐科隆”（Zyklon）等曾投放于奥斯维辛毒气室的化学成分。

如今，在奥斯维辛集中营里发现的头发又有了新的使命——奥斯维辛-博肯诺（Auschwitz-Birkenau）博物馆里展出着近两吨这样的头发。参展的观众无不驻足于此，被那些颜色各异的辫子、发结、卷发震惊得说不出话来。头发也成了众多用以缅怀大屠杀或是战争受害者的物件之一。其他物件还包括故人的鞋子、眼镜、衣服、箱子，还有罂粟花、十字架，甚至是回形针——下一个话题正是关于“回形针”的历史……

第十六章

回形针

回形针的历史关乎……

关乎民主德国情报机构斯塔西①、阿尔伯特·爱因斯坦，

关乎“拼图女郎”与女权主义者，关乎纳粹，还有装鱼的袋子。

说了你可能不信，但实际上，只要你读过一点历史，不管是什么史，都将会受到回形针的影响。它并非仅仅涉及档案资料的存储与整理（这件事本身其实就有意想不到的乐趣），更关乎着为什么要“把文件存放在一起”——这不亚于是对历史本质的理解。

回形针的发明者

1867 年，历史上首次出现了回形针的专利，由美国人塞缪尔·B. 斐（Samuel B. Fay 获得。1870 年前后，英国宝石制造公司的人发明了如今人尽皆知的“宝石”（Gem）回形针。这种回形针的设计从未有过专利记录，因而想要追根溯源比较困难。不管怎样，它引领了整个设计精巧的回形针产业，众多样式如雨后春笋般涌现出来。比如由金属薄片制成的“我找到了！”回形针（Eureka，1894）、“尼亚加拉”回形针（Niagara，1897）、“速航”回形针（Clipper，1899）、“奥克托”扣件回形针（Octo fastener，1901）、“班卓琴”回形针（Banjo，1903），以及结构极其复杂的“大亨”回形针（Mogul，1906）——后者曾被称为回形针世界中的诺克斯堡②，承诺不会遗漏任何纸张。

① Stasi，又译作史塔西，民主德国国家安全部，成立于 1950 年 2 月 8 日，曾是世界上最高效的情报机构之一。

② Fort Knox，位于肯塔基州的美国军事基地，也是美联储金库所在地，安保极其严密。

1883 年之前，美国一本名为《家庭图书馆》（*The Home Library*）的手册一直宣称，回形针在效用方面比其“前辈”大头针要先进得多：“将一沓书信或手稿按主题分类整理时，‘宝石’扣件回形针或是迈克吉尔扣件回形针的功效远胜大头针。”自 19 世纪 60 年代末起，用于紧固存档纸张的科技迎来了一场持续几年之久的创新革命，对此后的历史也产生了惊人影响。

在回形针出现之前

话说回来，在回形针出现之前，人类社会已经为它的发明做了重要铺垫。如果说中世纪时期带来了从记忆到文字记录的转变，那么文艺复兴时期（约公元 1300 年）无疑见证了纸质档案真正意义上的激增——彼时，教会与政府数量不断增加，贸易与交通飞速发展，各种各样需要留存纸质资料的机构都为其数量的猛增起到了推波助澜的作用。16 世纪初期，著名画家约翰·戈塞特（Jan Gossaert，1478—1532）和小汉斯·荷尔拜因（Hans Holbein the Younger，1497—1543）创作了诸多荷兰人的肖像画。其中描绘了一些商人，身边满是自己行当里需要用到的纸品：成捆的钞票、账目、法律文件及其他档案资料。信件要么用绳子挂起来，要么用钉子钉起来，厚厚的文件或摞在书架上，或钉在墙上。我们不妨来看看小汉斯·荷尔拜因的《商人乔治·吉斯泽像》（*Portrait of the Merchant Georg Gisze*，1532，见图 20）。画作中，在伦敦工作的汉莎同盟[①]商人乔治·吉斯泽身着天鹅绒上衣，头戴天鹅绒帽，从真丝袖口伸出来的双手伏在桌上。身后的木架上满是烫着火漆的书信，头顶后面的木墙上钉着一张便条，房间四周的书架上摆着各种皮质账簿。这是交通贸易的世界，也是文件纸张的世界。文艺复兴时期，文件存档的出现是一种“应运而生”的结果，主要的存档方式是将文件成捆摞起，装在大小箱子里——完全不见回形针的踪影。

① Hanseatic League，欧洲西北部及中部商业行会与市镇为自身贸易垄断而形成的商业同盟，始于约 13 世纪，15 世纪后逐渐没落，1862 年正式终结。

> **小汉斯·荷尔拜因（Hans Holbein the Younger，1497—1543）**
> 16 世纪最负盛名的画家之一，生于德国，因创作亨利八世统治时期宫廷及贵族人物肖像画而闻名，代表作《大使们》（*The Ambassadors*）描绘了两位权财并重的外交使节。

当时，识字率不断提高，越来越多的商务事项转由纸笔而非口头来完成。对于政客们来说，最“压力山大”的便是如何应对因官僚主义扩张而来的海量文书工作。都铎王朝时期的英格兰，据伊丽莎白一世重臣威廉·西塞尔的一位秘书记载，在每日烦琐的工作之余，他还要处理大约 60 到 100 条“立等可取”的笔头工作——全都是西塞尔收到的来信。而为西塞尔大家族服务的不仅有政府职员，还有一家规模不小的私人秘书处。1592 年，弗朗西斯·沃尔辛厄姆爵士（Sir Francis Walsingham）的秘书尼古拉斯·方特（Nicholas Faunt，1553—1608）曾为即将到任的国务大臣归纳整理了一份大纲，详细地介绍了在繁忙政府部门工作的秘书所担的责任与角色。他们的工作内容包括：

> ……每天早晨（将文件）成捆备好，待到文件堆积过量后，我们就将那些使用频率最高的文件放进柜子或箱子里，以免在同一个地方堆放的文件太多而出现混淆或遗失等问题。

在欧洲国家和机构的推行下，回形针的“前传”充满了成捆、成箱、成盒的档案和文件，它们又成了历史学家的“炊米”。这种现象所影射的是一种对权力的行使，这也是它尤为迷人的地方。被留存归档的文件和那些被遗弃销毁的文件，共同铸就了我们今日笔下历史的模样。

斯塔西

我们不妨再跨越几百年，看看战后民主德国的腹地，看看政府对纸张和文件的控制——回形针的历史也与民主德国秘密警察机构斯塔西有关。斯塔西，正式名称为国家安全部（Ministry for State Security，原德语名为 Ministerium für Staatssicherheit），成立于 1950 年 2 月，旨在了解掌握任何人的任何信息和动态。2006 年，德语影片《窃听风暴》（*The Lives of Others*）将实时被人监控的恐怖带到了大银幕上，令人难以忘怀。电影描述了一个秘密警察机构对一位作家及其爱人进行监听的故事。在影片中，我们可以看到那种对细枝末节都不放过的间谍活动。务必要明确的是，这种情况在当时的民主德国比比皆是。柏林墙倒塌前，斯塔西雇用了 9 万名专职人员外加 17 万全职“民主德国群众”，对将近 600 万名民主德国市民进行了监听监视，并对相关档案资料进行维护。间谍活动花样百出，既包括对市民家庭的监控，也不乏审讯及邮件拦截。窃听不光成了一门“艺术”，更衍生为一个产业。电影中，声名狼藉的“M 部门”使用热风机将信件的封口火漆吹开，随后再机械性地将其恢复原样。文件的开启方式与之如出一辙，并系统有序地更新；这些文件有名字、有标签，连同那些附在其中的资料被收纳在硬纸文件夹里。回形针将它们与相应备注、日期、时间和照片别在一起。历史上，恐怕再也没有哪个国家会以如此险恶的方式，使用如此多的回形针。

1989 年，柏林墙终于倒塌。联邦德国政府对斯塔西的间谍行为展开了全面调查。1991 年，德国通过了《斯塔西档案法》（*Stasi Records Act*）。公众终于可以获取斯塔西存储的档案资料，他们急于了解斯塔西究竟记录了自己及家人多少信息、何种信息。据统计，现在每月约有 5000 民众提出查阅斯塔西资料的申请。自 1991 年至今，申请量更是高达 275 万次。

复原“拼图”的女人

然而，情况其实更为复杂。因为在柏林墙倒塌后，斯塔西官员曾系统化地取掉了那些回形针，并毁掉了他们编纂了四十余年的民主德国人口资料中高度敏感的部分。据统计，有 6 亿份文件被销毁为数十亿张碎片，装了大约 1.5 万袋。不过，由于这些文件资料意义重大，官方决定开展资料复原工作。面对这项“不可能完成的任务”，当局政府并未绝望，而是动用了 1800 名妇女纯手工完成了艰苦卓绝的复原工作，而这些妇女后来又被称为“拼图女郎”（puzzle women）。

如今，这项看似不可能完成的任务对我们了解民主德国时期斯塔西的内部运作，起到了至关重要的作用。“拼图女郎”们仍在工作，只不过现在，她们可以借助科技手段，通过模式识别算法把那些极为细小的碎片拼接起来。

战犯

第二次世界大战之后，回形针具有了更加重要的历史意义——人们用它们来收纳自己新的身份证明。无论是二战期间还是之后，身份欺诈和身份变更都是极为重要的历史问题。当时，有成千上万人想方设法隐藏自己的真实身份，以避免或逃脱战争罪带来的迫害。1945年后，美国政府甚至启动了一项名为“回形针行动”（Operation Paperclip）的身份变更活动。该行动旨在将希特勒麾下成千上万名德国科学家、工程技术人员转移至美国，削弱德国、苏联及英国的智力资本，提高自身未来的军事能力。整个行动既是冷战时期的前奏，也是影响冷战的重要因素。这是一场科技人才的军备竞赛。当然，苏联人也有他们自己的人才计划——“飞行俱乐部行动”（Operation Osoaviakhim）。美国“回形针行动”的一个重要内容即是为科学家们更换新的身份，以确保他们在美国工作时得到必要的安全保障。

>> **冷战（The Cold War）**

苏联、华沙条约组织为主的社会主义阵营，与美国、北大西洋公约组织为主的资本主义阵营之间因地缘政治局势紧张而起的政治、经济、军事斗争。为避免正面直接交战，美苏双方皆在他国境内参与援战。冷战期间，美苏外交关系跌入冰点，双方展开了一场核竞赛，到处弥漫着对终极决战的恐惧。

该行动以收纳科学家们新身份证明的回形针命名。如此一来，他们便成了“为政府效力的科学家”。这些证明则被纳入联合情报调查局（Joint Intelligence Objectives Agency）的人事档案。据统计，共有1600人及其家属以此种方式留在了美国，其中就包括德裔航天工程师沃纳·冯·布朗（Wernher von Braun，1912—1977）及许多与其共同研发V2火箭的团队成员。此类高精尖科研人员在以军备竞赛、航天竞赛为特点的冷战时期发挥着至关重要的作用。

美国政府还曾与日本共同展开了一项类似行动。这次，美国人用回形针别起来的是日本战犯的新身份证明。他们中的很多人都是731部队的成员，战时曾在中国北部一处秘密基地“效力”，以人类为实验对象并进行活体解剖，研发各种生化武器。

731部队（Unit 731）

二战期间日军建立的一支从事绝密生化武器实验的队伍，在1937至1945年对3000名成人及儿童进行了一系列致命人体实验。实验实施者非但没有受到应有的惩罚，反而得到美国政府赦免，条件则是向美国提供其人体实验的研究成果。

从道德的层面来说，美国政府此次“纳贤”行动遭到了不小的非议，引起了许多人的强烈反感。另一些人声称(其实是误称)此项行动由美国陆军部(War Department）实施，公然漠视美国官方政策条例，属违法行为。实际上，这项行动确实获得了美国总统的批准。

由此可见，回形针的历史也是人才外流的历史，其规模甚至可以比拟1685年因路易十四宣布新教非法所导致的胡格诺派教徒（Huguenots）大逃亡；或是二战爆发前德国犹太人的大批量转移（其中不乏阿尔伯特·爱因斯坦等响当当的名字）；又或是大规模以色列人才流失——自1946年中东战争（Arab–Israeli War）以来，约有40万名医生、学者离开以色列。与此同时，回形针的历史也是信息自由史的一个篇章。当人们发现纳粹分子和日本战犯被安置在美国之后，将其驱逐出境的法律依据终于于20世纪70年代正式出台。这也推动了1998年《纳粹战争罪行披露法案》（*Nazi War Crimes Disclosure Act*）的诞生。从此，与在美纳粹战犯相关的政府机密文件不再神秘。尽管人们尚未感受到这些文件产生的所有影响，但可以肯定的是，它们将改变我们对战后西方世界的认识。

自由战士

回形针的历史远不止文件历史的某个篇章那么简单。因为被它们绑在一起的不仅有文件资料——在二战时期的挪威，回形针把人也“绑”在了一起。

1940 年 4 月，德国占领了中立国挪威。挪威国王及政府官员逃亡伦敦，国民由挪威军需处（Reichskommissariat Norwegen）统管。那些未能出逃的挪威犹太人，随后被转移至集中营。挪威近半成工业支出被德国人控制，并几乎失去了所有贸易伙伴。百姓生活必需品消失殆尽，民不聊生。在这样的极端情况下，回形针却成了人民团结、国家认同感的象征，以一种不言自明的方式帮助挪威人向纳粹泛滥的世界提出抗议。当时，奥斯陆大学（Oslo University）的学生们开始在他们的衣服翻领上别起了回形针，或用回形针制作手链等时尚配饰。人们选择回形针来“表态”的原因复杂多样。重要的一点是，回形针既常见又便宜，几乎可以别在任何东西上。它们的“可塑性”很强，很容易将其弯成自己想要的形状——将千万个有着共同目标的人团结起来，回形针简直是绝佳选择。

面对德国的占领，挪威人以一种和平却颠覆传统的方式传达对祖国统一、民族团结的渴望，并以此表达他们的民族自豪感。与其他象征挪威的符号一样，和挪威王室相关的标志全部被德国当局禁用——他们非常清楚，受其统治的挪威人民表达抵抗情绪的愿望是多么迫切。

有意思的是，这一举动其实也缘于对历史的误解。当时，挪威人普遍（错误地）认为，回形针的发明者是挪威人约翰·瓦勒（Johan Vaaler，1866—1910）。事实上，他的确发明了某种回形针，并在德国与美国分别注册了专利。只不过，他发明的时间是 1901 年，而他设计的款式从未落地生产。瓦勒发明的回形针只有一个回环，并不像我们如今熟知的宝石回形针或当时挪威人抗议纳粹统治时用的那种回形针。然而，二战结束很久之后，挪威人仍然认为是瓦勒发明了回形针。1989 年，人们甚至在奥斯陆市外不远的桑维卡（Sandvika）为瓦勒建了一座纪念碑，但碑上展示的却是宝石回形针——那可是别人的设计。回形针史中的一部分，也是历史学家纠正错误认识的历史。

团结

挪威人民对于回形针的利用显然达到了刺激民族情绪的作用。一张强劲有力的反抗网络随之形成，取得了多次重大战役的胜利，其中就包括在 1942 至 1944 年，对韦莫克（Vemork）重水生产厂的袭击，此举成功破坏了纳粹分子的核项目。后来，德国人注意到了回形针的含义，于是也全面禁用了回形针。遭受同样命运的还有其他代表挪威国家身份及国民反抗立场的秘密符号，比如“哦，真是无辜啊”绒帽。如果你有兴趣了解挪威这段时期的历史，不妨去奥斯陆抗战博物馆（Resistance Museum）一探究竟。

回形针的历史也构成了象征团结的符号标志的历史。20 世纪初，英国女权主义者将“宽箭头”①形象绣在衣服上。今天，人们也在使用别针来表达对种族歧视、宗教迫害及反同性恋者的一致抵制。1998 年，田纳西州惠特韦尔（Whitwell）小镇的学生又发起了一个名为“回形针项目”的浩大工程。他们选取回形针为材料，创建了一座犹太人大屠杀受害者纪念碑。此外，他们还在一节德国火车车厢里装了 1100 万枚回形针（代表 600 万犹太人及 500 万吉卜赛人、天主教徒、耶和华见证人②、同性恋者和其他人群）。另外 1100 万枚回形针则构成了一座时尚雕塑，用以代表被纳粹杀害的 150 万名儿童。“回形针项目”的初衷是倡导宽容、理解个体多样性，渐渐地，它成了一个全球范围的文化现象。受挪威人的启发，惠特韦尔镇的学生们在项目开展期间收集了数千万枚回形针。2004 年发行的纪录片《回形针》翔实记录了该项目的来龙去脉。

文件保存

虽说回形针的确在历史学家们的分类研究工作上帮了大忙，但同时也给他们带来了不小的麻烦。我们搜集研究了时间跨度达四十年的历史资料，既见证了回形针的广泛应用，也发现了资料文件中的一些不当使用。有些被它们夹在

① 女子监狱制服上曾有宽箭头形象。

② Jehovah's Witness，相信世界末日在即，只有其信徒才能免受惩罚。

一起的文件都染了回形针的锈色，变得腐坏。久而久之，回形针完全可以破坏资料文件，即便它们也同时能起到保存的作用。可见，回形针的历史也是历史资料破坏史的一部分。因此，回形针与订书钉、长尾夹、大头针、橡皮筋一样，是历史学家的死对头。这是人们长期以来疏于保管历史资料的结果，相关的历史故事真是不胜枚举。而且，无论在哪个故事中，历经数年积累起来的知识体系都会变得支离破碎。这其中最令人震惊的案例，莫过于英国受监护继承人与着装制度大法庭（Court of Wards and Liveries）档案中记载的一个荒谬事件。

1540 年，该大法庭于亨利八世在位期间成立，旨在管理因未成年人继承土地而引起的封建税收问题。1660 年，大法庭宣告解散。但大法庭多年累积的档案却被塞进了装鱼的袋子里，运到了威斯敏斯特议会大厅附近的一个“地狱般的储鱼地下室”里，任由它们腐坏。1708 年，上议院委员会参观了那个地下室，看到那些档案后，他们义愤填膺地描述道：“……在地上发现大量书籍文件，混乱无序……屋顶的电线被人偷走，窗户破碎不堪，许多文件都遭到了雨水的蚀毁。”

二百多年后的今天，那些文件大多已经不起翻阅，其中能够阅读的也几乎是一碰就碎，空留一粒红尘落衣间。对历史研究感兴趣的朋友们或许能读懂这章传达的一个信息：无论古今，我们都要当心回形针。保存文件最好的方法，是将文件逐个装入无酸文件夹中，然后置于档案箱里。当然了，这样又会出现储存空间严重不足的问题。在档案保存领域，博得利图书馆（Bodleian Library）的档案员们可是数一数二的人物，他们不仅会精心护理档案资料，令别在文件上生了锈的回形针焕然一新，更是开创了一种书卷分册的保存方法。这种方法简直是储存信件的妙招——这也为我们引出了接下来的话题，那就是“书信”的历史……

第十七章

书信

书信的历史关乎……

关乎秘密、皇家海军，关乎婚姻、阉割，还有蛋。

你没看错，书信与蛋的历史有着剪不断理还乱的关系。

书信文化有着几千年的悠久历史，蕴含着无比丰富的史料。虽然手里没有实物，但我们已有考证，其历史可以追溯至公元前 1388 年的古埃及。那些信的内容几乎涉及过去的方方面面。它们本身也是非常迷人的物件。书信是交流工具、书写记录，是交通运输与纸张生产的佐证。最重要的是，它们反映了各自所处时期的文化：书信是时代灵魂的写照。所以说，理解“如何阅读一封信”并非如你想象的那样简单，其结果——也就是历史学家们从中获取的信息——也是十分惊人的。

情书

在我们的认知中，最私密的书信形式恐怕非情书莫属。情书的历史由来已久，最早可追溯至公元 12 世纪。彼得 · 阿贝拉德（Peter Abelard，1079—1142）与爱洛依丝 · 德阿琴狄尔（Héloïse d' Argenteuil）之间情意绵绵又不失文采的情书，无疑是中世纪文学宝库中的珍品。

他们二人的结合注定是场悲剧。彼得 · 阿贝拉德是中世纪法国哲学家，也是当时数一数二的神学家。在巴黎圣母院（Notre-Dame Cathedral）的一位教区神父福尔伯特（Fulbert）家中做家教时，阿贝拉德爱上了福尔伯特的外甥女爱洛依丝，并由此展开了一段地下恋情。爱洛依丝是位了不起的女性，她博学多才，通晓拉丁语、希腊语和希伯来语。后来，爱洛依丝怀孕，诞下儿子阿斯特罗拉布（Astrolabe[①]）。但二人的婚姻之路却颇为跌宕。起初爱洛依丝坚决反对这门婚事（因担心有损阿贝拉德的名誉），后来她勉强同意了，但拒绝将二人结婚的事公之于众，最终她被人送走，当了修女。而阿贝拉德也遭到了福尔伯特的惩罚，后者命人揍了阿贝拉德一顿，并因他未能善待爱洛依丝而将其阉割。随后，阿贝拉德也去了一所修道院。

自这个时间节点起，这对苦命鸳鸯开始往来通信，谈爱情，聊忠贞，讲述修道院生活。阿贝拉德在给爱洛依丝的一封信中写道：

> 在爱情中，忘却是最迫切又最困难的补赎。讲述我们做的错事很容易，多少人在自己轻率不检的过往中重拾了快乐，却没能谦卑忏悔。回归上帝的唯一途径就是忽视我们深爱的孩子，而去爱我们一直忽视了的上帝。这话听上去或许刺耳，但想要得到救赎，我们就必须这样做……为此我得到了那样的惩罚，你恐怕也只有在女子修道院里才最安全。

阿贝拉德与爱洛依丝的书信远非普通人能及，它们是用拉丁文书写出的智慧。在信中，他们探讨爱的理想和标准。他们所处的历史背景与立场也非常独特，这些情书是无法复制的。

有一些中世纪及之后一段时期的女性情书留存了下来。1600 年，玛丽·迪恩（Mary Deane）因通奸罪被关押在伦敦布雷德沃监狱（Bridewell Prison）。服刑期间，她一直用从母亲那里学来的加密文字与情人通信。布雷德沃监狱监管部门始终无法破译密码。最终玛丽被施以鞭刑，随后被流放至苏格兰。

写信的能力

这些迷人的情书具有非常重要的意义。它们引出了现代人对书信写作的两大假设：其一，它们中有许多女性写的信；其二，它们恰恰是由寄件人亲笔书

① 以观察天体的科学仪器“星盘”命名。

写的。16 世纪之前，写信的能力其实局限于某些特定的人群，比如教会及政府人员、商人、学者，基本都是男性。那个时候，在正式场合或官方需要时才会写信，并且信的内容通常都是口述。所以实际上，许多信都是由秘书或抄写员执笔写就的。

然而在 16 世纪时，情况发生了变化。普通人的读写能力不断提升，亲笔写信的情况也越来越多，不再将书写工作委托给文书助理。这一时期也因此见证了女性书信文化的发展。与中世纪时期的女性相比，都铎王朝时期的女性自主写信的能力更强。而对女性来说，写信是一种技能，可以在情感关系中更好地表达自己并拥有掌控权——换句话说，写信让那些女性拥有了一定的话语权，将她们从男性制约中解放了出来。因此，都铎王朝时期的诸多女性——比如安·博林（Anne Boleyn）、简·格雷（Lady Jane Grey）、玛丽公主和伊丽莎白公主——自小写信能力便很强也就不足为奇了。她们的家族极具政治野心，认为写信的能力益于提升女性的权力、地位和影响力。

女性书信作者

玛莉亚·锡恩（Maria Thynne）可谓 16 与 17 世纪之交最杰出的女性书信作者之一。她是奥德利勋爵乔治·塔奇特（George Touchet，约 1578—1611）与第一任妻子露西的女儿。玛莉亚——家人都称她“玛尔”（Mall）——曾为伊丽莎白一世的贵族侍女，后嫁给威尔特郡（Wiltshire）的一位贵族继承人托马斯·锡恩（Thomas Thynne）。锡恩家族与玛莉亚母亲的家族之间又有世仇。许多学者因此认为（虽然詹姆斯觉得是误判），玛莉亚与托马斯的结合是莎士比亚戏剧《罗密欧与朱丽叶》的灵感来源之一。

从玛莉亚现存的书信中可以看出，她聪慧，有主见，机敏诙谐。她来自一个“非典型”的贵族家庭，弟弟妹妹的人生经历也都颠覆传统，异于寻常：她的弟弟——第二代卡斯尔海文伯爵默文·塔奇特（Mervyn Touchet）——因鸡奸、强奸罪于 1631 年被砍头；妹妹爱莲诺·戴维斯（Eleanor Davies）以占卜预言为业，后因向利奇菲尔德大教堂（Lichfield Cathedral）的圣坛泼洒焦油而被捕，并被判收入伦敦贝德莱姆精神病院（Bedlam[①]）。

玛莉亚成婚时年纪较小。在婚后头几年里，丈夫给予玛莉亚地产管理方面的权力非常有限，为此她感到很苦恼。于是她致信托马斯，表达自己的惋惜与羞愧，称“任谁都看得出来你对我的能力和才智不屑一顾，但我是你的妻子，你应当给予我足够的权限，（根据你的委任安排）在你外出时帮忙料理你的事务”。而在另一些信件中，她公开嘲笑当时社会对待女性的严苛行为准则，有一次还埋怨现实的不公，因为她不能与姐妹们前往伦敦，而只能待在家里“对狐狸和更加无厘头的动物发表高谈阔论”。1604年8月，托马斯·锡恩受封骑士，玛莉亚给丈夫写信道：

> 我可爱的小托（Thomken），此前我从未写过如此的长篇大论。但昨天我写了那么多字，称颂你对我——以及你的狗、鹰、兔、狐——的好，也赞颂了你对国内生意如此上心，我想我也没有必要再赘述，因为我已用诗意的赞颂为你做了王冠，视你为令人钦佩的好丈夫，我也很钦佩你对温柔母亲[②]（据推测她当时可能怀孕了）那难以言喻的奇异爱恋。所以我也没什么好说的了，唯有额外赠送一句：当你那几只狗吃得太饱而腹痛时，它们会不间断地在最好的房间（也就是你的床上）排泄体内腐物……

显然，玛莉亚在威尔特郡深感被丈夫遗弃。她指责丈夫托马斯，觉得他对待自己与对待动物无异，并写道她希望他们的狗在丈夫的床上排便（或者说得诗意一点，“不间断地排泄体内腐物”），因为丈夫没能给予玛莉亚足够的爱。

我们从她的书信中可以看到，玛莉亚在不断打破都铎王朝时期妻子范式化的模板，颠覆那种“三从四德”的挚爱配偶标准。同时又流露出对丈夫的爱意，称之为“我可爱的小托”。在一封颇具情色意味的信中，玛莉亚言语中充满自信，她盼着丈夫回来后两人同床时丈夫的“崛起”（信中用了押韵的拉丁文表述）。

而玛莉亚给婆婆琼·锡恩（Joan Thynne）写信时的言辞就更为激烈了。

---

① 全名Bethlem Royal Hospital，因发音相似被英国人戏称为Bedlam（有“混乱”之意）。

② 原文为拉丁文“pia mater”（实际上原著里写的是piamater，但据查应为pia mater），译为“温柔的母亲”。

琼·锡恩不太喜欢玛莉亚，对两人的婚礼全然不知，甚至还曾在法庭上试图终结二人的婚姻。玛莉亚与琼的关系——婆媳之间的关系的确如此——往好了说是颇为紧张，往坏了说可谓赤裸裸的虐待，这一点在玛莉亚婚后长达几年的书信中显而易见。

在意识到自己需要安抚一下极度不满的婆婆后，玛莉亚给琼写了几封道歉信，希望与之和解，同时也表达了自己与托马斯结婚是出于善意的初衷。“如果我真的知道自己的想法冒犯了您(我的好母亲)，”玛莉亚在1601年9月写道，“还如此冒失地写下这些极力讨好您的话，那我真应为此感到羞耻，但我之所以说那些话正是因为我的初衷是如此单纯无邪。”玛莉亚在信的封口处用火漆烫上了一小撮自己的红发，以示其寻求和解的诚意。

1604年，情况发生了改变。是年，琼的丈夫去世，玛莉亚和丈夫继承了家族的地产；玛莉亚——而非琼——成了朗利特庄园（Longleat House）的女主人，社会地位的变化极大改变了这两个女人之间权力天秤的倾斜。随后，琼从朗利特庄园搬到考斯城堡（Caus Castle）居住。那段时期两人之间唯一留存下来的一封信是玛莉亚写给琼的，文辞较之前的信件少了遵从与奉承。琼曾抱怨玛莉亚对朗利特庄园的花园不闻不问。对此，玛莉亚回信称，自己已经把花园变成“粥锅”了，故意激怒琼。随后，她又在信中不留情面地公然侮辱婆婆，称她这个奶奶既“可憎”又“肥硕”，没准还用自己的“粪肥”给玛莉亚的土地“施肥”。尤为刻薄的话在信的最后一句，玛莉亚借用“遗留”的一语双关含义讽刺琼死后也留不下什么：

> 你写信说你的地都用作最基础的功用，比我的花园粪肥土沃，当然了，如果你是我的亲奶奶且视我如己出，我会回复你，我相信像你这样一个肥硕女人能做的无非就是给我的地施肥，而且我觉得，你能给库尔斯利（Corsley）遗留下来的东西也不过如此了。

很明显，玛莉亚对于“书信体粪便学”真是情有独钟。

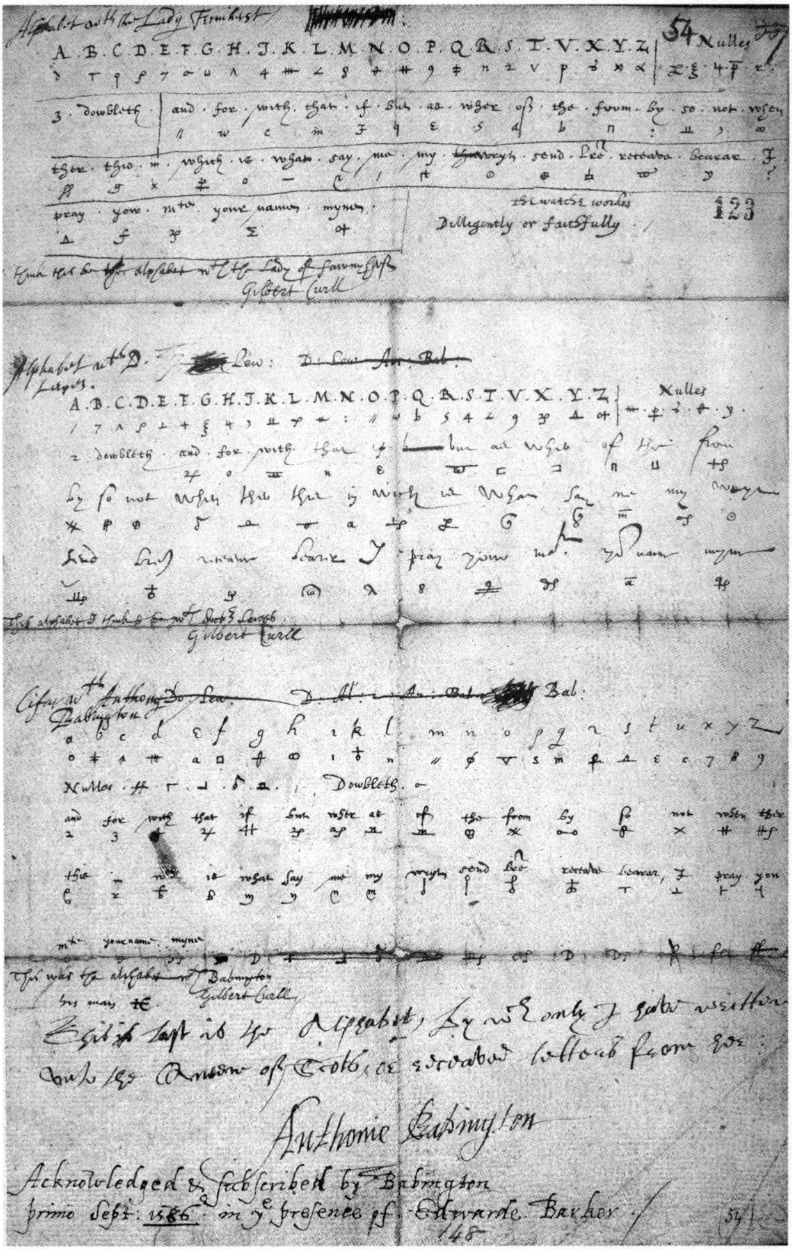

1586 年安东尼 · 巴宾顿用密码写就的密信附言

密信

上述信件都是由送信人、信差或是（在 17 世纪中期时英格兰建立了邮政系统之后）邮差公开递送的，这也使信件的投递更具规律性与安全性。当时的确有一些密信需要秘密送达，避免信件误入他人之手。几百年来，人们尝试了各种新型手段递送加密的信件。比如把信缝在领子里、袖子上或衣服的其他地方，藏在箱子里、罐子里、桶里或拐杖里。巴宾顿阴谋（Babington Plot）中的密信，对 1587 年苏格兰女王玛丽政权的垮台起到了不可或缺的作用。那些信被藏在桶塞里，不想却被伊丽莎白一世的头号间谍——弗朗西斯·沃尔辛厄姆（Sir Francis Walsingham）截获，成了对密谋者立罪的证据。

>> **巴宾顿阴谋（Babington Plot）**

发生于 1586 年的一起暗杀事件，企图暗杀伊丽莎白一世，使苏格兰女王玛丽登上王位。因玛丽写给天主教绅士安东尼·巴宾顿（即该阴谋的主要策划者）的密信被截获，阴谋最终败露。

约翰内斯·雅各布·维克（Johannes Jacob Wecker）所著的百科全书《艺术与自然之秘十八卷》（*Eighteen Books of the Secrets of Art and Nature*，1660）中，详细描述了一种藏匿信件内容的绝妙方法，教你“在鸡蛋上写字”。他写道，想在鸡蛋上写字，需要：

> 将醋加入明矾中长时间搅拌，用其在蛋壳上画出想要的图形或字样，在烈日下晒干，再将其置于盐水或醋中三至四日，待其干燥后烘烤，烤熟之后剥去外壳，如此你便可以寄出蛋清上的“信”了。此外还有一种方法：将鸡蛋涂上一层蜡，用大头针在蜡上写下信的内容，然后将其浸湿，在醋里浸泡 24 小时后将蜡衣脱去，随后剥掉蛋壳，此时你就可以读到鸡蛋上的“信”了。

信的历史竟然还能与鸡蛋的历史搭上关系，我们不由得想问这样一个问题——信到底是什么？显然，密信的历史表明，信的概念并不囿于信封里的那张纸。在一些特殊情况下——比如紧急事件、仓促匆忙、重压之下或身陷囹圄时，人们会将信的内容写在其他媒介上。都铎王朝时期一位名叫伊丽莎白·威则顿（Elizabeth Wetherton）的女人，曾撕下一页印着素歌[①]的《日课经》给母亲写信，估计是当时的纸张供不应求吧。

书信的历史与秘密、密码、间谍活动密切相关。这通常也会涉及当局政府庞杂的情报组织对它们的拦截与破译，就像伊丽莎白一世时期的英格兰那样。在凡尔赛宫里，自负又多疑的法国国王路易十四，很早就设立了一个名为“小黑屋”（cabinet noir）的部门负责拦截与破译所有往来信件。该部门由红衣主教黎塞留掌管。坐守巴黎的“小黑屋”是一支高效的破译队伍，由经过严密监视训练的手稿专家和密码高手组成。他们有项绝技——拆开火漆封印而不为人所察觉。

印章

19世纪末期，在涂胶信封诞生之前，人们通常会将信夹在一张对折的纸里，并用蜜蜡或虫胶将其封缄。虫胶是印度紫胶虫刺破树皮而得的一种树脂，硬度远超蜜蜡。将信直接封缄的方式其实非常简单。首先将信纵折成长方形，再将上下两端向内藏起，然后烫化火漆倒在信纸的缝隙上，再用印章（以图章戒指、怀表短链或办公印章的形式）压在未干的火漆上，印出代表写信者的权威图案，比如徽章纹样或官职证章。此外还有大量图案各异的私人印章，比如鸟类或其他动物主题、各种工具、象征符号、座右铭，以及与印章主人名字或职业有关的字谜或具有双关意义的图形。苏格兰政治家、外交家罗伯特·莫雷爵士（Sir Robert Moray，1608—1673）的私人印章尤为令人动容。这枚印章是在他丧妻之后制作的，图案表现了爱神厄洛斯（Eros）持弓箭射向一颗心，圣坛边刻有“Vne sevlle”的字样，即“孤独一人”之意，象征其丧妻之痛。

用印章来保障安全的想法很简单：如果发现印章被篡改或破坏，你就知道信件已被截获了。当年有许多避免破坏印章的拆信方法，比现在用热蒸法

① 中世纪罗马天主教会的祈祷歌曲，又称“格列高利”。

拆开涂胶信封再粘好的方式困难多了。我们对那些方法的了解，得益于16世纪一位博学多才的意大利人——乔瓦尼·巴蒂萨·德拉·波尔塔（Giovanni Battista Della Porta）。他在密码手册《书写中的隐蔽字符》（*De furtivis literarum notis*，1563）中讲述了诸多拆信、伪造印章的方法，还指导读者："将硫黄熔化，同时铸于铅白[①]粉中，而后将两者的混合物置于火漆封印上按压，但注意要用纸或蜡又或是粉笔将其与信隔开。待混合物冷却后，将其取下来——至此，你便成功复制了那枚印章。"该方法的关键，是用一些化学成分的混合物复制出印章，然后摘除信上的火漆封印，在读完信后再用复制的印章取而代之。如此一来，人们完全可以做到将信拆封而后再封，就像从未拆开过一样。

乔瓦尼·巴蒂萨·德拉·波尔塔（Giovanni Battista Della Porta，约1535—1613）

意大利学者、剧作家，对超自然哲学、占星学、点金术、数学、密码学尤为感兴趣，被誉为"秘密事物教授"，最著名的作品为《自然魔法》（*Natural Magic*，意大利语为 *Magiae Naturalis*）。

不过，当时的廷臣似乎知晓这些情况的发生。巴伐利亚的伊丽莎白·夏洛特（Elisabeth Charlotte of Bavaria，路易十四弟弟的妻子）在写给其日耳曼同辈堂（表）亲的信中警告称：

> （不能因为）信件密封无恙就断定没有问题；他们手里有个水银和其他东西做的工具，可以按压在火漆封印上，然后得到印章的模样……他们读完并复制了信的内容之后再把信封缄，没人能看出来信已被拆开过。

从这些信息中我们可以看出，信已不单纯是两人之间沟通交流的方式。多亏了破译大师及对信件的截获，我们得以从廷臣侍从的往来书信中读到君主专制体制下的政治断层。

---

① 即碱式碳酸铅。

偷信

偷读别人信件的其中一种做法是截获后阅读，但不会奉还——“偷信”也是有历史可循的。位于伦敦基尤（Kew）的国家档案馆，保存的被截获信件在数量上恐怕是史上第一。英国皇家海军的档案都存在那里——如果说历史上有谁既有机会又有能力大规模截获信件的话，非皇家海军莫属。档案中有海军军官的往来信件、军备力量名录、船舶日志等。档案规模庞大，足有上百万页，内容涉及英国海军长达五个世纪的历史，以及看上去无休无止的战事。其中一个重要历史时期，是大英帝国于 17 世纪中期开始的全球性侵略扩张。在该时期的档案中便有这样一个门类——被截获的书信与文件，具体包括 1652 至 1811 年英国从敌舰上截获的信件以及大约 10 万份文件。这些档案涉及英国海军所能触及的整个欧洲、大西洋两岸甚至全球地区，寄送对象既有同事和对手，也包括身在海外的家人与朋友。它反映了人与人之间一种比较独特的关系——异地关系。

这部分档案有个非常显著的特点——大部分信件并未被拆封，有些甚至还原封不动地装在邮袋里。其中有未能寄达的情书和新闻消息，还有封缄的吊唁信和请柬。只可惜如今寄信人和收信人早已天各一方。这是被历史困住的历史。当这些信件被研究人员拆阅时，它们又将开启一个令人着迷的篇章，同时也将迎来现代社会的第一缕曙光。

荷兰邮政局长的箱子

说起近来关于未拆阅信件的偶然发现，就不得不提到某位荷兰邮政局长的信件收纳箱。里面存着大约 2600 封信，全都是 1689 至 1706 年从欧洲各地寄往海牙（The Hague）的（见图 21）。这些信压根儿就没被寄送，而且其中有 600 封信完全未拆封。在邮票诞生之前，邮资是由收信人而非寄信人承担的。因此，当时那个邮政局长仍抱有一线希望，将那些并未寄达或者说“夭折”的信留存了起来，以期未来有人来认领并支付邮资——所以那个大箱子还有个外号叫“存钱罐”。

“存钱罐”项目的研究者来自荷兰莱顿、英国伦敦以及美国麻省理工学院。他们希望能够完好无损地保存那些信的原件，以示对历史的见证。于是他们开拓出多种不必拆封就能读取信件内容的方法。其中关于信件的折叠方法，又催生出一个名为“锁信”（letterlocking）的研究项目，集结了众多科学家共同揭开信中的秘密。他们利用 X 射线的高科技摄影方法将信的内容拍摄了千万张照片，又用软件将内容逐行重组在一起，还原了它们几百年前的样子。如此说来，想要看别人的信根本不需要事先拆信。荷兰邮政局长的大箱子里藏着的秘密，又为我们打开了下一个重要话题：“箱子”的历史……

第十八章

箱子

箱子的历史关乎……

关乎垃圾箱、记忆，

关乎第二次世界大战，

还关乎便携牛奶温度计以及被活埋。

与其说是箱子本身的历史，倒不如说是箱中物体的历史。反正我们两位作者中的一人，至今还在床底下藏了一个“记忆箱”，里头装着与妻子第一次见面时对方穿的鞋子（好吧，满足你的好奇心，是红色蛇皮鞋）。更不用说他为两个孩子各准备了一个箱子，用来留存具有纪念意义的东西，自他们出生以来与之相关的每一张纸都不放过。有些人天生就有收集癖，爱囤东囤西。就像中世纪诺福克郡的帕斯顿（Paston）一家那样，信件、文件一大堆；或像 17 世纪伦敦著名日记作家塞缪尔·佩皮斯那样，存了那么多创作素材和过时的物件，多到剑桥莫德林学院（Magdalene College）甚至单独为他设立了一个图书馆；又或者，像 17 世纪白金汉郡的凡尔内（Verney）一家那样，似乎任何东西都不扔。而另一些人则选择断舍离，关于他们生活的点点滴滴因而无迹可寻。这一切都与箱子的历史息息相关。箱子是保存、归档、收集过往记忆的一种方式，更是创建过往记忆的手段。

车载大型垃圾箱里的箱子

好运气常常是历史学家的盟友，在揭开历史面纱时助其一臂之力。就拿几年前的一次偶然发现来说吧，那真是只能用“走运”来形容，可谓非同寻常。在此之前，那玩意八成已经在国内“流浪”很久了。故事还得从一次房屋杂物清理说起。这里头还包括车载大型垃圾箱、一个小匣子、一封邮件，以及一位历史学教授——也就是詹姆斯。

一位历史系毕业生在学年的最后给教授写了封邮件，询问教授是否有空见面聊聊自己的课题——关于“他保管的一箱书信”。于是，他们约定了见面时间。第一次会面时，这名学生拿出来一个比旧鞋盒稍窄一点的小匣子，外面包裹着绿色天鹅绒织物。学生说，他的父亲经营一家车载大型垃圾箱厂。在一次房屋清理服务之后，工作人员在其中一个垃圾箱里发现了这个小匣子。因为不太清楚它的材质，难以分类回收处理，父亲将其交给了学历史的儿子鉴别。结果儿子打开一看，发现里头装着几百封信，都是二战期间一位名叫海伦·戴尔（Helen Dare）的小姐与士兵乔治·特维多尔（George Tweddle）之间的往来书信。当时，乔治在欧洲大陆战场上征战，后来成了海伦的丈夫。

这个在垃圾箱里被偶然发现的小匣子，是在海伦·特维多尔（婚后随了夫姓）去世后被处理掉的。它简直就是个“记忆箱”，承载着这对 20 世纪 40 年代时被战争分隔两地的爱人之间的通信。类似的通信在那段时间势必不在少数，其中有不少现藏于伦敦帝国战争博物馆（Imperial War Museum）及其他地方档案馆，另有一些可能或在个人手上，或藏于床下，或置于阁楼，又或是存放在衣柜里，刚好就是用这样的小匣子装着的。这些小匣子宛若一个个小仓库，储藏着关于逝者、别情、旧爱、故念的绵绵记忆。人总会慢慢老去，最终离开人世。而我们有责任将这些箱子、这些记忆好好保存下来，讲述它们主人过去的故事。

鲍德汉姆城堡

世界各地的博物馆和档案馆有各种各样的“箱子”，比如像海伦·特维多尔的小“记忆箱”，还有大箱子、储藏柜，甚至是木棺和石棺，以及其他展示柜。它们既是历史学研究不可或缺的一部分，也是大众感受与理解历史的必要方式。来看看我们在美丽的鲍德汉姆城堡（Powderham Castle）找寻的结果吧。该城堡位于埃克塞特附近，是 14 世纪以来考特尼（Courtenay）家族中历代德文郡伯爵的故居。

>> 鲍德汉姆城堡（Powderham Castle）

位于埃克斯河（River Exe）河岸之上，为考特尼家族旧居。修建于1406年，是一座设防庄园。1455年玫瑰战争（Wars of the Roses，又称蔷薇战争）及1645年英国内战（English Civil War）时作为皇家驻防地曾遭到围困，19至20世纪时得到重建。

鲍德汉姆城堡的档案有无数箱，都是几百年来人们出于归档和保存目的而整理出来的。翻腾这些箱子真是莫大一件乐事：你根本想不到从中会发现什么。

如同整洁的档案室一样，箱子里的文件摆放有序，询问工作人员或参照目录皆可轻松查阅文件；文件箱上还有档案管理员标注的档案集说明；印刷较早的书籍则用特制的箱子盛放，使每卷档案严丝合缝地贴在一起，以便更好地起到保护作用。还有一个小橱柜，里面装着城堡小教堂里使用的几乎所有物件，包括各类仪式用品。比如一个贝壳形状的小箱子里装着一个洗礼时用的圣水盆。还有一个小木箱，标签上写着“祈祷书”“家用”的字样，还用括号备注了“老旧”二字。这个木箱里装了许多18世纪末至19世纪留存下来的迷你私人祈祷书，其中有多部标注了书的主人和赠予人的名字，以及受赠日期。它们见证了乔治王朝及维多利亚王朝时期考特尼家族成员的虔诚。最为神奇的是，这些书都是小巧的“手指祈祷书”。书如其名——它们全都不过食指大小。一本大部头变成指头大的小书实在方便，完全可以揣在兜里在路上读。另有两摞家用祈祷书被装在几个旧弹药箱里，人们八成是觉得这类箱子足够坚固。

这些档案里有一个箱形的铁罐，一米多长，里面存放着1839年鲍德汉姆的什一税[1]地图。还有几个“记忆箱”装着许多家庭成员的小首饰等个人财物，寄托着箱子主人对故人的情感。其中有个箱子里的东西属于“表亲贝蒂·萨默赛特（Betty Somerset）”，箱子里竟然有个东西叫作“可漂浮牛奶温度计”。这个神奇的装置是如何落入其中的，我们就不得而知了。鲍德汉姆的这些档案箱保护、留存的档案里既有承载考特尼一家情感的文件和物件，也有重要的纪录片和法律文件，在全世界此类私人档案库里极具代表性。

此外，各储藏室里还有一些箱子，装满了没有分类的历史资料——历史学家形容它们是“野生档案”。考特尼家族里的每个男性成员，在去寄宿学校上

① Tithe，什一税，旧时欧洲基督教会向居民征收的宗教捐税。

学前都会得到一个写有自己名字的箱子。这些箱子幸存至今日，里面的东西也都完好无损——宛若时间胶囊，储藏着德文郡这个贵族家族世代男性成员的个人财物。顺着城堡里的旋转楼梯往上走，历史学家在一个“闹鬼的楼梯平台”上发现了一个箱子，里面满是书信、照片，竟然还有两个形状奇怪的动物犄角。庄园里有个箱子装着一张乔治王朝时期的便携书桌——一种用于书写的可移动桌子，桌里留存了一些书信，展开这些信便能看到一撮撮头发。

对一位历史学家来说，以这种方式发现如此多无人染指的史料，并成为揭开史料背后故事的第一人，是件狂喜之事。这真是一种既具传染性又惹人着迷的反应。就像法国哲学家、历史学家雅克·德里达（Jacques Derrida，1930—2004）描述的那样：“档案发烧友”。

英国内战

刚刚我们聊到了箱子里令人着迷的东西，聊到了历史学家对打开箱子探寻历史的狂热。实际上，箱子本身的历史故事也值得一说。曼彻斯特大学（University of Manchester）惠特沃斯艺术馆（Whitworth Art Gallery）里，留存着一个属于汉娜·史密斯（Hannah Smith，生于 1642 年）的箱子。这个平顶箱外表精致考究，带有多个迷你门、多层抽屉和一把锁。

为保存秘密书信，人们发明并生产了此类家具，专门用于储存文件。汉娜的平顶箱有个特点格外引人注目——里面竟有一张汉娜本人书写的编年事记，题为《吾主 1657 年》（*The yere of our Lord being 1657*）。于是我们知道，1654 年，也就是汉娜十一岁时，她去了牛津，并开始装饰这个箱子，最后于 1656 年在伦敦将其“完工”。箱子外的刺绣图案十分夺目，都是她亲手制作的。汉娜在牛津装点箱子的日子正值共和党联邦（Republican Commonwealth）时期，牛津的共和党势力非常强大。

>> **共和党联邦（Republican Commonwealth，1649—1660）**

查理一世被处决后不列颠、威尔士——后来还包括爱尔兰与苏格兰——统一为共和国的一段时期。1653 至 1658 年，奥利弗·克伦威尔任护国公（Lord Protector），但拒绝称王并接受“国王奥利弗”的称号。

这个木质箱子做工精良，箱表裹着丝缎和帆布，上头用丝线、金银线、亮片、小珍珠绣着复杂而精致的图案。箱盖上的图案是《圣经》故事“约瑟夫落坑”。这个《创世记》里的故事描述了一个被遗弃的濒死的人。箱体上的图案里则表现的是云遮日、一头狮子、一只豹子，以及一个隐藏的国王或王后头像。众所周知，这些形象都是国王身份的象征。或许汉娜当时更希望君主制复辟，而不愿共和党继续执政下去。这个箱子不仅用于保存密信，更是暗藏政治信息的一种手段。

伦敦大瘟疫

综上可见，箱子本身也有许多值得讲述的故事。下面我们要聊的这种揭秘历史的“箱子”很有意思，那是用来装（但愿不是活着的）人的——棺材。棺材的历史源远流长，十分精彩。最早的棺材可追溯至古埃及（约前 2500 年）殓葬木乃伊的木芯石棺①。

近几年，英国横贯铁路工程（Crossrail）——总长 73 英里、横穿伦敦东西轴线的地铁线路——展开的大规模挖掘工作，为人类揭开了棺材历史的神秘面纱，改变了千年来人们对英国历史乃至世界历史的认识。迄今为止，出土文物达万件，涉及历史贯穿上下 5500 万年。2012 年，考古学家在利物浦街地铁站的施工现场发现了一个巨大坟墓。该坟墓位于贝德莱姆精神病院旧时的墓地附近，里面葬着 1569 至 1738 年被掩埋的约 3 万伦敦居民。

令这座巨型坟墓引人入胜的地方有三点。其一，它附近有个墓碑，上面标记了一个年份：1665 年。这一年，大瘟疫肆虐伦敦，在仅仅一年半的时间里，约有 10 万人因此丧生。那可是伦敦四分之一的人口数量。其二，那些尸体似乎都是同一天埋葬的。它不仅是一个大规模墓地，更是见证了因某一历史事件而起的大规模埋葬。其三，所有人皆葬于木棺之中。那些棺材普遍偏窄，可见那次事件也对当时的制棺行业产生了巨大压力，使棺材的制作工期缩水。正是

① 现存最早的完整古埃及石棺群出土于 2002 年。该石灰岩石棺群位于吉萨（Giza）金字塔群附近，其历史可追溯至埃及第四王朝（前 2613—前 2494）胡夫法老（Khufu）统治期间。胡夫法老是吉萨大金字塔（The Great Pyramid，又称胡夫金字塔）的修建者。

这些棺材令历史学家们尤为震惊，它们展现了被死亡笼罩的大瘟疫时期里的另一种生命模样，有别于那些人们耳熟能详的史料记载。

当时的一些作家沉湎于无处不在的死亡，他们着重记述了大瘟疫前后伦敦和伦敦人截然不同的样子。在这方面，没有人比丹尼尔·笛福（Daniel Defoe, 1660—1731）更厉害。笛福是当时最负盛名的作家之一，曾创作小说《鲁滨孙漂流记》（*Robinson Crusoe*，1719）。在这部小说发表三年之后，笛福创作出另一部小说，以大瘟疫亲历者“H. F.”的口吻写下大瘟疫时期的伦敦生活。1665 年大瘟疫时，笛福不过五岁，所以他的记述主要来自家人的回忆，尤其是叔叔——亨利·福[①]——的日记。其中有段描述骇人听闻。笛福描述了一个因极度悲伤而情绪失控的男人，他一直跟在一辆运尸车后面，车里载着他死去的妻子和孩子：

> 车内有十六七具尸体，有的包着麻布，有的仅裹着破布，还有个别尸体几乎没有任何东西遮挡，也可能是因为裹得太不严实，包布衬着车外的枪声掉落下来，以致那些尸体显得格外赤裸。

其他关于当时伦敦的描述，同样把重点放在了混乱不堪的惨象之上。1665 年 8 月，日记作家塞缪尔·佩皮斯在回家的路上受到了严重惊吓。他写道：“我摊上了大瘟疫时期的大麻烦——走下几节楼梯后，我在巷子里遇见了死亡军团。”随后又补充道：“我竟再次错过了出国的最佳时间。”

然而在利物浦街站发现的棺材，则以另一种方式为我们讲述了瘟疫肆虐那年的故事：尽管整个伦敦都陷入了不可想象的恐惧之中，被迫去面对一场大灾难，伦敦人对待逝者的方式仍充满人性。他们将尸体入殓，若空间足够，还会依照基督教传统将棺材东西向摆放好。实际上，在这次横贯铁路项目中的发现给人的感受并非混乱，而是有序——从（下葬人）亲身体验中诞生的一种秩序。1665 年的“大瘟疫”（Great Plague）沿用了 1625 年瘟疫的名字。当时共有 4 万余伦敦居民丧生。除此之外，17 世纪还有多场致命瘟疫肆虐全球各地，尤其是在 1640 年、1646 年以及 1647 年这三个年份。那些棺材——安放逝者

---

① 笛福本姓福（Foe），后改为笛福。

的箱子——时刻提醒着世人：我们之所以为人，正因为我们是世界上唯一关怀亡灵的物种。

活埋

上述中，大规模死亡所带来的威胁无疑会制造各种巨大的恐慌，对活埋的担忧便是其中之一。时至今日，仍有人患有这种恐惧症。但在过去，这种忧虑远比现在普遍，尤其是在流行疾病广泛蔓延、科学医疗技术尚未普及的时候。

对“未死先埋”的恐惧催生出一种新型箱子——“安全棺材”（safety coffin）。这种棺材诞生于18世纪，带有一个铃铛或其他报警装置。如此一来，不幸被埋但最终能幸存下来的人就可以在棺材里触发报警装置，告知外人自己的“复活”。还有几种棺材带有玻璃窗，人们从外面可以看到棺材里是否有生命迹象。世界上首个关于“安全棺材”的记载见于1792年。当时，布鲁斯维克的费迪南德公爵（Duke Ferdinand of Brunswick，1735—1806）整日担惊受怕，臆想自己遇到不测的情况。于是他设计出一款配有窗户和呼吸管道的棺材。同时，他还特意检查确认，确保自己入棺被埋的坟墓只上锁，而非永久封存。下葬时，棺材和坟墓的钥匙都装在了他的寿衣口袋里。甚至到了1896年，对被活埋的恐惧还在继续。社会改革家威廉·特布（William Tebb，1830—1917）对注射疫苗忧心忡忡，随后组织成立了伦敦预防过早埋葬协会（London Association for the Prevention of Premature Burial）。1905年他写了一本书，叫作《过早埋葬及如何避免此类情况》（*Premature Burial and How It May Be Prevented*）。特布在书中记录了大约219个“险些”被活埋的案例，以及149个活埋案例、10个活体解剖案例和两个防腐处理后“复活”的案例。该书收录了1837年《鲁昂纪事》（*Journal de Rouen*）中一个关于心脏停止跳动（而后又复跳）的故事。

> 红衣主教索马格利亚（Cardinal Somaglia）因身患重疾而极度悲恸，陷入长时间晕厥状态，以致其身边所有人都以为他已经死了。人们旋即开始对他的“尸体”进行防腐处理，免得还未入铅棺、葬族墓就发生尸腐。就在操作人员在其胸部位置进行穿孔处理时，人们看见

“死者”的心脏仍在跳动。此时，这位不幸的患者刚刚恢复知觉，尽管尚有力气推开外科医生举在自己身前的手术刀，却为时已晚，因其肺部的刀口已经致命，最终，这位红衣主教以最令人痛惜的方式殒命归天了。

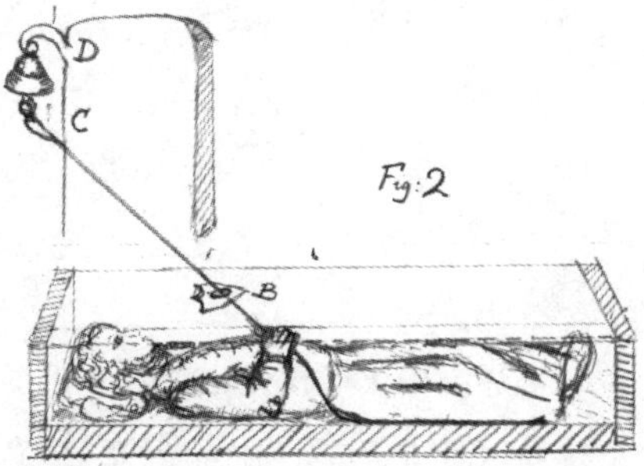

维多利亚时期的“安全棺材”草图，可见铃铛报警装置

另一个摘录的故事讲述了一个六岁男孩的悲剧：

（男孩）的遗体在美国费城一座乡村墓地迁移过程中被人发现，从男孩骸骨可见其双手抱头，双腿交叉屈向胸前，这样的姿势无疑表明，二十年前，这个可怜的小家伙下葬时人还活着。

纵观整个人类历史，关于箱子的惊人故事比比皆是，我们不过才聊了一部分而已。你可一定要保管好自己的东西——家庭回忆、书信、老物件、照片、纪念品，把它们装在无酸档案箱里。箱子不贵，网上就能买到，或者去当地档案馆领几个无妨。文件档案要放平整，注意防晒、防尘、防热、防冷、防潮、防虫。千万别把它们扔进大垃圾箱里，就像前面我们提到的那个被偶然发现的“记忆箱”一样——虽说那种发现会让历史学家欣喜若狂。此外，虔心祈祷，自己不会受活埋的恐惧的困扰——话说至此，我们来聊聊下一个话题吧，那就是“勇气”的历史……

第十九章

勇气

勇气的历史关乎……

关乎杜松子酒、胃，关乎演讲、一战，关乎女权主义，

以及海难。

勇气的历史极为有意义，能让你收获颇多。但也要小心——勇气并非永远可靠。无论古今，勇气的表现形式都多种多样；它与人的身体、精神力量、荣耀及道德息息相关。与此同时，它又是可以后天获得、根深蒂固的东西。人们甚至可以大量生产勇气。

勇气的种类

以战争史作为勇气历史的开篇再合适不过了。战争史中充斥着关于勇气的故事，倘若仔细观察，你会看到不同种类的勇气。粗略地说，战争史中既有“不抛弃不放弃”的勇气，也有接过指挥棒背水一战的勇气。不妨再说具体一些：1916 年，在索姆河战役（Battle of Somme）中，甘愿当靶子冲锋在前是一种勇气，在听到哨令时依然义无反顾冲向机关枪扫射也是一种勇气；1854 年，在巴拉克拉瓦战役（Battle of Balaclava）中，轻骑兵向枪林弹雨发起冲锋也是一种勇气。当然，以每小时 30 英里的速度冲锋，面对千军万马坚守阵地也是一种勇气。在 1683 年的维也纳战役（Battle of Vienna）中，至少有 3000 名武装骑兵向奥斯曼帝国战线发起冲锋。这也是史上规模最大的一次骑兵冲锋，其惨烈程度难以想象。温斯顿 · 丘吉尔（Winston Churchill）曾描述过一场距今不算太久远的骑兵冲锋行动（第二次世界大战中甚至更多）。1896 至 1898 年英埃战争期间，丘吉尔任第 21 骑兵团团长指挥作战。在苏丹喀土穆（Khartoum）附近打响的乌姆杜尔曼（Omdurman）战役中，英国骑兵猛然发现自己遭到了附近一队托钵僧武士的袭击，于是发起冲锋。“一名骑兵将

一只红腑灰雀撕得粉碎，”丘吉尔继续写道：

> 军官们杀出熙攘的人群；当一堆乱石弹里飞出一把铁耙时，整个骑兵团都冲了出去。在冲破托钵僧军团的阵队后，他们的脚步明显放缓，艰难地从干涸的水道中摸爬出来，身后是牺牲掉的二十位勇士，面前则是需要他们继续冲锋拖垮的千余名阿拉伯人。之后——直到那时，真正的杀戮正式开始；从那一刻起，他们眼中的世界在矛下，在盾后，抑或是在枪背上；他们每个人都有自己独一无二、非同寻常的故事要对你讲述。

随后，丘吉尔以一个见证者的视角探讨了骑士兵团冲锋的本质，见解独到，文采斐然：

> 负隅顽抗的步兵几乎从未遇见过如此负隅顽抗的骑兵。通常情况是，步兵要么在落荒而逃的过程中损失兵力，要么都保住了首级，并用火枪消灭了几乎所有骑兵。这一次，两座“人墙”撞在了一起。托钵僧军团顽强英勇。他们竭力阻挠那些马匹，枪口紧紧戳在阵亡的对手身上不断开火。他们割断缰绳、脚蹬带，游刃有余地举起长矛向敌人投去。他们汲取了那些既熟悉战争又了解骑兵的冷静果敢之人的所有方法；而且，他们手里还挥舞着利剑，剑剑深重。

维也纳战役（Battle of Vienna，1683）

对抗奥斯曼帝国围攻以解救维也纳的战役。波兰国王约翰三世索别斯基（John III Sobieski）领导部分基督教国家成立同盟联军，击败了奥斯曼帝国军队，并反击攻入奥斯曼帝国领地。1453 年，君士坦丁堡（Constantinople）的陷落宣告了奥斯曼帝国在地中海地区侵略活动的开始，而维也纳战役则标志着它的正式结束。

来自信念的勇气

敢于面对冲锋骑兵的勇气并非战场上的“专属品”。1913 年，手无寸铁的艾米丽·戴维森（Emily Davison，1872—1913）站在埃普索姆（Epsom）的赛马跑道上，面对呼啸而来的马群仍纹丝未动，直至死在国王的马蹄之下。为了争取女性选举权，艾米丽勇敢地做出如此壮举。她的勇气可不是大男子主义、军事训练或表忠心的结果。女权主义者的勇气的确曾令她们做出类似的举动——比如将自己拴在篱笆上或朝窗户扔石头。这些行为的背后，意识形态和道德也对她们的勇气起到了强化作用。现代先锋作家弗吉尼亚·沃尔夫（Virginia Woolf，1882—1941）曾在非虚构作品《一个自己的房间》（*A Room of One's Own*，1929）中探讨过这个问题。沃尔夫认真思忖着，倘若莎士比亚有个妹妹会发生什么，她写道：

> 我相信，如果我们（女人）再活个一百年的样子——我指的是广义的普通大众的真实生活，而不是每个人不同于别人的生活，外加每人每年有500（英镑）的收入，并且有属于我们自己的房间；如果我们的内心习惯了自由，而我们又有勇气直抒胸臆；如果我们能偶尔从充满社交氛围的客厅脱身，并从真实的角度而非关系的角度去了解别人……那么，时机终将到来，那位死去的诗人——莎士比亚的妹妹——也就不必总是牺牲真实的自己。

沃尔夫的观点对当时的父权社会造成了极大冲击。她主张女性经济独立，认为普及女性受教育权至关重要，相信教育是女性通向创造力、社会生活及知识自由的必要道路。反抗压迫、申诉正义、推动社会发展与政治变革，这些都是因信念而生的真正勇气，其历史将永载史册。

揭发者

女权主义第一次浪潮时期的典型案例，代表了大胆发声的勇气。这在我们的时代里也不少见。识谎言、吐真相，揭露黑幕，为了真理和正义与“权威”对峙。2013年，爱德华·斯诺登（Edward Snowden）曝光了牵涉无数“民主”政府的全球监视项目；2010年，切尔西·曼宁（Chelsea Manning）披露了美军在阿富汗及伊拉克境内作战期间（2004—2009）的不当行径；1971年，丹尼尔·艾尔斯伯格（Daniel Ellsberg）透露了美国关于越南战争的政治决定；1972 年，代号“深喉”（Deep Throat）的知情者告发了位于华盛顿的民主党总部（水门大厦）遭遇盗窃事件的真实情况，最终导致尼克松总统被迫辞职。告发的勇气看上去似乎是现代社会中的现象。但事实上，起身反抗非法、不道德行为的例子古来有之。关于告发者获得奖赏，现存最早的历史记载竟来自 1300 年前——也就是 7 世纪的英格兰。当时，肯特王威特雷德（Wihtred of Kent）发布声明称：“于安息日工作者，（收入）将全部没收，揭发者可享半数罚金，（被没收的）收入也归揭发者所有。”

美国现存最早的关于保护揭发者的记录，诞生于 1777 年。当时，大陆军海军（Continental Navy）——美国独立战争时期由美国殖民地创建的用于抵抗英国的海军战队——披露了英国俘虏受到的非人虐待。施虐者不是别人，正是大陆军海军司令官伊塞克·霍普金斯（Esek Hopkins）。十名水兵及海军陆战队士兵向新一届大陆会议发起请愿，称霍普金斯“以最不人道、最野蛮的方式对待俘虏”，对此他们非常不满。随后，霍普金斯发起了反击，以诽谤罪将那些士兵告上法庭。而大陆会议也以一条法律做了回击：“在知情的情况下，所有美国公职人员及其他美国居民有义务在第一时间向大陆会议或其他权威部门揭发各州公职人员的不端、诈骗或其他不正当行为。”最终，霍普金斯被停职，大陆会议承担了揭发者的辩护费等相关费用。

荷兰人的勇气

法律秩序维护者勇敢抵抗法律秩序破坏者的历史，也是勇气史的一部分。而另一种——被激发的——勇气更有其独特的历史。虽然借酒壮胆并非战争中的特权，但从词源学的角度来讲，“荷兰人的勇气”（即酒后之勇）刚好与战争有关。这个说法很可能源于在三十年战争（Thirty Years War）期间，英国士兵与荷兰盟军共战法国国王路易十四时喝过的荷兰杜松子酒。“Dutch courage”这个英语口语虽然源于荷兰，但与“going Dutch”（AA 制）或“Dutch uncle”（动辄就要直言训教别人的人）不同，它所指代的是喝酒这一举动——而不是酒本身——能够坚定人的决心。

曾经，各地军官都明白，在逆境中具有镇静抗压作用的酒能成为战士们的强心剂，鼓舞其斗志。皇家海军曾每日定量为水手们提供酒水（1655 年之前为白兰地，后改为朗姆酒）。在出战之前或是重大手术前，如果条件允许，战士们还会得到额外一小杯烈酒，以增强士气、减轻疼痛。1805 年特拉法尔加海战（Battle of Trafalgar）中，当英国舰队靠近法国与西班牙联合舰队时，皇家海军“胜利号”（Victory）上的全体船员都分到了半品脱①白酒。在 1815 年滑铁卢战役中，许多英国兵团在出战前都给战士们分发了白兰地。

讽刺海员痛饮朗姆酒的漫画《来吧，年轻人——上甲板前再喝一杯格罗格》（1840 年）

在第一次世界大战期间，确切地说是 1914 至 1915 年的凛冬，英国决定派军与远征军共同作战，并配发了定量的朗姆酒激发战士们的英勇士气。朗姆酒两周供给一次，前线战士每日分发一次。当时，针对酒精效力的问题，医务人员的观点存在较大分歧，尽管如此，黑卫士军团②第四营医疗长官 J. S. Y.

① 品脱为容积单位，在英国，1 品脱≈ 473 毫升。

② Black Watch，创建于公元 18 世纪的英国陆军步兵部队。

罗杰斯（J. S. Y. Rogers）上校仍然认为：“要不是朗姆酒，这场战争我们恐怕赢不了。战士们在冲锋之前都饱餐了一顿，还喝了两份朗姆酒和咖啡。”第二次世界大战中也有朗姆酒的身影，但供应配额被控制得非常严格；越南战争（Vietnam War，1955—1975）期间，在美军驻越南的军事基地里随处可见供应美军士兵的廉价或免费啤酒。但是，负面影响也随之而来。军营中嗜酒、酗酒现象严重，医疗与人身代价惨重。许多医生表示，军队生活助长了“酒文化”的滋生，并导致一些人嗜酒成瘾。《英国医学杂志》（*British Medical Journal*）1916 年的一篇报道称，酒精消费“在新兵中间盛行，甚至出现了无节制的情况”。

纳粹士兵

被军队用以增强武装力量和战斗力的不止酒精，还有毒品——这都是以化学方法激发勇气和斗志。二战时期，德国纳粹率先尝试，研制出了军用兴奋剂。于是，德军大规模生产了以苯丙胺为主要成分的兴奋剂“柏飞丁”（Pervitin，即现在我们通常所说的“冰毒”），并将其供应给纳粹德国国防军（Wehrmacht），帮助“第三帝国”（Third Reich）赢得了“闪电战”的胜利。1938 年，“柏飞丁”诞生于柏林的一间实验室里。很快，它便引起了德国军医的注意。他们发现，这种神奇的药物可以增强人的警觉度、耐力和胆量。1940 年 4 月至 7 月，短短几个月的时间里，海运输送给德国陆军、海军的“柏飞丁”多达 3500 万片。在德国部队中，使用这类药物的情况非常普遍。诺贝尔奖得主海因里希·伯尔（Heinrich Böll）也曾是一名年轻的德国士兵。1940 年 5 月，他写了一封家书，想让家人再寄一些这种让人上瘾的药物给他。“也许，”他颇为绝望地写道，“你们能再给我寄些‘柏飞丁’来？我好能多备一些，以备不时之需。”在另一封信中，他又写道：“如若可能，拜托再寄些‘柏飞丁’给我。”

1944 年，德国又开始研制另一种效力更为强大的超级毒品——D-IX。科学家们对 D-IX 的效力大为震惊。很快，这种药物便投入生产并输送至德国军队中。对集中营犯人进行的实验显示，服用 D-IX 的受试者在负重的情况下可以无间歇地绕圈行进90公里。不过，1945年二战结束后，D-IX也旋即被停产。该药物并未在纳粹德国国防军中广泛测试。然而，颇为惊人的是，这类具有兴奋剂效果的药物在许多现当代军队中的应用比例丝毫不低。用化学方式能够激发士兵的勇气，赋予其机器人般的耐力与格外残暴的攻击力。20世纪下半叶，对于参加越战的美国士兵来说，搞到一些含有苯丙胺的安非他命片也是相当容易的事。远程侦察兵埃尔顿·曼祖恩（Elton Manzione）回忆起一名海军突击队员曾说过，那些药物“能让你自我感觉很强大，同时又不让你有丝毫困意。影像和声音都被放大，你似乎陷入其中无法自拔，有时会觉得自己坚不可摧”。

演讲

另一种勇气“催化剂”与酒无关，它们是听觉的产物，来自那些激动人心的滔滔演讲。古往今来，多少伟大的历史人物以鼓舞人心的演说词激励人们立下赫赫功绩——马丁·路德·金那著名的演讲《我有一个梦想》；温斯顿·丘吉尔的演讲《我们将在沙滩上战斗》；甚至是1588年8月18日伊丽莎白一世在蒂尔伯里（Tilbury）发表的演说。当时正值无敌舰队之役，为激励国人全员武装加入战斗，伊丽莎白一世召集军队官兵，慷慨激昂地说道：

> 我知道，我有一副柔弱女子的躯体；但是，我拥有一颗强大的君王之心，拥有满腹无畏的君王之勇，更有一颗作为英格兰君王的心，一股英格兰君王之勇。无论帕尔马还是西班牙，或是欧洲任何妄自尊大的王子，邪恶的他们胆敢入侵我的王国……让我英明的将军带领你们作战吧，让我们在军营里万众一心，让我们在战场上勇敢战斗，很快，我们就会凯旋，为我主、我的王国、我的人民战胜那些丑陋的敌人。

伊丽莎白的演讲就是她的战场，雄壮而富有仪式感。8月18日早上，女王在“绅士近卫队”（Gentlemen Pensioners）的严密保护下登上皇家驳船离开伦敦，前往蒂尔伯里。这些近卫队员个个身披铮亮盔甲，头戴羽毛头盔，以保护女王为首任。抵达蒂尔伯里堡（Tilbury Fort）后，伊丽莎白见到了列队迎接她的随行护卫阵容——2000名步兵与1000名骑兵。随后，身穿胸甲的伊丽莎白女王面对集结于此的 17000 名英勇战士发表了演讲。这是都铎王朝最后一位伟大君主的演讲。然而，更为引人注目的是，这次演讲的真实性受到了质疑。事实上，这些极有可能不是女王当天的原话，而是后来为了宣传目的而重新改写、重新包装后的样子。演讲中提到的“满腹”君王之勇意义颇为重大，因为它与勇气息息相关：在英国文化里，你有怎样的胃或肚子，你就有勇气做怎样的事。

暂且不论演讲本身的真实性，历史上诸多激昂的演讲真真切切地激励、鼓舞了许多国家和人们，成功号召人们拿起武器为祖国、家人、原有的生活而战，做出英勇壮举。用莎士比亚《亨利五世》里的话来说就是：“再向那缺口冲一次，好朋友们，再冲一次；否则就用我们英国的阵亡士兵去填补那城墙吧！”①

奖章

再往下说，激发勇气的历史还包括奖章的历史。奖章是认可勇气的一种形式，无论是勇敢战斗的士兵，还是勇敢生活的百姓，奖章都是对他们的奖赏，也是历史学家视为珍宝的研究史料。

>> **瓦里安战争（Varian War）**

罗马皇帝奥古斯都（Augustus）统治时期（前 27—14），抗击由罗马将军普博里乌斯·昆克提利乌斯·瓦卢斯（Publius Quinctilius Varus）率领的日耳曼部落的一场战役。在 9 世纪的条顿堡森林战役（Battle of the Teutoberg Forest）中，瓦卢斯领导的三大罗马军团遭到埋伏，全军覆没，这场战役也普遍被视为罗马史上最大的军事失败。

对战士勇气的嘉奖古来有之，奖章的历史甚至早可追溯至罗马帝国时期的“法勒莱”(phalerae)圆扣式奖章——佩戴在罗马军团级别士兵身上的圆形金、银或铜质徽章。与之相关的史料不在少数。波恩博物馆（Bonn Museum）藏有一座约建于 9 世纪的墓碑，碑上展现的正是一位佩戴荣誉奖章的罗马战

① 梁实秋译，中国广播电视出版社。

士。从他的碑文中我们可以得知，这名战士叫作马可斯·凯利乌斯（Marcus Caelius），是罗马皇帝提图斯（Titus）的儿子，来自博洛尼亚（Bologna），曾为罗马第十八军团（Legio XVIII）百夫长（见图 22），最终在瓦里安战争中壮烈牺牲。墓碑上的凯利乌斯神情自豪，身上佩戴着多枚勋章，其中有四枚便是“法勒莱”圆扣式奖章。1978 年，人们又在出土于罗马尼亚卢普（Lupu）的一个青铜壶里发现了不下七枚“法勒莱”。这些留存下来的奖章图案各异，发现于卢普的那几枚尤为吸引眼球，因为它们表现了达西亚女人的形象——在古代物质文化中，出现达西亚女人形象的情况极为罕见。可见，这几枚“法勒莱”充分证明了奖章作为一种史料所具有的重要价值。

1863 年，美国首次以其最负盛名的勇士奖章——荣誉勋章（Medal of Honor）——嘉奖士兵。迄今为止，授出的荣誉勋章共计 3517 枚。英国第一枚维多利亚十字勋章（Victoria Cross）——英国最高荣誉的勇士勋章——则出现在 1857 年，迄今为止，授出的维多利亚十字勋章也只有 1358 枚。[①]这两款历史悠久的奖章无疑展现了早期奖章的构思和设计理念。话说回来，这可不能代表奖章历史的全部。历史上，还有一款奖章也是讲述奖章史的绝佳案例，那就是铁十字勋章（Iron Cross）——二战时期由德国纳粹授予的勇士勋章。

铁十字勋章

1939 年，希特勒正式决定选择铁十字勋章作为对勇士的嘉奖。勋章上的黑色十字原本与条顿骑士（Teutonic Knight）[②]有关。在第一次世界大战期间，德意志帝国皇帝威廉二世（Kaiser Wilhelm II）就曾向士兵颁发铁十字勋章以示嘉奖。此时在德国军队服役的希特勒（他曾是西方战场上的一名急件信差）了解到了这个符号。一战期间，铁十字勋章只是在普鲁士王国境内授予的奖章。当时，普鲁士王国只是日耳曼帝国的一个部分。在此前的普法战争（Franco-Prussian War，1870—1871）中，威廉二世的祖父威廉一世也曾使用过铁十

① 荣誉勋章与维多利亚十字勋章的数量来自作者著书时的统计数据，至中文版出版时已有更新。

② 始于公元 12 世纪前后，早期多为德意志人。

字勋章。真的要追根溯源的话，铁十字勋章实际上诞生于德意志与拿破仑之间的战争（1813—1814）——彼时，普鲁士国王腓特烈·威廉三世下令设立铁十字勋章作为一种勇士奖章。铁十字勋章在日耳曼历史与文化中已留下深深印记。因此，1939 年，希特勒有意选择了它。他急需使铁十字“与时俱进”，以满足他的政治和军事需要。1939 年 3 月，希特勒将铁十字勋章重塑为德意志奖章，确立了普鲁士军队在纳粹德国国防军乃至整个德意志帝国的核心地位。

铁十字勋章作为勇士奖章的历史由来已久，而希特勒又将其具体划分出五个等级。其中最高等级的奖章——钻石双剑金橡叶骑士铁十字勋章（Knight's Cross with Golden Oak Leaves, Swords and Diamonds）——仅被授予过一次，受奖者为汉斯-乌尔里希·鲁德尔（Hans-Ulrich Rudel）。这名纳粹飞行员凭借一己之力摧毁的敌方各类交通工具多达 800 辆，其中包括 519 辆坦克，并数次成功击毁敌方桥梁、重要供给线及战舰。至战争结束时，鲁德尔共完成了 2530 次飞行任务，无人可与之匹敌。执行任务期间，其飞机被击落或紧急迫降的次数超过 30 次。1945 年 2 月，鲁德尔的右腿被防空炮弹击飞。即便如此，他仍然成功降落到地面。六周之后，他拖着部分愈合的残肢和新装的假肢重返飞行岗位，还带了一个用于保持平衡的重物辅助他掌舵。这枚特殊的勇士奖章可谓是独一无二的，“前无古人后无来者”，因而在整个奖章的历史中也占据着独一无二的重要位置。

拿破仑战争勇士奖章——一等铁十字勋章（1813 年 6 月 1 日版本）

相比军用奖章，嘉奖平民百姓英勇无畏精神的奖章则出现得晚了一些。此类奖章也是多种多样。英国国内最罕见的当数爱德华[①]勋章（Edward Medal）。该勋章的受奖者不分男女，

① 此处指爱德华七世。

最初是为嘉奖那些冒着生命危险挽救工友生命的矿工和采石工而设立的，后适用于码头工人及铁路工人。

怀特黑文矿难

爱德华勋章获得者的故事鲜为人知。不过，留存下来的几个故事都令人深受启发和鼓舞。1910 年 5 月，休·麦肯锡（Hugh McKenzie）发现位于坎布里亚怀特黑文（Whitehaven）的惠灵顿矿点发生爆炸，并随后引发了大火。人们担心——事后印证的确如此——矿工们不会死于爆炸，但爆炸导致的矿井坍塌会将他们活埋。与此同时，大火也正在吞噬着生命，火势异常猛烈。爆炸发生时，当班的 143 名矿工中仅有 7 人生还，年纪最小的遇难者只有 15 岁。许多家庭都一家痛失多口。当地居民旋即被转移。据统计，怀特黑文的居民中，有 85 位女性因此次矿难失去丈夫，260 名儿童失去父亲。因英勇参与救援，矿难后麦肯锡被授予铜质爱德华勋章，此外还有 63 人获得该勋章，这也是历史上为单次事件授发奖章最多的一次。事后，《伦敦公报》（*London Gazette*）曾这样描述矿难英雄们：

> 救援人员奋战了一夜又一天，竭尽全力想要抵达作业区，也就是失踪矿工被掩埋的地点，但火势造成烟雾极度稠密，搜救异常艰难。矿地的一些木材都被点燃了，而通往被困地点的唯一道路也被切断了。矿井井口的场景尤为令人心碎。女人们带着孩子，在井口等待着一切有关自己丈夫和儿子的消息，焦急而痛苦。她们中的许多人在井口待了一整夜外加一整天，却拒绝离开去休息片刻，或是简单修整一下，很多人因长时间未得到休息而筋疲力尽，最终昏倒在地。

更令人感伤的是，后来人们在矿底的墙壁上发现了遇难者留下的粉笔字迹——正如当初担心的那样，爆炸之后，他们真的还活着。

动物之勇

1943 年起，英国开始向动物授予勇士奖章。迄今为止，英国“动物英雄”

最高奖——“迪金勋章”（Dickin Medal）——被颁发的次数有 67 次之多，其中包括 31 条狗、32 只二战信鸽、3 匹马和 1 只猫。[①]在为动物颁发奖章的传统出现之前，人们也会用其他方式缅怀和纪念那些格外勇敢的动物。1824 年，W. 艾力斯 · 高斯林（W. Ellis Gosling）聘请当时杰出的动物肖像画家埃德温 · 兰西尔爵士（Sir Edwin Landseer）为他的爱犬“海王星”绘制一幅肖像。“海王星”是一只纽芬兰犬。当时，这个品种的狗以其优异的海上救生能力而闻名。画中的“海王星”站在海岸边，一副马上就要跃入海中展开救援行动的样子（见图 23）。高斯林用橡木框将这幅画装裱了起来，而这画框的木材也颇有来头——取自特拉法加战役（Battle of Trafalgar，1805）战舰“田纳维尔号”（Temeraire）的船身。此外，高斯林还在底框上加了一块牌匾，将“海王星”的责任感与特拉法加战役中海军司令纳尔逊手下水兵的责任感相比拟。

关于勇气的历史中有一点颇为有趣——一直以来，无论是为了什么，人们总是愿意看到勇气的存在，虽然有时它根本不存在。我们或许可以说：勇气的历史是“假”勇气的历史，或者说是“误认为”勇气的历史。

沉船事件

我们不妨来看看这两次沉船事件：1852 年，“伯肯黑德号”（Birkenhead）沉没；1912 年，“泰坦尼克号”沉没。“伯肯黑德号”是一艘以蒸汽为桨轮动力的铁质运兵舰。1852 年，它载着准备参加科萨战争（Xhosa Wars）的军队从朴次茅斯出发，驶向南非，与之同船的还有士兵们的妻子和孩子共计 600 人。然而，航行至杭斯拜（Gansbaai）小镇附近时，“伯肯黑德号”撞上了一块不明礁石，它试图后退以远离礁石，却不料再次狠狠地撞了上去，直接导致船身一分为二。更不幸的是，救生船的数量太少，不足以承载舰上所有人。于是，妇女和儿童优先得到安置，坐上了运送船员上岸的小船。

① 该数据为作者著书时的统计数据，后数据有更新。

>> **科萨战争（Xhosa Wars，1779—1789）**

科萨部落与欧洲移民在今南非东开普省地区展开的长达数年的一系列战争，最终导致科萨部落全部领地并入英国统治下的开普殖民地，也为非洲南部黑人独立的终结铺平了道路。

很快，各大报纸上关于“伯肯黑德号”沉船事件的报道铺天盖地。如果你对那些报道深信不疑，定会认为英国士兵在沉船发生时是那样沉着勇敢。他们冷静地站在队伍中，让妇女和儿童率先行至安全的地方，远离沉船造成的巨大漩涡。报道中的描述使得士兵们成了在绝境中英勇奉献的典范，“伯肯黑德号”的残骸也成了讲述维多利亚时期军队英雄主义精神的一个经久不衰的例子。据说，在第一次世界大战期间，德皇威廉二世还命人把“伯肯黑德号”的故事讲给战士们听，将其视为体现男子气概与英勇无畏精神的典型案例。

而今，以我们今天对沉船事件中英勇行为的了解，我们再也不能从表面去认识那些充满民族自豪感与父权主义价值观色彩的故事。我们现在终于知道，“伯肯黑德号”上的英雄们是被逼无奈才站在原地不动的；后人一直坚信他们自发让出了救生名额，不仅如此，当时还有许多人并未“原地待命”。

与之相似，1912 年“泰坦尼克号”沉船事件也曾是宣扬“妇女儿童优先”的英雄主义和英勇无畏精神的典范。如今我们清楚地知道，从轮船撞上冰山到其最终沉没的几小时中船上都发生了什么。我们也深知，现实情况是很复杂的。尤其是在那样的情势之下，发生那些事也并非意料之外。在船的这一边，人们的确遵循着“妇女儿童优先”的原则，而在船的另一边则不然。一些男人跳上了坐满妇女的救生船，危及了船上所有人的生命安全，还有一些为了争夺登上救生船的名额在甲板上大打出手；另一些成功坐进救生船上的男人在船还未满员的情况下就把船划走了，拒绝回去救起那些在冰冷海水中挣扎的幸存者；另有一些女人拒绝登船，坚持要求留在自己丈夫、兄弟、父亲、侄子、外甥或是男性朋友身边。事实上，这种复杂的情况在其他沉船事件中也有发生。即使真的遵循“妇女儿童优先”的原则，在大多数情况下，实际的顺序也会是：船长的家人、贵族妇女、白人基督教妇女和儿童，然后才是其他人。

登山运动

纵观古今，勇气无处不在，只不过许多关于勇气的故事都没能被留存下来。勇气的种类多种多样，比如提出约会邀请的勇气，风雨无阻每天去上学的勇气，住院抗击病魔的勇气，或是不为外人所知、日日面临恐吓威胁的勇气。历史学家有责任让这些关于勇气的故事“活”下去，不被历史的滚滚洪流所淹没。

比如那些高山救援的故事。1950 年登山俱乐部急救委员会（First Aid Committee for Mountaineering Clubs）成立之前，无数志愿者勇敢面对奇峰险峻，竭力开展山间救援。委员会成立之前，几次极为严重的意外事故也成了对救援人员的严峻考验，他们在极端恶劣的条件下显示出了非凡的勇气。1903 年，在英格兰湖区（Lake District）斯科菲峰（Scafell）登山灾难中，四名登山者坠亡；1928 年，在峰区（Peak District）发生的意外中，一名登山者从 40 英尺的高空坠落，导致头骨碎裂。英勇无畏的志愿者们以接力的方式将其抬到了安全的山下，成功挽救了这名登山者的生命。尽管几个月后他的腿不得不被截肢，但这次登山救援却促成了登山俱乐部急救委员会的成立——这为我们引出了接下来的话题：“山”的历史……

第二十章

山

山的历史关乎……

关乎自由、偏见，关乎世仇，关乎大象，

还有历史的缺席。

“科学怪人”弗兰肯斯坦

维克多·弗兰肯斯坦对山非常痴迷。在玛丽·雪莱（Mary Shelley）的小说《弗兰肯斯坦》（*Frankenstein*，1818）中，主人公弗兰肯斯坦出现在法国境内的阿尔卑斯山上。惊讶于眼前的风景，内心充满浪漫的感慨——他终归还是属于他的时代。登上曼坦沃特（Montanvert）冰川后，“它让我的心里产生一种欣喜若狂的感觉，仿佛我的灵魂也生出了翅膀，要从这个混沌的世界中飞向欢乐和光明的世界”[①]。然而，山上阴晴变幻，弗兰肯斯坦觉得群山也变得恐怖起来，荒芜而凄凉，带有强烈的哥特风格，似乎威胁迫在眉睫。人们一直都认为勃朗峰（Mont Blanc）具有一种“令人恐惧的壮美”（有人察觉到了这个怪物潜行的踪影吗?!）。

山的“两面性”持续影响着人类历史。弗兰肯斯坦的阿尔卑斯之行恰好捕捉到了这“两面”：时而壮美迷人，时而又恐怖危险。这两种特性皆能升华人的灵魂。在壮美与伟大之余，也让人更加深刻地认识到了自己的微不足道。弗兰肯斯坦的山间体验并不特殊，历史上很多人都有这样的经历。的确，山峰在“高深的历史”中占据着特别的位置。

山峰的变幻其实非常缓慢，因而山峰也成了历史学家非常感兴趣的东西。他们着迷于历史的深层结构，以及人与世界之间长久、不易察觉，却不断改变

① 刘新民译，上海译文出版社。

的关系。纵观历史，从物理、政治、社会及文化角度来讲，山峰总是扮演着“阻碍”的角色；它们是人们开发利用的自然资源（不妨想想淘金热和采矿热）；它们是人类用以征服和驯化的地方，是人们探索与享受的荒野地带。杰出的历史学家费尔南·布罗代尔（Fernand Braudel，1902—1985）在著作《菲利普二世时代的地中海与地中海世界》（*The Mediterranean and the Mediterranean World in the Age of Philip II*，出版于二战后）中颇有洞见地写道：“山峰是第一位的。”布罗代尔最关心的问题是，地理特性对历史上的各个人类社会文明有着怎样的影响，尤其是比利牛斯山和阿尔卑斯山对四面环陆的地中海的影响。

山区的自由

实际上，在 16 世纪的地中海世界，山的一切都关乎自由。历史学家将这种自由称为“山区的自由”[①]。平原和城镇等地势较低的地区很容易受到政府与官僚机构的束缚与影响，而这样的社会与政治结构却很难“征服”高地居民。因为上山的道路充满了艰难险阻，尤其是在积雪漫山的冬天，有些路根本无法通行。封建主义在山上同样行不通。此外，山上没有贵族，没有富人，没有富得流油的神职人员，也没有全副武装的宪兵队将其势力延伸至山顶的村庄里。于是乎，在人口稀少、海拔较高的地区，普通居民得以公然反抗或藐视权威。不仅如此，高地上的传统观念也很强。每个村庄和行政区都有自己的一套执政管理方式，通常都是由村里的长者规范和制定的。

封建社会中形成的“法律制裁”概念并未渗透到这些地方——譬如撒丁岛、科西嘉岛、阿尔巴尼亚等地区。复仇文化与土匪因而在此盛行不衰，直至今日也如此。在科西嘉岛，土匪主要活动于托尔（Tor）至圣阿匹亚诺山（Mount Santo Appiano）一带的荒野地区。其中一个臭名昭著的科西嘉土匪被称为“普鲁奈里的卡普拉辛塔”（Capracinta of Prunelli）。19 世纪初期，其父被判，成为桨帆船的划桨工。为了替父雪耻，卡普拉辛塔与父亲的亲友藏匿于可以逃

---

① mountain freedom，译法取自唐家龙、曾培耿、吴模信译本《菲利普二世时代的地中海与地中海世界》，商务印书馆，2013。

避法律制裁的地方，伺机展开复仇行动。他们从山上长驱而下，仇杀自己的敌人、士兵和间谍，甚至还逮捕了那里的刽子手，并将其处决！据说在 1820 年，卡普拉辛塔从山上的藏身地向该地区发起了三次袭击，为的就是杀死他的岳母，“因为她将他的行径告发给了军队”。

山区的时间

因山而生的地理障碍，在属性不同的社会群体中制造了环境与文化障碍，以及“历史上的广泛运动”。换句话说，那些社会群体好似被封锁在肉冻里的肉——与世隔绝。的确，14 世纪前后，在比利牛斯山上的蒙塔尤村里，人们并不知道在什么时候具体几点，时间只是个相对粗略的概念。当代历史学家甚至认为，在乡村文化中，历史本身就是缺席的，它只存在于“时间之岛”上。从某种程度上说，那些偏远的村庄是无史的，因为它们从未也无法对遥远的过去做任何历史意义的描述和记载。在中世纪和近代早期，欧洲南部山村式的与世隔绝是全世界山间生活的共有特征——自南美洲的安第斯山脉（Andes）至亚洲的喜马拉雅山脉（Himalayas），无一例外。从古到今，山上世界与山下世界的往来沟通非常有限。由于山上的居民文化程度较低，又缺乏正规学习，其书面交流水平受限。这倒是让“口口相传”的方式有了生发的土壤。聊正事、聊新闻、聊八卦，全凭嘴一张。

如此一来，关于山间社会群体的文字史料变得相对匮乏。不过，口述的传统填补了一小块历史缺口。比如在阿尔巴尼亚的偏远山区，古代约定俗成的法则和记忆经过人们世代的口口相传而留存下来。下面这份 20 世纪初的史料记述了来自阿尔巴尼亚北部赛斯（Thethi）村的一位族人的话。从中我们可以看到传统和记忆在无字文化中以怎样的形式发挥作用：

> 我年纪很大了，我曾见过许多年轻人走下山、走进城，去学书本里头的东西，而他们回来后便对父辈的智慧嗤之以鼻，甚至把它们忘得一干二净，嘴里说的都是蠢话，驴唇不对马嘴。而一个人真正见过、经历过的事情，那些他走在路上或坐在火堆旁思考的事情，虽然为数不多，但却是合理的、可靠的。人们会在一个人的时候将这些事情融

进语言和旋律之中，于是，它们便以歌的形式留存在听者的记忆之中。

消逝的文化

可以想见，山脉的独特地理位置对文化传承是一种不小的威胁。不妨来看看塔吉克斯坦（Tajikistan）的扎拉夫尚（Zarafshan）山。在这里我们可以绘制出一种文化缓慢消逝的轨迹，同时又能看到它为了仅有的宝贵生命而做的顽强挣扎。西域古国粟特（Sogdiana）曾经统治了中亚地区一大片疆域，从公元 6 世纪到 11 世纪，前后长达数百年。而今，粟特人的文化已所剩无几。粟特人最重要的身份是商人，他们说的是一种古老的波斯语言。这种语言曾是丝绸之路沿线上人们往来贸易时所使用的主流语言。粟特人在贸易中通常扮演中间人的角色。如果丝绸之路也有“背景音效”的话，那一定是商人们用粟特语讨价还价的嘈杂而又不失欢愉的声音。

如今，粟特国的人口有 1500 人左右，他们聚居在扎拉夫尚深山中的雅格诺布河谷（Yaghnob Valley）地区，因而被称为“雅格诺布人”。他们是粟特族仅存的后人，语言也与粟特语一脉相承。自公元 8 世纪起，阿拉伯哈里发国（Arab caliphate）便开始了对整个中亚地区的文化入侵。公元 10 世纪时，迫于西方伊斯兰教势力扩张的压力，粟特国变得四分五裂。粟特人渐渐喜欢上了山间的生活，因为在那里，他们可以躲避文化入侵带来的分裂与破坏。躲进山里这招也的确奏效。然而，曾经拯救了他们的大山如今正在毁灭他们，正在扼杀这个伟大民族（见图 24）的命脉。他们的文化正在消亡，血脉的传承又遭遇了另一场致命的文化入侵。这一回，入侵者变成了苏联人。20 世纪 70 年代，雅格诺布人不得不迁至扎法拉巴（Zafarabad）地区，直到 80 年代才重新回到雅格诺布河谷。毫无疑问，他们的语言与粟特语一脉相承，他们的孩子都在临时搭建的教室里学习。但遗憾的是，我们了解到，仅有 30% 的粟特语词汇留存了下来，而年长的雅格诺布人也都记不得粟特族的诗歌与文化了。听雅格诺布人讲话，你听到的是世界上最古老、最重要的语言之一，更是这种语言的死亡之声——一种在山地避难所奄奄一息的声音，大山已成为它的牢笼。

山区的居民

得益于一些现代研究项目，历史学家们有机会与雅格诺布人共同生活一段时间，因此对他们有了许多的（但仍远远不够）认识和了解；想要深入了解山的历史，身临其境、身体力行、与当地人面对面交流是必要的功夫。对历史学家来说，重建山间文化与历史最本质的问题是：得到的信息和描述往往来自那些非山区居民。因为山民的文献资料相当匮乏，文化程度又普遍较低，我们几乎无法从他们那里拿到一手资料，却总是能从山下得到文化精英视角的史料——山下的城镇和平原可谓官僚主义者与烦冗档案集聚之地。如此一来，山区居民的形象通常只有两种分类：要么是笨蛋，要么是罪犯。19 世纪法国作家司汤达（Stendhal）曾描述过在耶稣升天节这天，罗马城外萨宾山（Sabine Hills）的居民们冒险下山来到低地的场景：

> 他们走下山，来到圣彼得大教堂庆祝节日……他们穿着粗布斗篷，条纹袜上还系着袜带；一双充满野性的眼睛从蓬乱的黑发缝隙中仔细端详着一切；他们把毡帽放在胸前，长年的雨打日晒把它们变成了红黑色；而与之随行的家人也如这些粗犷的乡下人一样充满了野性的味道。

他们的质朴、他们的服饰以及他们的方言在游人和作家的笔下失去了原本的样子，变成了令人唏嘘感伤的夸张描述；而那些因为工作、节日或迫于高原反应而来到山下的人却往往因为触犯法律被送上法庭，因此被载入史册。对于山民的描述，上述两种方式留存下来的记载都没给出令人满意的答案。终于，因山而起的地域障碍又被社会与文化障碍所替代。

>> 司汤达（Stendhal，1783—1842）

法国作家，原名马里-亨利·贝尔（Marie-Henri Beyle），“司汤达”只是他所用过的诸多笔名中的一个。因擅长人物心理描写而闻名，其现实主义风格作品亦为历史学家提供了绝佳的研究资源。

落基山脉

幸运的是，偶尔仍会有一些关于山间生活的故事存留下来。它们历经艰难困苦，成为人类宝贵的史料资源，其中有两个对19世纪前后美国落基山上生活景象的描述颇为引人注目，二者的角度截然不同。1879年，伊莎贝拉·博德（Isabella Bird，1831—1904）的《山旅札记》（*A Lady's Life in the Rocky Mountains*）一书正式出版，书中详细记录了这位孜孜不倦的英国旅行作家在美国落基山的所见所闻。1914年，传记作家爱莲诺·普鲁伊特·斯图尔特（Elinore Pruitt Stewart，1876—1933）也发表了自己的作品《农庄女主人信札集》（*Letters of a Woman Homesteader*），以书信的形式叙述了她在美国怀俄明州本特福克（Burntfork）地区一座农庄里生活的点点滴滴。

同是对山间生活的描述，伊莎贝拉·博德的角度是一个旁观者，而斯图尔特则是亲历者。后者的描述告诉我们在那里生活究竟是怎样一种体验。当然，两人在描绘山间景象时可能都有所"发挥"，以迎合普罗大众的口味。博德在描述科罗拉多州朗士峰（Long's Peak）的一段旅程时写道："这'辽阔之地'[①]上的远山此刻近在眼前，而近看比远观更为恢宏，现实中比梦境里更加壮美。"期间，"高山迷"博德发现了一座"看上去非常整洁的小木屋"，还遇到了一位英国同乡——格里福斯·伊文斯（Griffith Evans），两人相谈甚欢。借着夜晚的月光，伊文斯还以为博德是"穿着女人外衣的'山居者吉姆'[②]呢！"

>> **伊莎贝拉·博德（Isabella Bird，1831—1904）**

19世纪英国探险家、博物学家，曾游历美洲、大洋洲及亚洲，是英国皇家地理学会（Royal Geographical Society）第一位女性会员，其留存下来的大量信件及多部游记成为历史学家珍视的研究宝藏。代表作有《长江流域旅行记》（*The Yangtze Valley and Beyond*，1899）、《在波斯和库尔德斯坦旅行》（*Journeys in Persia and Kurdistan*，1891）、《在西藏》（*Among the Tibetans*，1894）。

① 引自《以赛亚》（33:17）："你的眼必见王的荣美，必见辽阔之地。"

② Mountain Jim，原名詹姆斯·纳金特（James Nugent），后因埃斯蒂斯公园附近土地的归属问题与格里福斯·伊文斯发生矛盾，被后者开枪杀死。

爱莲诺·普鲁伊特·斯图尔特于1912年给好友康米夫人（Mrs Comey）写了一封信，信中描述了亲身感受到的山间生活：

> 的确，有太多我渴望得到的东西至今我也没有得到，但其实是我对它们的渴望并没有那么深，既没有深到让我对现状不满，也不足以令我无心享受那些属于我的福分。我的家在美丽的青山之中，我的孩子身体健康、人格健全，丈夫体面诚恳，奶牛温柔善良。我还有一座自己建造的花园，我有许许多多的花，它们都由我亲自照料，还有我特别呵护的鸡、火鸡和猪。我还有几匹温驯的老马和一辆老旧货车，随时可以载上孩子们去我想去的地方。

博德和斯图尔特的描述时时提醒着我们：大山既是旅行探险之地，也是人们居住的地方。在远离文明的崎岖山境中生活需要一种尤为独特的勇气与坚韧，需要为了生存而不屈不挠。在上述两个例子中，我们看到山间生活之于两位伟大女性的意义——挑战与冒险。她们扮演了积极活跃的女性角色，颠覆了那个时代对女性的普遍期许。山间生活使女性得以跨越所在时代对固有性别规范的限制。

阿巴拉契亚步道

山区生活还与罗斯福新政息息相关。罗斯福新政是富兰克林·德拉诺·罗斯福（Franklin Delano Roosevelt，1882—1945）就任美国总统后实行的经济刺激政策，以重振因1929年华尔街大崩盘而衰败的美国经济，避免重蹈覆辙。新政的一个核心内容是，筹资完成一系列公共建设工程。于是，在这样的社会、经济大环境下，美国民间资源保护队（Civilian Conservation Corps）正式成立，致力于公共工程的救助工作，为年轻未婚男性创造了许多体力劳动岗位；也在全国各地延展出一系列推动资源环境保护与发展的切实项目，既覆盖桥梁与公路建设，又不乏防洪与林业工程。在此期间，数条跨越美国境内山脉的栈道修建完成，其中就包括著名的阿巴拉契亚步道（Appalachian Trail）。许多关于该工程的图像资料留存了下来，为我们还原了当年的画面，比如1934（或1935）年工程队在田纳西州盖特林堡（Gatlinburg）修建米里岭步道（Miry Ridge Trail）时的场景。这些浩大的公共工程不仅见证了人们对大山的驯服，更为美国主流休闲活动打开了“户外大门”。

汉尼拔

事实上，“驯服”大山这个想法也是有史可循的。征服群山的体验感吸引着无数挑战者前赴后继：今有田部井淳子（Junko Tabei，1939—2016）——1975年，她成为登顶珠峰的第一位女性；古有汉尼拔（Hannibal，前247—前183）——公元前218年，汉尼拔成功穿越了阿尔卑斯山。他的这次远征有趣之处在于，翻山越岭的过程中，他不但率领了一支军队，更带着37头大象。不难想象，在平原和丛林中，大象才更为适应和自在，离开它们栖息的自然环境并走上山路无疑是很大的挑战。这使得汉尼拔成功穿越阿尔卑斯山一行尤为与众不同。汉尼拔的远征所讲述的，是一个男人同时征服有生命的动物与无生命的自然世界的故事。

不过，实际上，大象对山野环境适应得相当好。它们很聪明，会用鼻子试探陌生路面是否可靠，能在狭窄的岩壁上行走，尤其能在清理山路上的积雪时派上大用场。而且，汉尼拔的大象并非我们脑海里所想象的大象，比如动物园、野生动物园里或是我们在野外能见到的那种象。我们认为汉尼拔带领的是北非森林象。它们较印度象稍小一些，现已灭绝。

当然，汉尼拔的功绩并非仅仅带象穿越阿尔卑斯山，而是让它们奇迹般地在此行中存活了下来。野生大象每天的进食时间大约是12小时，或者说每天要吃136至158公斤（大概相当于55块砖的重量）的食物。由于手边并没有合适的天然食物，汉尼拔应该是用驼畜的补给喂的象，导致象群严重营养不良。它们的确活着穿越了阿尔卑斯山，然而，在接下来穿越亚平宁山脉的征程中，存活下来的这37头大象中仅有一头还活着。果不出所料，这场亚平宁之旅早已被历史遗忘。

从古至今，山以其自然景观中不朽的地质构造对我们的方方面面都产生了重要影响。它们是人类文化遗产的见证者，时刻提醒着古与今的联系。它们如那些人造建筑一样，与人类历史有着千丝万缕的联系——既然说到人造建筑，我们不妨来聊聊“烟囱”的历史……

第二十一章

烟囱

烟囱的历史关乎……

关乎走私、邪恶的精灵，关乎童工，（毫无疑问）还关乎圣诞老人。

康沃尔郡

凡是在夏天自驾去过康沃尔郡（Cornwall）的人，想必都会被那些古老的烟囱所吸引。它们散布在英国西南半岛上，在风景中凌乱点缀着。这些称得上是历史遗迹的烟囱，已深深地烙在我们童年的假期里。无论是在圣艾夫（St Ives）、帕德斯托（Padstow），还是茅斯侯尔（Mousehole）、波尔泽斯（Polzeath），它们总是如影随形。古老的烟囱似乎随处可见，仿佛在歌颂那里的古老历史。踏上前往西南各郡的旅程，你最先会遇到的古老烟囱来自矿区建筑遗迹，数量多达数百个，具体修缮状况不一。它们像不容错过的指示牌，将我们带回过去。这些烟囱高高地竖立在贫瘠的高沼地或岩壁顶上，绵延数里，十分显眼，好似课堂上举手的孩子渴望被关注一样。“快来瞧瞧我！”它们喊道，“快看我是谁！”一根根工业式的砖砌烟囱站姿笔直，与周围纯粹的自然环境形成鲜明对比。此景不禁令每一个穿越康沃尔郡腹地的过客在心里打满了问号：这堆烟囱究竟为何会出现在这里？为什么是以这种形式，又为什么在这个位置？它们是怎么留存至今的？

这些壮观的烟囱矗立在英格兰西南地区的脊柱上，格外引人注目。它们不断提醒着我们，西南地区曾经辉煌的矿区与采矿产业史并未被人遗忘（见图 25）。如今，“康沃尔与西德文矿区景观”（Cornwall and West Devon Mining Landscape）已登上世界文化遗产名录，内可比肩巨石阵（Stonehenge）、坎特伯雷大教堂（Canterbury Cathedral）以及布莱尼姆宫（Blenheim Palace），外可媲美泰姬陵（Taj Mahal）、雅典卫城（Acropolis）及马丘比丘（Machu Picchu）。

铜与锡

曾经，英国走在全球采矿技术的最前沿，尤其在铜与锡的开采方面更是名列前茅。而这些原材料对帝国的崛起与没落则又具有非常深远的影响。这些工业式烟囱无疑是那个时代的印证。18 世纪末至 19 世纪初，全球铜供应量的三分之二来自这个小地方。当时，木质舰船常受到水草、藤壶、船蛆的侵害——尤其是船蛆这种巨大又贪婪的蛀木虫，它们会钻进船身对船底结构造成致命的破坏。为了应对这些问题，人们开始用巨大的铜片修建帆船和战舰的船身。铜质船身光滑、坚固，因而行船迅速、持久耐用。除了铜之外，锡的需求量也很大。其中一个原因是，当时储存食物的科技方式日新月异，罐头的需求量不断走高。除此之外，铜和锡都是黄铜与青铜制品中不可或缺的元素。因此，为了大规模生产这些金属制品，西南地区的采矿技术不断革新，尤其是在蒸汽机的使用方面有所创新。自 1800 年起，西德文与康沃尔矿区开始使用新一代高压蒸汽机作业，每平方英寸的压力可达 40 或 50 磅，大约是之前的十倍。由于新型蒸汽机可以更加有效地泵水钻井，矿工们因而能够下到更深的地方作业。可以说，这些为康沃尔矿区研制的蒸汽机推动了全英国乃至全世界的工业革命。

不过，这些恢宏的工业时代丰碑背后却有一段黑暗的故事。技术的确是革新了，但由此带来的人力成本和代价却要由普通矿工来承担。工作环境十分恶劣，矿井狭窄、闷热，空气质量极差，让许多矿工患上了慢性呼吸道疾病，并面临其他严重危害健康的问题。19 世纪末，一位来自康沃尔郡格文纳普（Gwennap）村的矿工回忆称，当时经常会咳出“墨黑色”的痰。

走私

这些荒废已久的烟囱就像矿业遗迹的不朽丰碑。然而，它们可不是康沃尔郡里唯一值得赞颂的烟囱。除此之外还有一种烟囱，最有代表性的典范在法尔茅斯（Falmouth）的旧港口。那里曾是英格兰最重要的港口之一，具有规模大、水域深、安全性高的特点，也是最后一个允许任何途经英吉利海峡向西行驶的船只通过的港口。我们要说的这个烟囱——“国王的烟斗”（见图 26）——就在一条通往港口的小巷里，紧挨着法尔茅斯海关。该烟囱与矿业烟囱遗迹都具有一个重要的特征：它们拥有激发人类历史好奇心的巨大力量。就拿“国王的烟斗”来说吧，它就是个极为普通的方口砖砌烟囱，上细下粗。通常你会觉得烟囱应该是建在房顶上或房顶附近的地方，可这个烟囱它却建在地面上，怎么看怎么怪，与矿区那些烟囱有着异曲同工之“怪”。熟悉的问题又来了：我是谁？我为什么要在这里？不过这些问题的答案将会带我们来到一个截然不同的历史世界。

法尔茅斯的“国王的烟斗”建于大约 18 世纪 40 年代，用于销毁走私烟草。除了法尔茅斯，英国的海岸线上还有一些重要港口也修建了这类烟囱：利物浦、伦敦、怀特海文、拉内利等，而法尔茅斯这个烟囱当属留存下来的最古老的一个。不难想象，这个烟囱的历史关乎着走私、海关税与货物税、税收、罪与罚，以及 18 世纪帝国疆域的扩张。自 17 世纪中期起，英国各君主带领国家投入到了几乎无休止的战争之中，导致国库严重亏空，国债负担日益加重，而维持国家正常运转的经济成本直接转嫁到了黎民百姓身上。于是，加征税费的商品种类多到惊人，其中包括啤酒、食盐、麦芽等。

征税直接导致国内走私活动猛增，政府因此加大了管控的力度。其中针对烟草走私问题的一个做法是，一旦截获走私货物便当众焚烧销毁。“国王的烟斗”正是用来销毁收缴烟草的地方。每次焚烧，法尔茅斯上空都会飘满滚滚黑烟。路过的人见此情景便会说：“国王今天又抽了一斗。”是的，它以这样一种显著的方式告诉法尔茅斯方圆几英里的所有人——无论你在陆地还是海上，海关的兄弟们正在享受抵制走私之战的胜利战果。可见，这个烟囱是英国政府对人造景观的一种利用，是实现公共交流与公共管控的一种方式——与之相似的情况还包括将海盗处以绞刑、吊死非法之徒、烧死女巫，以及将囚徒的首级插在伦敦塔的“叛逆者之门”（Traitors’ Gate）上。这座烟囱也可谓是非法贸易史上的一个重要篇章，它实实在在地矗立在那里，填补着由官方书写的经济史中的空白，让我们离真相越来越近。

>> **“叛逆者之门”（Traitors’ Gate）**

伦敦塔邻水护墙上的一道大门，为爱德华一世（Edward I，1239—1307）下令修建。被押解的囚徒乘驳船沿泰晤士河行至伦敦桥下，被插在矛上的囚徒首级即在此示众。

幸运的意外发现

当然，不是所有的烟囱都以销毁东西而生。2016 年 11 月，一队建筑工人在翻新阿伯丁（Aberdeen）的一个壁炉时发现烟囱被堵住了，似乎是为了防风所用。堵塞物是一堆破布，当它被取下并打开时，人们发现里头“别有洞天”。原来，破布包裹着一大幅世界地图，长约两米，宽约一米五。该幅地图印制于 17 世纪初，由荷兰雕刻师杰拉尔德·瓦尔克（Gerald Valck）亲自操刀。现存的同版地图仅有 3 幅（见图 27）。历史学家们对这一发现非常珍视，苏格兰国家图书馆（National Library of Scotland）已将其收入馆藏。事实上，不光是历史学家，它的主人想必也将其视为珍宝。这类地图极为罕见，价值极为昂贵，本该成为全家人、整个街道甚至全城讨论的焦点。然而，它却如命中注定一般被“囚禁”在烟囱之墓中，直到这一刻才降临到这个世界上。这地图背后有怎样不为人知的故事呢？要是它会说话就好了。

这个烟囱的角色相当于收藏历史资料的档案库。不过，那幅地图可不是从烟囱里幸存下来的唯一史料。1610 年，来自巴勒汉姆（Bareham）的约翰·索斯威尔（Southwell）给他的女婿写了一封信，信中就自己的养老金及坎特伯雷一处房产问题提了一些建议。而这封信却被囤在了烟囱的竖井里，八成是在老丈人去世后放在那里的。那个时代留下来的史料非常罕见。自 19 世纪起，随着人们的文化程度越来越高，从烟囱里留存下来的书面资料简直是五花八门。1985 年，在对位于萨福克郡（Suffolk）厄尔索汉姆村（Earl Soham）的麦芽庄园（Malthouse）进行考古挖掘时，人们发现了一沓串在签子上的书信与票据，还有一些账簿和各种宗教书籍。报纸——报上的日期对历史学家来说往往很有用——也常被用来堵住通风口。人们曾在萨福克郡索尔顿村

（Thorndon）的某个烟囱里发现了一份发行日期为 1850 年 8 月 18 日的《世界新闻报》（*News of the World*）。这或许能表明，当时人们在搬家时会将无用废物弃于烟囱里，书信也会依照寄信人“烧掉这封信”的要求而葬身壁炉。有时候，通过烟囱的气流并未助长壁炉中的火焰，反倒将那些信件吸到了安全地带。

圣诞老人

我们在烟囱里还能发现另一种有趣的信件：孩子们写给圣诞老人的信。这些信为历史学家们带来了莫大的欢乐。“我想要一个洋娃娃还有防水帽衫还有一副手套还有一个太妃糖苹果和一枚 1 便士金币还有一枚 6 便士银币还有一根长长的太妃糖。”1911 年 10 月，家住都柏林的阿尔弗莱德·霍华德（Alfred Howard）——也可能叫汉娜·霍华德（Hannah Howard）——小朋友一口气写了这么多愿望，随后便把它扔进了壁炉里烧掉，等待小精灵们把信捎给圣诞老人。没想到，这封信顺着火焰形成的气流飘到了烟囱里的一个横档处，并在此“安度”了 81 年。这类信件简直是太奇妙了，它们不仅列出了一系列非常具体的物件，更记录了一个孩子的愿望。当然，有时候还有恐惧。这一切都在告诉我们：对待烟囱，不要视而不见——往里头瞧瞧，你绝对想不到会发现些什么。

10 Oakland Ter
Terenure
Dublin
GOOD LUCK
I want a baby doll and a
waterproof with a hood and a
pair of gloves
a gold penny
apple and
sixpence
and a long toffee
GOOD LUCK

1911 年 10 月名为阿尔弗莱德·霍华德（或汉娜·霍华德）的小朋友写给圣诞老人的信

这些写给圣诞老人的信抛出了另一个有趣的话题：那些游走于烟囱里的人——或者说灵魂。如今，我们都知道，圣诞老人会从烟囱里钻出来（虽然这个概念极不现实）。比如像绿毛怪格林奇（Grinch）那样从胡维尔镇（Whoville）的某个烟囱里左扭右扭地爬出来，或是如雷蒙德·布里格斯（Raymond Briggs）1973年创作的《圣诞老爸》（*Father Christmas*）绘本中描画的那样，又或是像那首《圣诞老人卡在烟囱里啦》（*When Santa Got Stuck up the Chimney*）里唱的那样。作为出入家里的一个通道，烟囱还与其他一些圣诞传统息息相关：将长筒袜子挂在壁炉旁、把写给圣诞老人的信“寄”出去，当然必不可少地，还有烧些圣诞圆木。你也许会问，在流行的圣诞传统文化中，烟囱与圣诞老人之间那“剪不断理还乱”的关系究竟是怎么来的呢？

如今我们看到的圣诞老人形象，基本上都源自美国作家克莱蒙特·C. 摩尔（Clement C. Moore）的那首（据说涉嫌抄袭的）诗《圣诞前夜》（*'Twas the Night Before Christmas*）。该诗创作于1822年，共有56句。1823年12月23日，纽约州特洛伊市发行的《哨兵报》（*Sentinel*）刊发了这首诗。不过选用的是最初的题目《圣尼古拉来访》（*A Visit From Saint Nicholas*），而且作者也没有署名。这是人们第一次见到那个“胖乎乎、圆滚滚……乐呵呵的老精灵”：

> 他一句话也没说，直奔自己的工作，把所有的袜子都塞满了；随后突然一转身，食指轻放鼻子旁，点点头，他就顺着烟囱爬走了……

这首描述“爬烟囱的圣尼古拉”的诗还有一位美国“前辈”，那就是美国作家华盛顿·欧文（Washington Irving）的1812年增补版《纽约外史》（*Knickerbocker's History of New York*）。这部小说中的圣尼古拉可没有把礼物扔下来，而是拖着礼物从烟囱里爬出来的。他在狭窄的烟囱道里挤得咣当乱响。正是这些文字描述确立了后来北美地区普遍流行的圣诞老人形象。

>> **华盛顿·欧文（Washington Irving，1783—1859）**

美国作家、历史学家、外交家，美国首位国际畅销作家，代表作有《瑞普·凡·温克》（*Rip Van Winkle*，1819）、《沉睡谷》（*Sleepy Hollow*，1820）及先知穆罕默德（Muhammad）与乔治·华盛顿（George Washington）的传记等。

那些来访的精灵怪物

大西洋上涌现出的这些浪漫主义文字，十有八九源于欧洲早期传统文化。在欧洲民间传说中，烟囱与超自然力量有关。无论好坏，它都扮演着通道的角色。而在基督教世界里，烟囱有时还与冬季庆典活动有关。在希腊和塞尔维亚的传统文化中，卡里堪萨罗伊（Kallikantzaroi）——也就是圣诞小妖怪们——一年中的绝大部分时间都生活在地下。在圣诞节期间的 12 天中，它们会从烟囱里冒出来大肆破坏一通。在意大利传说故事中，一位名叫贝法娜（Befana）的老妪（有时也被称为圣诞女巫）会在主显节（1 月 6 日）前夜来到孩子们的家里，把带来的礼物塞进壁炉旁的鞋子里。早期关于圣尼古拉的描述提到，圣尼古拉把金币顺着烟囱扔了下去。于是在 16 世纪的荷兰就有了这样的传统：孩子们会在圣尼古拉节前夜将鞋子放在壁炉边，等到第二天早上起床之后，他们会在鞋里发现各式各样的礼物和糖果。这些与烟囱有关的传统被欧洲移民带到了美国，在此生根发芽。

人们相信人和物都能从烟囱进进出出。这也就意味着，壁炉成了家中最重要的位置之一，成了存放猫骨、鞋子等五花八门物件的地方。这些“精神贝丘”[①]（基本上都是垃圾堆）的历史甚至可追溯至青铜器时代。它们可能出现在建筑周边各种各样的地方，人们会在那里存放动物尸体或其他物件驱邪避凶。时至今日，人们仍能经常在不列颠群岛地区的一些古建筑周边发现这样古怪的历史遗物。它们为我们叩开了广为流传的迷信文化之门。

① spiritual middens，midden 即指土著居民用来藏匿剩饭剩菜的地方。

由于可以通往屋外，烟囱成了邪恶的超自然力量进入房间的绝佳通道，壁炉也成了极为不堪一击的地方。民间传说中尽是神奇生物从烟囱进到屋里的故事。在苏格兰和英格兰的民间传说故事中，被称为布朗尼的小精灵们会在夜晚顺着烟囱进到家里帮忙做家务。而苏格兰盖尔人则在童话故事中吓唬孩子称，一个名叫伯达克[1]的怪物会从烟囱进来把淘气的孩子抓走。烟囱成了连接自然与超自然世界的狭小通道，迫切需要守护。于是，鞋子担起了护身符的角色，用以趋避妖怪、精灵、女巫、魔鬼。英国斯诺登尼亚公园里有一间受国家信托（National Trust）慈善组织支持和管理的 17 世纪农舍。人们曾在那里发现了一百余只鞋子——很明显，没人会粗心大意到一下子弄丢这么多鞋。

烟囱男孩

话说回来，钻烟囱的队伍里可不只有圣诞老人、女巫、精灵和魔鬼；对于 18 至 19 世纪的孩子们来说，烟囱也是他们干活的地方。彼时，无论是工业用烟囱还是家用烟囱都需要定期清理油烟，通常这项工作都是由烟囱清扫工来完成。不过更常见的情况是，人们会雇用一些年轻的学徒——或者叫作“烟囱男孩”——去完成爬烟囱这样危险的活计。1817 年，一份《下议院 ×× 委员会对受雇清扫烟囱男童个人情况的报告》（*Report from the Committee of the… House of Commons on the Employment of Boy*）简要列述了这些男孩所处的困境。他们中的许多人都是被拐来的，或是从济贫院里抢来的。很多人身上都有清扫烟囱时留下的瘀青和烫伤印记，要花好几个月才能养好。委员会在报告中记录道：

> 由于骨骼尚处在生长状态，这些小小年纪就不得不爬进烟囱清理烟灰的男孩子们的脊椎、四肢都出现了畸形的情况，该情况即便称不上人人皆有，也是十分普遍的；不仅如此，他们还要背负装满烟灰和

[1] bodach，在盖尔语中意为“老人”。

碎布的袋子，不算烟灰，光是那些碎布就重达 20 或 30 磅，而他们有时还要背着袋子走上很远的距离；在爬烟囱的过程中，为了支撑住自己的身体，他们的膝盖和脚踝都被压迫得变了形，尤其是顺着烟囱向下走的时候，由于身体重心完全压在下肢，而双手都用来清理油烟了，膝盖和脚踝受到的压力因而比爬上烟囱时更大。

1851 年，维多利亚时期的改革家亨利 · 梅休（Henry Mayhew）曾在《伦敦劳工与伦敦贫户》（*London Labour and the London Poor*）一书中描述过在议会改革前这些男孩的艰难处境：“那些扫烟囱的男孩大都经历着巨大的磨难，他们居无定所、食不果腹、衣衫褴褛，还不得不爬上又热又窄的烟道，并遭受着诸如烟灰癌等职业病的折磨。”

“烟囱男孩”的不幸遭遇也成为威廉 · 布莱克（William Blake）诗歌中的一个独特主题。他曾在《扫烟囱的小男孩》（*The Chimney Sweeper*）及《伦敦》（*London*）这两首诗中谴责教会对这样的罪恶处境熟视无睹。由于那些烟囱通常只有 7 英寸宽，大约是 18 厘米的样子，爬进爬出本已非常困难，更不要说还得在东拐西拐的烟道里寻找方向。在这样的条件下，向上爬的过程往往非常缓慢，为了加快速度，后面的男孩可能会用钉子扎前面男孩的脚（烧秸秆也有同样功效）。

>> **威廉 · 布莱克（William Blake，1757—1827）**

英国诗人、画家、版画家，英国文学史上最重要的浪漫主义诗人之一。

这样的生活中最可怕的事情之一，便是可能会被困在烟囱里无法脱身。梅休曾描述过这些频繁发生的事故，包括“被堵在狭窄又闷热的烟道里，或者用他们的行话叫作‘卡住了’，有时一‘卡’就是数小时之久，甚至会死在里头”。梅休记述了一个男孩的可怜遭遇。1813 年 3 月的一天，这个男孩干活时被困在了烟囱里，他向自己的师傅喊道：“师傅，我怎么也上不去了；我一定会死在这里了。”为了救人，大家将烟囱凿开了一个洞，好把男孩拽出来。然而，由于烧伤严重，最终他还是不幸离开了人世。

这无疑是烟囱史上极为黑暗的篇章。毕竟，烟囱往往还是与温暖和光亮息息相关。提起烟囱，我们仍常联想到那些发生在壁炉前的故事、那些在壁炉前聊过的天、那些与壁炉有关的回忆。最后的故事的确令人感伤泪目——也为我们引出了下面的话题：“眼泪”的历史……

第二十二章

眼泪

眼泪的历史关乎……

关乎男女对情感的控制，关乎鳄鱼、体液，关乎演讲的“艺术”，

还有奥运会[①]。

眼泪的历史尤为丰富多彩，它会告诉我们人什么时候哭，什么时候不哭，以及那些眼泪是为何而流——喜悦、悲伤、痛苦、沮丧或是其他无法定义的情绪。眼泪的历史复杂多样，而美恰在这繁复之中，你甚至也会为之流泪。

何时哭泣

对于何时应该流泪、何时又该忍住不哭的问题，我们都能很容易地判断。法国哲学家、存在主义哲学元老级人物阿尔贝·加缪（Albert Camus，1913—1960）在小说《局外人》（*L'Étranger*，1942）中探讨了这一主题。小说主人公默索尔在家乡阿尔及尔的言行举止令法国当局大为震惊。他在自己母亲的葬礼上竟然一滴泪也没掉。他在叙述母亲去世前后发生的一些事时阐述了自己为什么会这样：

> ……在妈妈葬礼上“表现得很冷漠”……我大概的确很爱妈妈，但那并没有什么具体意义。正常人或多或少都曾有过希望至亲至爱死去的想法……（葬礼的）承办人说我从未想再见妈妈一面，说我一次也没哭，还说葬礼一结束我就走了，都没在她坟前做最后的哀悼。

在我们看来，默索尔的奇怪之处正是他无泪可流：在相应的场合，却无法

① 关于“奥运会”这方面内容并未在后文中见到。

流露相应的情感。这毕竟是儿子为母亲下葬的场景。双亲的离世是人一生需要面对的最重要的情感危机之一。相比之下更加令人难以面对的恐怕是“白发人送黑发人”。基于这一点，默索尔在葬礼上的冷漠表现无疑具有很强的冲击力，母子二人的关系也因此成了人们关注的焦点。我们不禁会问，他们之间到底发生了什么？他为何对母亲如此无感？又或者他的确感到了失落和悲恸，只是无力表达自己对母亲的感情？

这个故事提醒我们，人的情感是复杂的、个人化的，与过往经历紧密相连。但同时，它也让我们意识到，关于情感，还得具体语境具体分析。拿《局外人》来说，故事发生在 1942 年的阿尔及尔，当时，该地区为纳粹德国和维希法国所控制，又险些遭到发动“火炬行动”（Operation Torch）的盟军进攻，那可是史上最大的军事行动之一。显然，在这样的大环境下，任何人的情感都会被揪着不放。实际上，人们对葬礼上落泪与否这个问题的态度一直因地而异，今日也如此。

>> 火炬行动（Operation Torch）

1942 年 11 月英美盟军对法属北非地区展开的侵略行动，此次联合军事行动具有重要意义，但因主要敌人为法国而常被人忽视。

号啕恸哭

统观古今众多文化传统——包括伊斯兰教及锡克教的传统，在葬礼上号啕恸哭曾是禁忌。但情不自禁地落泪，在各个文化中都是为人接受的表达悲伤的方式。

不过，曾经也有一些地方对号啕恸哭持接受态度。早期伊斯兰文化中，女人在丧葬仪式中扮演着重要的社会角色，她们会为逝者号啕大哭。公元 641 或 642 年，伊斯兰先知穆罕默德的战友、英雄哈立德·伊本·阿尔-瓦立德（Khālid ibn al-Walīd）去世后，一众妇女前来哀悼。许多人都哭得泣不成声，她们把自己的脸颊抓出了血，撕扯着头发，甚至还撕坏了衣服。当时一些宗教首领认为，这些行为有失文明，愤怒地予以谴责。即便是今天，仍有一些传统的埃塞俄比亚部落恪守着类似的风俗传统。

>> **哈立德·伊本·阿尔-瓦立德（Khālid ibn al-Walīd，585—642）**
也被称为“安拉之剑”（Drawn Sword of God），曾参战200余次，被普遍视为历史上最优秀的军事指挥官之一。

女人的恸哭艺术——在守灵时和葬礼上表达悲伤的演技——曾盛行于爱尔兰地区。前基督教时期至20世纪初，爱尔兰妇女在表达悲恸情感的公共仪式活动中一直扮演着主导者的角色。此类仪式（现仍可见于苏格兰）的内容包括夹杂着刺耳哭号的挽诗朗诵。

悲恸的政策

相反的是，在13至14世纪意大利地区的独立小国里，许多教区都明令禁止在哀悼中当众恸哭。在某些地方，人们对待当众哀悼的态度还有性别上的差异：通常，女性被认为更加情绪化、更容易情不自禁地流露情感。因此，相比男性，社会普遍更能接受女性的哀悼。当时，如果哀悼者情绪失控——比如拉拽头发、撕扯衣服、抓挠脸颊或当众号啕大哭，他们会受到处罚。某些地区还会依据实际泪流量对女性哀悼的“级别”进行监管，量化标准未做具体说明。1624年，弗朗西斯·霍华德小姐（Lady Frances Howard）的丈夫伦诺克斯公爵卢多维克·斯图尔特去世。据说，当时她把自己的头发全部剪掉，还作了“其他各种各样的哀悼”秀。这与那种表示尊重的涓涓细泪，完全是两码事。

有时候，人们会花钱雇用职业哀悼者——通常都是女性——来哭丧。她们会用号啕大哭来感染他人情绪，令人们随之啜泣。古希腊戏剧作品中曾提到过这类人。19世纪前的欧洲随处可见她们的身影。2003年，菲律宾喜剧电影《热泪师奶》（*Crying Ladies*，又译作《哭泣的女人》）更是将这一“行当”搬上了大银幕。电影讲述了三位职业哭丧女的故事，她们利用业余时间在马尼拉的唐人街为在菲华人提供“哭丧”服务。当地华人请职业哭丧女为过世的至亲哭丧、披麻戴孝，以浩大的声势来表明逝者是深受爱戴的好人，从而让逝者的灵魂更早升天。今天的非洲仍延续着这一传统。

画廊

葬礼上落泪至少是能被接受的。我们有必要探讨一下哪些场合或地点“眼泪不宜”。随着岁月的变迁，这些场合和地点也许已经发生变化。你或许不太相信，但其中一个有趣的地方便是画廊。

在画廊里哭泣这件事，古今不同。简单来说，过去的人们常会被艺术打动而落泪，相关的史料更是数不胜数。1887 年，据丹麦裔法国印象派画家卡米耶·毕沙罗（Camille Pissarro，1830—1903）回忆，一位名叫海辛泽·鲍齐尔（Hyacinthe Pozier）的朋友看到让·弗朗索瓦·米勒（Jean-François Millet）的一幅画后非常激动。毕沙罗回忆起他这位朋友：

> 我打了招呼，只见他泪流满面，还说自己刚刚被震撼到了。我以为他家里有人去世了，但其实根本不是，他是在看到米勒的油画《晚钟》（*The Angelus*[①]）后深受触动才落泪的。这幅油画不过是米勒最差强人意的作品之一，可如今 50 万法郎也买不下这幅画了。对于围观该画的那些附庸风雅的俗人来说，它恰恰有这种震撼力，令他们争先恐后地来到画前“大受熏陶”！

在艺术作品前感动落泪，这样的事古来有之，如今却很少见了。不过这其中的原因尚不清楚。难道是我们浸淫在电视、电脑、平板和手机带来的视觉刺激里太久，以致对艺术的震撼力麻木不觉了？其实有些画至今仍令人深受触动。为何宗教主题的作品会令有信仰的人感动落泪？为何有些艺术家——比如美国抽象表现主义画家马克·罗斯科（Mark Rothko）——的作品更为动人呢？为何有人会看哭，甚至会激动得昏倒？曾经，在画廊里感到晕眩，是种非常具体而又稀松平常的事情。这样的反应甚至还有自己的名字——以法国作家司汤达命名的“司汤达综合征”（Stendhal Syndrome）。司汤达曾描述，在佛罗伦萨时，他曾有幸参观圣十字教堂（Basilica of Santa Croce，1442 年对外开放）。当他第一次看到 13 世纪佛罗伦萨艺术家乔托（Giotto）伟大的雕

① 又译作《晚祷》。

塑作品（见图 28）时，竟激动到头晕目眩。可见，在画廊里感动落泪，不仅是艺术史上的一部分，更是由艺术而发的极端情感反应史上的有趣篇章。

>> **马克·罗斯科（Mark Rothko，1903—1970）**

出生于俄国的美国艺术家，被视为 20 世纪 40 年代发展于美国纽约的抽象表现主义运动中最为重要的艺术家之一。

孩子们的眼泪

前面我们讨论的都是大人的眼泪，那孩子们的呢？说得再具体些，那婴儿们的呢？婴儿的眼泪可谓热议的历史主题之一，往往能够引起现在的父母们的共鸣。1999 年，产科护士吉娜·福特（Gina Ford）在撰写的一本育儿书中，提出了名为“控制哭泣”（controlled crying）的育儿方法。福特认为，如果婴儿哭泣时放任不管，婴儿便会学会自我安慰。然而，人们对此方法的态度两极分化。无数家长对此观念和方法极为推崇；但还有许多的家长认为这样做会损害孩子的健康发展。有趣的是，我们处理婴儿哭泣问题的方法也是有史可循的。

现在的父母都知道，在婴儿语言能力开始发展之前的几个月里，不同类型的哭声（通常与饥饿、生气、疼痛有关）是与外界交流的重要方式。同样，在 16 到 17 世纪的英格兰，哭泣也被视为孩子自然生理发育过程的一部分。他们所遵循的古希腊医学教育理念，源于希波克拉底（Hippocrates，前 460—前 370）及盖伦（Galen，130—210）。该理念以体液理论为基础，认为人体由四种体液构成：黑胆质、黄或红胆质、血液质、黏液质。男人、女人（当然还有婴儿）的体液平衡状态有所不同，因此在行为与特征方面“男女有别”。此外，疾病也是由体液失衡导致的。治疗方法则是排出体内多余体液。基于这样的医学理念，人们认为，婴儿的体质温润柔软，出生前在满是液体的子宫里积攒了过多体液，哭泣是排出体内多余体液的重要方式。

一切始于婴儿降生后的第一次啼哭。哭声和眼泪意味着婴儿健康。1671 年，助产士简·夏普（Jane Sharp）撰写的《助产士指南》（*The Midwife's*

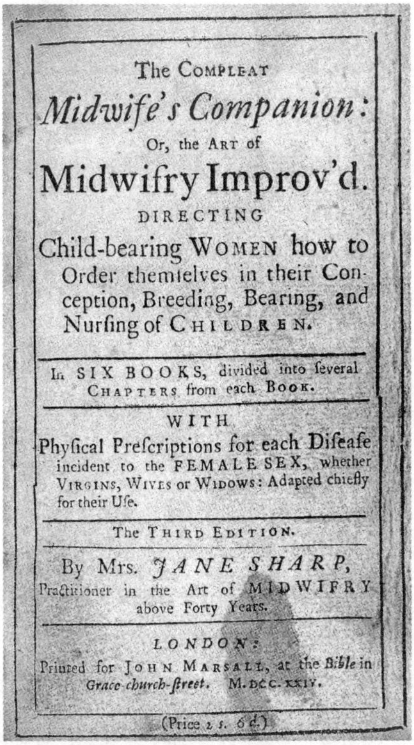
The COMPLEAT
Midwife's Companion:
Or, the ART of
Midwifry Improv'd.
DIRECTING
Child-bearing WOMEN how to Order themſelves in their Conception, Breeding, Bearing, and Nurſing of CHILDREN.

In SIX BOOKS, divided into ſeveral CHAPTERS from each BOOK.

WITH
Phyſical Preſcriptions for each Diſeaſe incident to the FEMALE SEX, whether VIRGINS, WIVES or WIDOWS: Adapted chiefly for their Uſe.

The THIRD EDITION.

By Mrs. *JANE SHARP*, Practitioner in the Art of MIDWIFRY above Forty Years.

LONDON:
Printed for JOHN MARSALL, at the *Bible* in *Grace-church-ſtreet*. M.DCC.XXIV.

(Price 2 s. 6 d.)

简·夏普所著《助产士指南》的扉页

Book）出版，这也是首部由女性撰写的同题材书籍。夏普在书中写道：“你可以让孩子哭一会儿……因为这样有助于令大脑与肺部释放多余体液，并能提高自身体温。”不过，如果出生几天之后仍哭啼不止，那父母就要格外留心了，因为频繁哭号会损害身体健康——那时的人们认为婴儿的骨头中仍然饱含水分，长时间哭号会对婴儿脆弱的骨骼造成伤害。夏普写道，“哭得太多会导致体液含量降低”，换句话说，从眼睛和鼻子（比如感冒时）里排出水分“太过频繁的话，孩子会过度疲劳以致腹痛腹胀”。应对该问题的一个方法，是将婴儿紧裹在包被里，避免其乱动伤到自己后大哭不止。用襁褓包裹小婴儿的方法沿用至今，以确保婴儿有足够的安全感，能够睡个好觉。不过，近期有研究显示，襁褓包裹法与婴儿猝死综合征（SIDS）有关，称该方法或对月龄较大、活动量较大的婴儿并不具有相应功效，并阐述了潜在安全隐患。

眼泪的含义

这无疑表明，随着时间的推移，人们对眼泪的功能及其生理基础的理解也在不断改变。在希波克拉底及中世纪医学概念中，哭泣是为了排出多余体液。这与现代科学理论相去甚远。如今的解释是，当泪腺与大脑中的腺体因情感或疼痛建立起神经元连接时，眼泪便产生了。因此，科学家和心理学家认为眼泪是人对疼痛的一种反应，是疏解紧张情绪和压力的方式，同时也是获取他人回应的一种无声表达方式。这一点非常有意思。成年人够聪明了吧，可我们花了几百年才意识到这个道理——或许我们早该从小宝宝身上寻找答案。

以眼泪为交流工具的概念，为我们开启了一个新的话题——“哭泣策略”，也就是说利用眼泪作为一种情感武器。如此一来，某位对孩子宠溺有加的父亲（詹姆斯没有闺女，他怕是无法体会了）便会成为被“攻击”的对象。只要两个可爱又“狡诈”的掌上明珠，假装哭一哭，老父亲的心便会紧张起来，有求必应。此外，在公众场合哭泣历来是各种政客的惯用手段：比如美国前参议员鲍勃·多尔（Bob Dole）——1996 年，在总统大选中，当美国前总统杰拉尔德·R. 福特（Gerald R. Ford）介绍多尔时，后者哭了起来；又如希拉里·克林顿（Hillary Clinton）——2008 年，希拉里与对手巴拉克·奥巴马（Barack Obama）参与美国大选民主党党内初选。为了展现自己“个人性情”的一面，希拉里在新罕布什尔州的一家餐馆里热泪盈眶。作为一名政客，尤其是女性政客，流露自己情绪化的一面是件风险极高的事。正如希拉里说的那样：“太过情绪化会削弱你的正面形象。男人流泪无妨，可换作是女人，那就是完全不同的事态变化了。”不必吃惊，历史上不乏为了制造演讲效果而主动或故意啜泣的政治人物。即使是“弑君者”奥利弗·克伦威尔也未能免俗。正是他在众人面前为“伟大美好的事业”流下的眼泪，才激发了人们反对议会的战争。保皇主义者约翰·利尔斯比爵士（Sir John Reresby）这样评价他：“眼泪对他来说可谓信手拈来，而且毫无疑问，他是世界上藏得最深的伪君子。”

鳄鱼的眼泪

千百年前，我们就已经给虚伪之泪起了名字——“鳄鱼的眼泪”。这个说法源于一个古老的观念：古时的人们相信，鳄鱼进食的时候会流泪——它们在为自己捕杀的动物哀悼哭泣。关于这一说法的历史记载，最早可追溯至希腊作家普鲁塔克（Plutarch）创作的一系列谚语；后经英国作家约翰·曼德维尔爵士（Sir John Mandeville）在作品《约翰·曼德维尔游记》（*The Travels of John Mandeville*，约创作于 1351 至 1357 年）中的使用，而广泛应用于英语语言中。曼德维尔指出：

正如我之前所说的那样，整个印度境内有大量鳄鱼，那是一种类似长蛇状的动物。夜间，它们栖息在水中，白天则在陆地、岩石间、洞穴中活动。它们整个冬天寸肉不食，只是像入梦一样趴在那里，跟蛇的习性一样。这些“长蛇”食人，食人的时候会流泪；咀嚼猎物时上颚动而下颚不动，且它们没有舌头。

>> **普鲁塔克（Plutarch，46—120）**

希腊历史学家，以作品《对传》（*Parallel lives*）[①]闻名。该书讲述了众多希腊与罗马名人的历史故事，是我们了解古代世界的重要史料。历史学家认为，普鲁塔克留存下来的作品数量仅为其总数的三分之一。

同样，埃德蒙·斯宾塞（Edmund Spenser，1552—1599）在其极具伊丽莎白时期风格的史诗《仙后》（*The Faerie Queene*）中也提到了鳄鱼的眼泪：

当一个弱小的旅行者，那个流浪者
在宽阔的尼罗河泥泞的岸边，
不满足危险的魔杖之路，
见过残忍的狡猾鳄鱼吗？
在正教的欺骗下，
他痛哭，流下温柔的眼泪。
那个愚蠢的人，一直以来都很可怜
他悲痛欲绝的困境，被不知不觉吞没了，
忘了自己，忘了别人的关心……[②]

>> **《仙后》（*The Faerie Queene*，1590）**

作者埃德蒙·斯宾塞，创作于16世纪末。《仙后》是史上最长的英文诗之一，也是借英国骑士的故事反映当时生活的鸿篇寓言。

① 全名为《希腊罗马名人传》（*Plutarch' s Lives of the Noble Greeks and Romans*）。
② 此处摘自邢怡译本，北京时代华文书局，2015年版。

“鳄鱼的眼泪”出现在文学作品中的次数数不胜数，历史更是有千百年之久。莎士比亚在描写奥赛罗确信妻子背叛自己时，提到了该说法。“倘这大地被女人的眼泪所覆盖，”奥赛罗哀怨地说道，“那么她掉下的每一滴泪都会生出一只鳄鱼来。”换句话说，奥赛罗认为妻子苔丝狄蒙娜的眼泪是假的，对此他非常愤怒。

伯纳德·吉拉姆创作于 1884 年的漫画，表现美国陆军上将尤利西斯·S. 格兰特为拉拢犹太选民而为在俄国受难的犹太人流下虚伪的眼泪

几个世纪以来，不止文学家，艺术家们也紧紧抓住“鳄鱼的眼泪”的概念来比喻虚伪。1884 年，美国艺术家伯纳德·吉拉姆（Bernard Gillam，1856—1896）创作了一幅漫画，画面表现了美国陆军上将尤利西斯·S. 格兰特（Ulysses S. Grant）为拉拢犹太选民，为在俄国受难的犹太人流下虚伪的眼泪。要知道，二十年前，也就是美国内战爆发之前，下令驱逐美利坚联盟国[①]境内犹太人的不是别人，正是格兰特。

现在，我们对鳄鱼进食时流泪的现象有了进一步的了解。1700 年，瑞士医生、博物学家约翰·薛泽（John Scheuhzer）首度对鳄鱼流下“自责懊悔”之泪的解释产生了怀疑。他写道：“这个人尽皆知的古老传说背后的理论和事实依据是如此牵强，我们当摒弃该说法才比较理智。”不过，直到 1927 年才有人真正去研究这个问题：为了研究鳄鱼的眼泪，勇敢的乔治·约翰逊（George Johnson）将洋葱与盐混合后涂到四只（八成被激怒了的）鳄鱼的眼睛上，但并未得出什么有价值的结论。2007 年，总算有了正经的科学研究，来解释鳄

① Confederate States，1861 至 1865 年美国南部部分地域存在的政权。

鱼进食流泪的原因。该研究得出了几个有趣的解释。其中一个认为，鳄鱼咀嚼食物时会发出各种声音（呼哧呼哧、吱咕吱咕）。于是空气便会进入鼻窦，迫使眼泪涌出来，眼泪不过是那些声音的“副产品”。这也许让人有些失望，但证据确凿。鳄鱼并非懂得忏悔的良心杀手。总而言之，无论鳄鱼的眼泪是否出于悲伤，人类对动物眼睛的认知史——或许是我们对动物情感的“无知史”——无疑是眼泪史的一部分。

从中世纪到 19 世纪

我们甚至可以通过眼泪观念的认知过程梳理出一个简单的时间线。中世纪时，神秘主义者、异象师玛格丽·肯普（Margery Kempe，约 1373—约 1438）曾在敬神时不可控制地大哭不止。在其口述著作《玛格丽·肯普之书》（*Book of Margery Kempe*）中，她以第三人称描述道：“在神灵的庇佑下，有时她会不由自主地狂哭不止，因为她一直由上帝所控。”待到 16 世纪，敬神祈祷时大哭不止的情况日益增多。尤其是在天主教堂，这种仪式性质的哭泣屡见不鲜。不过新教徒大都不喜欢在公众场合外露情感。

时光流逝，人类进入 18 世纪。18 世纪是注重情感的时代，人们开始留意情感与艺术的影响力，当众哭泣再次成为英国人欣然接受的事情。然而，由于法国大革命的挫伤，此后人们当众释放情绪则被视为幼稚、女人气的表现，甚至会被当作危险的异类。

所以到了 19 世纪，英国人开始变得“不动声色”，鲜在公众场合有任何情感外露。由于受到军国主义及王权帝国的影响，男人们往往会压抑自己的情感。于是英国上下逐渐形成了这种“男子汉”式的行为方式。

男人掉眼泪合适吗？

说到这里，我们不妨聊聊，到底男人可不可以哭。抛开“新好男人”的概念和因名人死难而公开流露出的悲痛，在现代社会中，男人没有女人哭得多。20 世纪 80 年代，生物化学家威廉·H. 弗雷（William H. Frey）所做的一项调查研究发现，女性平均每月哭 5.3 次，而男性仅为 1.3 次。人们历来认为，越是有男子气概的人越不容易哭。对17世纪英国哲学家托马斯·霍布斯（Thomas Hobbes，1588—1679）而言，哭泣是脆弱的表现，是“女流之辈”才做的事情，只有女人、婴儿和社会中的弱势群体才会沉溺于流泪哭泣。

不过，也有不少“男人之泪”会受到认可。当然，主要还是看流的是哪种泪。自怜和恐惧之泪常被视为懦夫和弱者的眼泪，并总会受到苛责；但因同情怜悯别人或因亲友离世而落泪——如果不是那种号啕大哭的话——是被默许的。相比之下，与神有关的泪最受推崇。古来就有忏悔、悔罪之泪，以及对基督拯救之恩的感激热泪。对中世纪的主教来说，啜泣不仅仅只是敬拜上帝仪式中的一部分。有史料记载，罗切斯特主教甘道夫（Gundulf, Bishop of Rochester，1077—1108），“祷告时以虔诚的泪水洗刷我主的圣足！……忏悔时他哭得如此伤心！谁人不曾见过他眼含热泪的样子？”而坎特伯雷大主教托马斯·贝克特（Thomas Becket）据说会“独自一人祷告，直至热泪盈眶的圣迹出现”。但无论如何，在历史上的许多文化中，眼泪仍然是男子气概的反义词，人们始终认为男人都应该是粗犷硬汉，威猛而令人畏惧。说到“威猛而令人畏惧”，我们来谈谈下一个话题——“狮子”的历史……

第二十三章

狮子

狮子的历史关乎……

关乎沉没的战舰、三十年战争，关乎20世纪美国民粹主义，

还有垃圾堆。

狮王

1628年8月10日，斯德哥尔摩的夏天已接近尾声。“瓦萨号”（Vasa）战舰在围观人群的注目下正式启航。奉瑞典国王古斯塔夫·阿道夫（Gustavus Adolphus，1611—1632）之命建造的“瓦萨号”，是有史以来瑞典海军打造的斥资最多、耗时最长的战舰，建造它共消耗了一千棵树。战舰上装有64门大炮，桅杆高达50米，甲板上载着450名士兵和水手。更为令人惊叹的是，船体几乎每一寸都雕刻着华丽多彩的镀金雕刻作品，数量多达几百件。

专门为入侵外国——波兰——而建的“瓦萨号”本应成为瑞典海军的旗舰。它不仅象征着瑞典强大的军事实力，也代表着其非凡的技术能力、艺术技巧，以及帝国野心。建造这艘战舰的花费超过了瑞典国民生产总值的5%。然而，它却沉没了。

该战舰以建立于1523年的瑞典瓦萨王朝命名，不过推动“瓦萨号”战舰建设的人一直是古斯塔夫·阿道夫。战舰上那些复杂而精美的雕刻图案无不彰显着它的“王室血统”。其中最为“直白”的表达无疑是船头那座标志性的雕塑——一只蓄势待扑的狮子。狮子的形象与古斯塔夫·阿道夫国王息息相关。这位国王人称“北方雄狮”（The Lion of the North），甚至还有德语“绰号”——Der Löwe aus Mitternacht，意为“午夜雄狮”（见图29）。今天，这一象征意义显得更为震撼有力，因为我们完全可以直观地去欣赏和感受。“瓦萨号”的沉没无疑是最糟糕的海上悲剧之一。首航即沉于大海，后被人们从斯

德哥尔摩港湾的泥沼中完好无损地打捞上来。“瓦萨号”现展于瓦萨博物馆，该博物馆也是全世界最棒的博物馆之一。

三十年战争期间，古斯塔夫·阿道夫如狮王一般率领瑞典人不断走向强大。“瓦萨号”建造于波（兰）瑞（典）战争（1626—1629）期间，当时，瑞典已经称霸波罗的海地区。古斯塔夫的身影不断出现在战场上，对战争局势产生了重要影响。他想让瑞典人在战场上看到自己，以鼓舞士气，给瑞典人信心。他是雄狮的象征，具有雄狮的性格特点——力量强大、威武凶猛、霸气凛然。部队装甲以及古斯塔夫的私人物品上也经常出现狮子的形象。他同时是在有意“应验”自己雄心勃勃的预言抱负，创造日耳曼传奇——波罗的海地区将被一头来自北方的白色雄狮所拯救。

“百兽之王”

实际上，狮子的形象是任何军国主义君主的首选标志，并非专属于17世纪中期的瑞典国王古斯塔夫。无论是在亚洲、非洲还是欧洲，有“百兽之王”称号的狮子一直与王权有着极为密切的联系。因为它象征着威严、勇气、力量，英勇而凶猛。当然，狮子并不是象征王权的唯一标志，熊和野猪也是比较常见的选择。

在古斯塔夫·阿道夫之前的中世纪时期，以“狮”的绰号象征王权贵族之英勇的武王不在少数：萨克森与巴伐利亚公爵“狮子亨利”（Henry the Lion，1129—1195），德语写法为“Heinrich der Löwe”；苏格兰国王“狮子威廉”（William the Lion，1165—1214），近来这位传奇人物颇受关注，因为美国参议员约翰·麦凯恩（John McCain）和美国前总统奥巴马都声称自己拥有这位苏格兰国王的血统；弗兰德斯伯爵罗伯特三世“弗兰德斯之狮”（The Lion of Flanders， 1249—1322），荷兰语写法为“De Leeuw van Vlaanderen”；以及英语母语者大都耳熟能详的，带领十字军东征的英格兰国王理查一世“狮心王理查”（Richard the Lionheart，1157—1199），法语写法为“Richard Coeur de Lion”。理查一世英勇善战的传奇事迹使他一生都以“狮心王”的绰号为人所熟知。第三次十字军东征结束后，他在返回英格兰的途中被囚禁在德国。法国编年史作者吉拉姆·勒布雷顿（Guillaume le Breton，1165—1225）在记录理查囚禁于德国的这段历史时称，理查“口才极佳，谈吐极有帝王风度，极具‘狮心’之势，好似坐在英国林肯或法国卡昂某个世代帝王宝座上一样”。

纹章

以狮子形象作为纹章图案的历史，可追溯至公元12世纪，也就是纹章发展的早期。被用于英格兰足球队队服上的英格兰皇家纹章“三狮”图案，与理查一世有关。一些历史学家认为，理查一世很可能是从其父亲那里得来的“三狮”纹章灵感。相比作为帝国象征的老鹰，狮子出现在纹章中的频率要高得多，与骑士精神的关系也越来越密切。1513年9月，英格兰军队在弗洛登战役（Battle of Flodden）中大败苏格兰，詹姆斯四世在战场上阵亡。这也是英格兰与苏格兰之间规模最大的一场陆地战役。一直与王室保持密切关系的霍华德家族对此次英格兰的胜利起到了极为重要的作用。其中，萨里伯爵托马斯·霍华德（Thomas Howard，Earl of Surrey）是英格兰北方军队的中将。战役结束后，霍华德授勋诺福克公爵，其子——名字也叫托马斯（1473—1554）——也从勋爵升为萨里伯爵。父子两人也都得到了封地与年金。不仅如此，为纪念霍华德家族在弗洛登战役中的贡献，家族的纹章图案从此多了一头被一支利箭刺穿喉咙的狮子——这狮子即代表苏格兰。

霍华德家族的盾形纹章，图案中象征苏格兰的狮子喉咙被一支利箭刺穿（左图）；
象征英格兰的“三狮”图案盾形纹章（右图）

>> 弗洛登战役（Battle of Flodden，1513）

于英格兰北部诺森伯兰郡（Northumberland）某县展开的一场战役，英格兰军队最终取得了决定性胜利，一举击败由詹姆斯四世率领的苏格兰入侵者。这也是英格兰与苏格兰之间规模最大的一场战役。

时至今日，将统治者与狮子联系起来的例子仍然屡见不鲜，许多国家的纹章图案上都有狮子的身影，比如芬兰、挪威、苏格兰王国，还有瑞典。此外，狮子也是一个古老的犹太–基督教（Judaeo-Christian）象征符号，耶路撒冷的市徽即名为“犹大之狮”（Lion of Judah）。

以狮为宠

不光狮子的形象大受欢迎，实实在在的活狮子也曾是各大君主觊觎的“宠物”——毕竟，一个普通的农民也就只能养些鸡鸭，但唯有真正的王子可以拥有一头狮子。1235 年，神圣罗马皇帝腓特烈二世（Frederick II）赠予英格兰国王亨利三世[①]（1216—1272）三只“豹子”——实际上应该是狮子，代表英格兰纹章上的三只雄狮。亨利对这份礼物十分着迷，甚至决定在伦敦塔建一座动物园——这就是后来存在了六百余年的皇家动物园（Royal Menagerie）。随后，这三头狮子又迎来了新伙伴：1252 年来了一只北极熊；1255 年来了一头非洲象。最近，关于伦敦塔出土文物的研究发现，让我们对这三头狮子有了更深的了解。1930 年，人们在护城河里发现了两具动物头骨，这也是中世纪欧洲仅存的大型猫科动物遗骸。经牛津大学及伦敦自然历史博物馆的 DNA 专家研究确认，它们是两头雄性“巴巴里狮子”（Barbary lions）的头骨。这种狮子在当时常见于北非地区，鬣毛暗黑浓密[②]。其中一头存在于大约 1280 至 1385 年，另一头“年轻”一些的则来自 1420 至 1480 年。它们死亡时都才三四岁而已。

① 原文中为“Henry II”，据查应为“Henry III”，此处已改为“亨利三世”。

② 1942 年，最后一头野生巴巴里狮子于摩洛哥阿特拉斯山上被射杀。

养狮子的传统绝非英国人独有。1648 年，三十年战争结束时，瑞典人占领了布拉格，并在那里擒住一头狮子，可能是以此象征对捷克领土的成功占领。后来，狮子被带回了斯德哥尔摩。在 1663 年去世前，它一直吸引着人们的眼球，无数人前来围观狮子与其他动物打斗。法国国王路易十六（Louis XVI，1754—1793）也曾养过狮子。而距今最近——恐怕也是最知名——的例子莫过于埃塞俄比亚帝国皇帝海尔·塞拉西（Haile Selassie，1892—1975），他养的狮子鬣毛暗黑蓬乱，曾游走于中世纪英国几任国王的动物园里。据说，海尔·塞拉西的狮子也有后代留存了下来。如今我们可以在埃塞俄比亚首都亚的斯亚贝巴动物园看到它们的身影。

主教与政客

其实，不只是君主，教皇也与狮子有着密切关系。自公元 440 年利奥一世成为罗马教皇以来，共有 13 位教皇选用了“利奥”（拉丁语中意为“狮子”）作为自己的名号，其中包括巴约讷教皇圣利奥（St Leo of Bayonne，公元 785 年去世）、卡塔尼亚教皇圣利奥（St Leo of Catania，约公元 900 年去世），以及蒙特菲尔特罗教皇圣利奥（St Leo of Montefeltro，公元 366 年去世）。他们之所以选择“利奥”这个名字，或许也是因为它与力量、刚毅等品质紧密的联系。狮子的“粉丝”中还有政客的身影。阿萨德家族是当今叙利亚的统治者，该姓氏由衔位“阿萨德”而来，在阿拉伯语中即意为“狮子”。1927 年，叙利亚现任总统巴沙尔·阿萨德（Bashar Al-Assad，自 2000 年执政至今）的祖父阿里·苏莱曼·瓦希什（Ali Sulayman al-Wahhish，1875—1963）将自己的名字正式改为阿里·苏莱曼·阿萨德，就此开启“阿萨德”时代。20 世纪初期印度独立运动期间，印度自由主义战士拉拉·拉吉帕特·拉伊（Lala Lajpat Rai，1865—1928）被当地人称为“旁遮普之狮”（Lion of Punjab）。该称呼即取自锡克教领袖大君兰吉特·辛格（Maharaja Ranjit Singh，1780—1839）的绰号“旁遮普之狮”。18 世纪时，辛格率军打败了普什图人，建立起锡克王国。锡克王国鼎盛时期的疆土北起开伯尔山口（Khyber Pass，今阿富汗境内），南至印度西部拉贾斯坦邦塔尔沙漠（Thar

Desert of Rajasthan）。彼时，印度次大陆绝大多数地区已沦为英国领地，锡克王国也因此成为印度独立的希望之光。

>> **大教皇圣利奥一世（Leo the Great，400 至 461 年在任）**

历史上最为重要的教皇之一，其留存下来的布道记载多达百余篇，成为史学家们重要的研究史料。452 年，圣利奥一世成功劝说匈奴首领阿提拉停止入侵意大利。

这一节我们聊了狮子与君王政客之间的联系。后者将前者视为凶猛强大的统治者、“百兽之王”，这些内容为我们引出了另一段有趣而意想不到的故事，其中狮子的形象也发生了截然相反的变化。下面我们就看看狮子象征懦弱的历史吧。

胆小的狮子

西方历史中，的确有一只胆小的狮子占据着重要的地位，它就是《绿野仙踪》（*The Wizard of Oz*）里那头深受人们喜爱的狮子。由弗兰克·鲍姆创作于 19 世纪 90 年代末期的《绿野仙踪》，被改编成话剧后又以电影的形式被搬上大银幕，在 20 世纪 30 年代吸引了数百万观众走进电影院观看。截至 1956 年，该书已售出 300 万册之多。主人公桃乐丝与铁皮人（无心）、稻草人（无脑）、胆小狮（无胆）以及爱犬托托一起寻找回家之路的故事，成为有史以来最著名的童话故事之一。如果你看过《绿野仙踪》的书或电影——你肯定看过，一定会对这些奇幻的人物和他们走过的地方感到惊奇。除了刚刚提到的那些角色，桃乐丝还遇到了五花八门的人和事物，比如巫婆、神奇的拖鞋、金色砖路、小矮人、翡翠城、一位特别的男巫以及无数光怪陆离的事情。你不禁会想，这到底都是怎么回事?

实际上，答案一直都在书里。只不过，直到 1964 年大家才知晓。当时，来自美国中西部的史学家、教师亨利·M. 里特菲尔德（Henry M. Littlefield，1933—2000）灵光一现，洞穿了这个奇幻故事背后无人察觉的东西。里特菲尔德发现，“破译”故事“密码”的其中一个线索，就是那只特征有悖常理的“大猫”——胆小狮。在它身上，我们可以看到 19 至 20 世纪转折时期美国政治的复杂性：彼时，美国正在向田园牧歌式的过去告别，迈入一个激动人心又令人生畏的工业化未来。

1896 年的美国政治深受“一个问题、一个运动、两个人物”的影响。其中，“一个问题”又被称为“金融货币问题”，即美国是否应该创立并流通属于自己的货币。自 1782 年美国各州完全从英国独立之后，这个问题便一直是人们讨论的焦点，争论之声有时颇为激烈。“一个运动”即“民粹主义运动”，该运动的领导者是那些没有权利地位的平民，也就是农民和工人。他们认为自己理应享有的话语权被精英或贵族代表了。不仅如此，该运动的领导者——共和党人威廉·麦金莱（William McKinley）和民主党人威廉·詹宁斯·布莱恩（William Jennings Bryan）——还参加了 1896 年的总统选举。

布莱恩曾三次竞选美国总统（三次均以失败告终），被誉为同时代甚至是史上最优秀的美国政治演说家之一。他就像一头雄狮，将人们的注意力玩于股掌之间，用洪亮的声音和极具魔力的遣词造句吸引了无数人的眼球。尤其值得一提的是，1896 年他在美国民主党全国代表大会（Democratic National Convention）上的演讲，一直被众多历史学家及记者视为美国政治史上最重

关于威廉·詹宁斯·布莱恩的漫画《谁在乎合唱——会叫的狗根本没胆子咬人》
[1896 年 8 月 15 日刊登于《落基山新闻报》（*Rocky Mountain News*）]

要的演讲之一。当时，人们称他的讲话“犹如催眠术一般”“极具吸引力”。对任何政客来说，这样的形容词无疑是极高的嘉奖。此外，他还做了一件别人从未做过的事情——1896 年总统大选期间，他独自一人跨越 18000 多英里，与各地民众近距离接触，演说、拉票。对一名政治家而言，他在群众中的声望之高可谓“前无古人”。

倘若有哪个政治家配得上“狮子”的称号，那非布莱恩莫属。对此，当时的政治漫画家们始终谙熟于心。而且，他们也没有忘记，“狮子”（lion）与“布莱恩”（Bryan）简直是天造地设般地押韵。

在刚刚提到的“金融货币问题”中，许多有影响力的人都支持“银本位”而非“金本位”的货币标准，布莱恩便是其中之一。1896 年大选时，布莱恩曾煞有介事地发声，支持民粹主义者。然而，在 1900 年大选时，他却没有再次挺身而出，同时表示不支持美国参加 1898 年夏天爆发的美（国）西（班牙）战争——虽然短暂，但代价惨痛。这件事情让布莱恩登上了各大报纸的头版头条，吸引了无数政客的眼球。布莱恩也因此被形容为一只“胆小的”狮子。对许多曾经支持他的人来说，此次所作所为带有明显的懦夫色彩。

因此，在 19 世纪 90 年代美国政治的语境下，我们不难看出《绿野仙踪》里映射了这位美国领导人的形象。那么这个故事的“潜台词”也能说得通了。在原著中，桃乐丝的拖鞋是银色而非红色的。她穿着银色的拖鞋走在金色的砖路上，最后终于发现原来解决她所有烦恼的办法，就藏在她的银拖鞋里。这其实影射了当时布莱恩与麦金莱之间的“银本位”与“金本位”的争论。故事中，银拖鞋（“银本位”）解决了桃乐丝（美国）所有的经济困难。我们再来看看，其他角色在这样的语境下都有怎样的含义：铁皮人代表冷漠的工厂工人，他们在科技的掌控下变成了无情的机器；稻草人代表中西部的农民，当时的媒体纷纷嘲笑他们“糊里糊涂的”；男巫奥兹代表当时——或此后任一届——的总统，他们其实是不会任何魔法的普通人，但是能让每个人都得到自己想要的东西；翡翠城代表华盛顿，这里是总统居住的地方，而翡翠的绿色也是当时美元纸币背面的颜色；邪恶的东方女巫代表资本主义东岸城市的工业家与银行家，他们牢牢控制着西岸城市的命脉；可爱的托托代表滴酒不沾的禁酒主义者，他们是“银本位”联盟的重要组成部分；而奥兹的英文单词“Oz”则是金银计量单位“盎司”（1 磅等于 16 盎司）的缩写，这也是当时货币大讨论中的关键问题。

不过，这些错综复杂的问题，丝毫没有触及鲍姆作品本身的复杂性。《绿野仙踪》是我们洞悉美国政治的一扇窗，是对 20 世纪 90 年代文化问题的复杂性与矛盾性的一种隐喻。而揭开其中奥秘的一把钥匙竟是那只“胆小的”狮子。

猎狮

这部分历史与政治讽刺、美国经济及 1896 年总统大选息息相关。然而，关于狮子胆小的历史并不止于此。1987 年，来自美国亚利桑那大学的一位环境生物学教授在经过图森市（Tucson）市外的路边垃圾站时，偶然发现了一些被丢弃的信件。这些信件来自一位名叫 W. S. 拉克纳（W. S. Lackner）的牙医，好巧不巧地，他竟然还是个猎狮者。

拉克纳感兴趣的“狮子”其实不是严格意义上的狮子，而是美洲狮（Felis concolor）——一种豹子，为包括家猫在内的体型较小的猫属动物中最大的一种。它们原产于北美洲，距今已有一千年的历史。人类与它们“建交”时间并不长，在它们的记忆中也就是一眨眼的工夫。只可惜，对这些高山大猫来说，即便是这么短的时间，也足以称得上是一段可怕的不快经历。与人类产生交集一定是它们永远的憾事。

拉克纳的书信为我们还原了当时的故事。信的内容围绕猎狮展开，包括组织和宣传猎杀活动、庆祝猎杀成功、憾言与回忆失败的经历、讨论培育猎狮犬以及它们应具备的特质，还有狩猎许可等问题。这些信无疑打开了一扇全新的窗口，带我们走进一个失落的世界，回到人类不顾一切猎杀直至将美洲狮赶尽杀绝的时代。

美洲狮是一些美洲土著部落心中的圣物。然而，自打欧洲人踏上美洲大陆开始，它们就不断被猎杀，现已濒临灭绝。虽然猎杀的动机因时代和地点而异，但最初的原因还是与欧洲农耕方式有着错综复杂的关系。种植庄稼与养殖牲畜少不了对自然环境的管控，这就意味着人们不得不严控诸如美洲狮这样的食肉动物。于是，猎狮成了一些人的业余活动。对另一些人来说，猎狮也是他们的收入来源。19 世纪 50 年代时，猎狮的赏金以狮头数计，或视打赏人与捕猎者之间的关系而定。我们不妨看看在垃圾站里捡到的一封写于1936年的信：

寄：

亚利桑那州图森市斯通大道79号

W. S. 拉克纳医生 收

亲爱的拉克纳医生：

感谢您寄来的两张美洲狮皮，我们将分别收取7.50和8.50美元的制革费——因为其中一张皮相对较大。您想用这两张狮皮制作两件狮口大张的全身狮皮毯子吗？如果需要的话，我们愿为您效劳……

您忠诚的

乔纳斯兄弟制皮公司

科拉曼·乔纳斯 亲笔

可见，乔纳斯兄弟制皮公司在推广美洲狮皮制革业务。这曾是一桩大买卖。1907至1977年这70年间，共有68000头美洲狮被猎杀，其中有很多都是吃了被猎人下毒的动物死尸而死的。到了20世纪20年代的时候，美洲狮在密西西比河以东的大部分州已绝迹。

让我们回到“懦弱”这个主题上的，是拉克纳曾发表的一篇文章。1936年，拉克纳为《户外生活》（*Outdoor Life*）杂志撰写了一篇稿子，文中描述了自己近期的一次狩猎经历。他写道，美洲狮是“动物世界里的黑帮，是罪犯、毁灭者，越早消灭掉它们越好”。接着，他又写到自己成功猎杀了四头美洲狮的战绩：“我终结了它们捕杀鹿群、逍遥法外的罪恶生涯。”他还在文章中称美洲狮为“嗜血杀手、十足的懦夫”，又称它们是“最懦弱的掠食性动物”。

贬损美洲狮的队伍中绝非只有拉克纳一人。我们查到许多史料证明这样的观点非常普遍，就连美国前总统罗斯福也曾写过类似的话。1913年，在参加完大峡谷猎狮活动后，西奥多·罗斯福（Theodore Roosevelt）曾描述美洲狮为“鹿的毁灭者、鬼祟杀手，与生俱来的怯懦和残忍”。

关于狮子“懦弱”“怯懦”的说法究竟始初何处我们不得而知，但也许能从捕杀它们的方式看出一些端倪。时至今日，美洲狮仍是人们猎杀的对象，数条猎狮犬围追堵截将其逼到树上，最终走投无路直至被人射死。拉克纳得意扬

以狩猎大型动物而闻名的科拉曼·乔纳斯（Coloman Jonas）展示“三大洲杀手”的兽皮（拍摄于 1932 年 3 月“《丹佛邮报》杯”格伦伍德斯普林猎狮活动举办前）

扬地写道：“那个猎鹿杀手像恶毒的斑猫似的趴在树上，树下群犬狂吠，只听得一声枪响，这头黄褐色的狮子便一头栽进了咆哮的狗群里……”

同样被人类猎杀，以至几近灭绝的动物还有像狼和灰熊这样的捕食者。好消息是，美洲狮现已逐渐回归北美山野；坏消息是，美国有十个州、加拿大有两个省仍视猎杀美洲狮为合法活动。[1]

这再次证明，偶然的发现会改变我们对历史的认识和看法。回过头来看，谁能料到一个垃圾站能帮我们揭开这样一段不为人知的历史呢？说到垃圾站，我们就不得不聊聊下面这个既宽泛又重要的话题，那就是“垃圾”的历史……

① 美国的十个州分别为亚利桑那州、科罗拉多州、爱达荷州、蒙大拿州、内华达州、新墨西哥州、俄勒冈州、犹他州、华盛顿州以及怀俄明州；加拿大的两个省分别为阿尔伯塔省、不列颠哥伦比亚省。

第二十四章

垃圾

垃圾的历史关乎……

关乎真理、不为人知的习惯，

关乎古埃及摔跤比赛的作弊、糖果，

还有政治不满。

垃圾的历史有关被人们选择忘记和遗弃的东西，而忘记和遗弃往往与历史背道而驰。从本质上看，垃圾站与档案馆是对立的。不过，历史学家并不会因此对垃圾丧失兴趣——事实恰恰相反，他们觉得垃圾迷人有趣。

什么能扔？

从某种意义上说，垃圾历史所讨论的，是过去的人们觉得“用后即丢也无妨”的东西。曾经实用或珍贵的物件，也可能会变得无关紧要或令人厌烦，甚至会因为它们所代表的东西而惹人讨厌：东西买完了，购物清单也就没什么用了；工作都做完了，待办事项表也就没什么意义了；恋爱关系破裂后，一封从未拆阅的来自前任的情书，八成也只能在历史的垃圾桶里度过余生了。这些东西无一不在诉说着自己的过去，诉说着与之有关的人和自己被遗弃的故事。有时候，它们甚至会深深影响我们对历史的理解和认识。

1617 年，第八代什鲁斯伯里伯爵（Earl of Shrewsbury）爱德华·塔尔博特（Edward Talbot）去世，没有留下任何一个男性子嗣。塔尔博特家因此断了男性继承人的香火。于是，爱德华·塔尔博特的大部分地产就归入了第六代诺福克公爵（Duke of Norfolk）的名下。除此之外，诺福克公爵还得到了一大堆关于历代什鲁斯伯里伯爵的文件。然而，他对这些文件毫无兴趣，更无心保管。到英国内战时，这些文件已腐朽不堪。

成功挽救回来的信件

1671 年，古董商人奈森尼尔·约翰逊（Nathaniel Johnson）在一间狩猎小屋里发现了这些腐朽发霉、无人看管的文件。约翰逊写道：

> 我在成堆的废弃文件中救回了这些信，它们被老鼠和潮湿的环境蹂躏得不成样子，收拾了几次，我已经整理了十五卷了，然而还有更多亟待整理。

于是，一个人无视的垃圾被另一个人重拾——而后者对书写历史颇感兴趣。如此一来，这些“垃圾”又重新变得无比珍贵。它们讲述了 1074 年塔尔博特家族的故事。是年，“什鲁斯伯里伯爵”的世袭头衔被正式授予罗杰·德·蒙哥马利（Roger de Montgomery）——“征服者威廉”最重要的辅臣之一。这一发现对历史学家们来说简直像中了大奖。当然，对于垃圾价值的认识和理解，也是考古学的重要基础之一。我们之所以能够了解文字出现之前的古老文明，其中一个原因正是那些经过历代社会变迁和文化传承而留存下来的“垃圾”。是它们为我们还原了古人的生活细节。我们对古代世界的了解恰恰得益于被人们藏匿、埋葬和丢弃的东西。

罗杰·德·蒙哥马利（Roger de Montgomery，？—1094）

第一代什鲁斯伯里伯爵，“征服者”威廉统治时期英格兰的重要权贵之一，威廉一世曾赏赐其国内大部分土地——今天的西萨塞克斯地区，是威廉一世和二世在位时期最富有的直属封臣。

50 万枚纸莎草手稿残片

1895 年的一次偶然发现揭开了古代文明的又一层面纱。由古文字学家伯纳德·派恩·格兰菲尔（Bernard Pyne Grenfell）及其朋友阿瑟·萨里奇·亨特（Arthur Surridge Hunt）等人组成的考古队，开始了对埃及古城奥克西林克斯（Oxyrhynchus）附近一个古代垃圾倾倒遗址的挖掘。该地点位于埃及首都开罗西南 100 英里左右。他们挖掘出了（准确地说是“从垃圾堆里捡到了”）超过 50 万枚来自公元前 1 至 6 世纪的纸莎草手稿残片。当时，该挖掘地属于罗马帝国统治下的北非（Roman North Africa）地区。这一考古发现被称为奥克西林克斯纸草合集。毫无疑问，这也是史上最具文化价值的考古发现之一。

这些幸存下来的史料包括文学作品、信件、账簿、法律文件、税据以及一些羊皮纸档案（见图 30）。其中包括希腊诗人品达（Pindar）、阿尔凯奥斯（Alcaeus）及萨福（Sappho）诗作的残片；欧几里得（Euclid）著作《几何原本》（*Elements*）残本；罗马史学家李维（Livy）此前未留存下来的著作；以及一部讲述耶稣将魔鬼从人体内驱除的福音书。更意外的是，考古学家还发现了一份来自公元前 12 年前后，一个青少年摔跤手的文字记录。上面记载着他受父亲指使，故意输掉比赛以换取贿赂的事——比赛中的暗箱操作竟有如此悠久的历史。

欧几里得的《几何原本》（Euclid's Elements，约前 300 年）

古希腊数学家欧几里得的数学论著，创作于托勒密王朝时期的埃及，是现代科学发展的重要著作，被广泛视为史上影响最为深远的教科书。

该垃圾遗址挖掘工作耗时几十年，来自世界各地的学者对此次发现都兴奋不已。我们从 1922 年英国著名埃及学家弗林德斯·皮特里（Flinders Petrie）写给亨特的信中，可以读到当时挖掘现场的气氛。“我们身处古老的棕榈林中了，”他写道：

> 而且我们发现了许多纸莎草手稿。我会尽力买下能买的，尤其是每一张安瑟尔字体（一种全部用大写字母书写的字体）手稿；关于文物的价值，我一直是跟着感觉走，并不常为拜占庭时期的史料花钱。目前出土的文学残页有三四张，大概一百字的样子。既然我都买下来了，那就都带回伦敦去吧。你是否可以全部详阅一下，并在六月份

给我们出一份报告？——我们会付费的。此外，圣路易斯大学迫切想拿到一些手稿编辑出版，但倘若你有意出版，无论关于哪张残页，希望你可以出版……我听说那些高高的山岗上出土的纸莎草手稿质量最好，都是从大约20英尺深的地方挖出来的。我们还是别做得面面俱到比较好，趁文物还在，先挽救些与建筑和地图相关的东西吧。

从皮特里的信中，我们不仅了解到这类挖掘工作带来的有趣经历，还看到众多想要抢先对手染指纸莎草手稿的埃及学家，以及当地利润丰厚的文物买卖市场。

艰难复原的手抄本

更惊人的是，这50万份手稿的完整度非常低。大部分比碎片强不了多少，字迹格外难辨认，很难复原和翻译。最终抄录和编辑这些文字无疑需要极大的耐心和细致的技巧。然而，这项工作仍在有效地推进：看得出来，史学工作者们对这些“垃圾”的研究颇为在行。

其中一些较为完整的文件已经翻译并编辑后以《奥克西林克斯纸莎草手稿集》（*The Oxyrhynchus Papyri*，1898至2017年共编纂82卷之多）的形式出版。然而这只是全部手稿编译工作的1%多一点而已，复原之路前途漫漫。不过，众人拾柴火焰高，此次复原工作得到了25万名国际志愿者的帮助，他们都是牛津大学“古代生活”（Ancient Lives）项目的参与者。该协作式研究项目通过复杂的计算机软件，将破碎的纸莎草碎片复原，随后将修复后的页面上传到网上，供志愿者逐字逐句逐行地转抄、翻译。

这完全是当年编纂《牛津词典》（*Oxford English Dictionary*）的精神和劲头。《牛津词典》的编纂工作自1858年开始，便得到了来自世界各地的热心读者的帮助。三十年后，第一版词典终于面世。《奥克西林克斯纸莎草手稿集》的编纂工作同样进展缓慢、极为耗时，但同时也是一件极有意义并且颇为神奇的工程——曾经的垃圾变废为宝，焕发出无限价值。

有意隐藏的历史

历史学家对垃圾喜爱有加，因为——如果找对地方了——揭开那些橘子皮、生锈的罐头和烂鱼骨头后，你会瞥见我们面具下真实的自己。对历史学家来说，弄明白前人想让后人知道的事情并不难，难的是搞清楚过去到底都发生了什么，而垃圾刚好能帮上忙。从很多角度来讲，历史是一场游戏，玩家是掌控资料档案的人：他们选择留下哪些重要的东西，又决定丢弃哪些——在他们看来的——可抛之物。人们通过烧毁、粉碎或是一键删除，成就了档案今天的样子。他们保留或编辑着历史，给后人留下他们希望留下的历史面貌。不妨想想看，美国前总统们的总统图书馆都是怎么干的。那里的档案都具有很强的政治色彩，它们唯一的目的就是将伟人的光辉事迹留存下来。所以说，历史记录往往是片面的、不完整的、有意而为的。

与此同时，人们对垃圾却置之不理，觉得那些都是无足轻重、没有再用价值的东西。又或者，那些垃圾才是人们不想让别人看到或让历史去评判的东西。无数历史名人的文字记载要么被毁坏、清除，要么为了以正面形象示人而被大量改写。政府部门也是如此。近期有消息披露，英国政府销毁了数千份记录大英帝国末期犯下的可耻、恐怖的罪行。1961年，时任英国殖民部秘书长伊恩·麦克劳德（Iain Macleod）下令销毁了一批“可能会令女王政府陷入困境”的文件，以防文件落入独立后的前殖民地政府手中。此外还有几千份文件被送回英国，并被英国外交部锁进了保险柜。根据“三十年法案”[①]的规定，当时这些文件早已过了“三十年”期限，理应分类归档并对公众开放。然而直到2011年，这批档案才得以重见天日。当时，一群肯尼亚人声称自己在20世纪50年代反对英国殖民者的茅茅运动（Mau Mau Rebellion）中遭英国政府拘押和虐待，并成功将后者告上法庭。于是，英国外交部在无奈之中承诺，公布37个前殖民地超过8800份文件。我们不难看出，历史真相往往藏在那些我们“本不应该”看到的东西里，对垃圾的细心详查恰恰能帮我们揭开真相。

如此说来，垃圾间接与真相有关，你扔掉的东西里面都是你不想让别人知道的事情。从这个意义上讲，垃圾与秘密、掩藏真相有关，它能为我们揭开过

① Thirty-Year Rule，即指政府文件在产生三十年后将不再作为机密文件而对公众开放。

去生活中那些未被历史雷达探测到的诸多细节，这也是其他表面上记录翔实的档案资料所无法企及的。

违禁品

关于有害物品消费这个问题，搜垃圾历史的方式尤为有用。法定或约定俗成的“违禁品”根据不同年代和不同地方而有很大差异。不过在我们的认识里，违禁品通常都包括烟草、毒品、快餐食品、淫秽作品、避孕药、薯片、糖果及酒类。我们从垃圾当中能够看到“偷食禁果”的历史。譬如一个孩子偷偷塞进床头或卧室排气管道的糖纸，抑或是一个酒鬼藏起来的酒瓶子，都会泄露他们的秘密。

近期，一次对以色列某古迹的考古挖掘改变了人们对一战期间军营生活的认识。该地点位于拉姆拉市（Ramla）附近。1917 年埃及远征军（Egyptian Expeditionary Force）在攻占耶路撒冷的途中曾驻守此地九个月之久。关于那个时期的书面史料里尽是官方层面的枯燥记述，比如部队从这里转移至那里，储备与开销如何。但此次考古发现明显与之不同。考古人员发现了战士们的垃圾场，里面堆满了几百个瓶子，七成的瓶子里头盛着酒：红酒、啤酒、杜松子酒，还有威士忌。拉姆拉的这个军事基地看上去就像一个狂欢小镇。可见，垃圾还具有补充纠正官方资料档案之功能，让我们得以瞥见 20 世纪初军营生活的阴暗面。

回忆

考古发现代表的是某些垃圾令人难堪的一面——比如反映出过时的、危害社会的或不健康的习惯。换句话说，垃圾能够帮助我们广泛地了解过去的日常生活。不妨想想那些我们压根儿没当回事儿的东西，那些被随随便便扔进垃圾桶的东西：旧报纸、旧杂志、传单、海报、音乐会等演出门票、广告宣传页、包装袋、包装纸以及曾经心爱的玩具或游戏道具。换言之，这里探讨的事物和文字都具有转瞬即逝的特点，然而它们却一点一滴地诠释着过去的流行文化和普通人的平凡生活。

一直以来，各大博物馆对“垃圾”的保护工作都做得非常出色，使其免遭被丢弃的厄运。就拿伦敦维多利亚和阿尔伯特童年博物馆来说吧，那里藏有无数与小孩子有关的物件，唤起人们深深的童年回忆。在那堆婴儿车、洋娃娃和过家家的小房子里，还有无数的童年玩具——手脚可动的人偶、乐高套装、米卡诺[①]，而且全都装在原装的盒子里。这些险些被扔掉的玩具，将几百年前孩子们的童年世界再次呈现在我们面前。

这类“垃圾”往往会激起我们的诸多回忆。人们喜欢那些可以触发回忆的怀旧垃圾。我们还可以借此做许多有趣的事。就拿糖果来说吧，通常你会对手里的糖纸做些什么呢？你会先吃糖，然后去嚼或去嘬糖纸。或许此时你的口中会发生一场味道大爆炸，糖分在你的血液中流淌，你的大脑里充满愉快的情绪。仅仅一张糖纸就能带来这一切感受，而这糖纸不过是你黏黏的手里攥着的塑料垃圾而已。

瑞士糖果制造商雀巢（Nestlé，成立于1905年）的研究人员，恰恰利用了这个充满童年回忆的美味瞬间。最近，他们甄选了大量来自20世纪20年代的糖纸并将其挂在网上，为的是唤起一些精神病人的美好回忆。雀巢的研究人员研制出一款“怀旧大礼包”，集结了许多与糖果相关的怀旧物件，比如锡纸标签、海报、照片，甚至还有最早的朗特里水果口香糖（Rowntree’s Fruit Gums）包装盒（见图31）。这款大礼包受众广泛。总部设在英国的阿尔茨海默病协会（Alzheimer’s Society）便是其中之一，他们常将大礼包用于关爱精神疾病患者及其护理人员的活动当中。

循环再利用

我们还可以从另一个维度去思考历史，思考人们丢弃或产生垃圾的数量。当今世界绝大部分地区都是“一次性”社会，在资本主义欲望的驱动下，不断生产与消耗，不断制造垃圾。科技迅猛发展，产品更新换代速度飞快。市场营销大师们不断推出新的消费需求，而生产团队也在缩短消耗品的寿命，从而刺

① Meccano，一种金属插件玩具。

激人们不断消费。不仅如此，如今去旧换新往往比维修还要便宜。不过，以前的人们常花大力气修修补补、循环利用、变废为宝。

就拿 16 至 17 世纪时的纸质印刷品来说吧。当时，纸制品相对较贵，是普通工人难以承受的日用品。人们常常将一些过时的年鉴书页重新利用起来，拿它们当壁纸、写字条，为鞋子打补丁，甚至是用作盘衬。牛津莫顿学院（Merton College）藏有一本约翰·约翰斯顿（John Jonston，1603—1675）撰写的 17 世纪博物史书。罕见的是，在运输过程中，人们曾用包装纸给它包了个书皮，以防纸页在途中受损。

当纸币变成废纸

1918 年一战结束，以德国为首的同盟国战败。同年，魏玛德国（Weimar Germany，又译魏玛共和国）成立。1918 至 1924 年，由于巨额赔款产生的不良影响，魏玛德国遭受了恶性通货膨胀，导致钱不值钱，可被抛弃——换句话说，钱变成了废纸。战后的德国经济危机无比严重，截至 1923 年 11 月，美元兑换德国马克的比率竟达到了 1 比 42105 亿。如此一来，纸币购买力几

1922 年的魏玛德国，孩子们用纸币做的风筝

乎为零，人们甚至动辄就要用手提箱或小推车带钱出门。于是，德国开始对纸币循环利用。具有开创精神的德国人为毫无价值的纸币赋予了新的意义，比如用它们当壁纸，或者用成捆的纸币烧炉子，孩子们甚至还用纸币做风筝。于是，在这样的情况下，几乎万事万物都变得一文不值。

不满之冬

回收垃圾并思考如何变废为宝，是我们应对垃圾的一种方式。与之相对的还有另一种情况，那就是惧怕垃圾，尤其不敢面对成堆垃圾背后的含义。这种状况在 1978 至 1979 年英国经历的“不满之冬”（Winter of Discontent）中最为明显。当时，詹姆斯·卡拉汉（James Callaghan）领导的工党政府与国内众多经贸组织发生纠纷，导致清洁工人集体大罢工。这下可好，英国街头垃圾成堆，就连伦敦著名的莱斯特广场（Leicester Square）都因被垃圾淹没而变成了老鼠的栖息地和疾病的温床。当时伦敦街头的恐怖景象被无数摄像机捕捉了下来。画面中的人们依然继续着自己的日常营生，他们穿着光鲜亮丽的衣服，走过人来车往的商店，只是走到哪里都逃不出高筑的垃圾阴影。照

“不满之冬”时期，伦敦市中心一家邮局门前堆满了垃圾

片拍摄后没几个月，英国新一届选举呼之欲出。最终，卡拉汉输给了由玛格丽特·撒切尔领导的保守党，英国社会从此开始了改头换面的 18 年。在后来的那段时间里，保守党的掌权和领导几乎无可争议。从某种程度上讲，这也是得益于人们对垃圾的恐惧，因为它们所代表的正是社会与政治的混乱无序。

>> **不满之冬（Winter of Discontent，1978—1979）**

因詹姆斯·卡拉汉领导的工党政府实施的薪金限制政策而导致英国公共部门不断罢工的一段时期，这也使得保守党在 1979 年的选举中以绝对优势获胜，开启了玛格丽特·撒切尔领导的保守党执政时代。

庞贝古城

话说回来，人们对垃圾的焦虑又由何而来呢？实际上，人类曾处于被垃圾环绕的境地。通过对罗马庞贝古城的挖掘与研究，我们发现，庞贝人将大部分的垃圾和污物都扔到墓地里了，比如屠宰或烧焦的动物残尸、破损的陶器及建筑材料等。

这一重大发现始于 19 世纪末期。在此后的许多年里，人们一直认为将垃圾丢弃在墓地的做法预示着一座城市将陷落于社会秩序的混乱——不然你怎么会放弃对墓地的维护？你怎么可以对亡者如此不尊不敬？如今我们终于知道，庞贝人将垃圾丢到墓地的这段时期正是这座城市繁荣之时。而这一现象也并非来自巨大的经济压力，而是一个熙熙攘攘的城市迅速发展的结果。在庞贝古城，墓地常常临街而建，而垃圾不止见于墓地内外，城墙上、家门外、大街小巷、房前屋后更是堆满了垃圾。看得出来，罗马人对生活在墓地周边并无不快，生活在垃圾周遭也是如此。在西方社会，大多数人都认为城镇的洁净是文明社会的基本准则之一，而垃圾则是社会与经济瓦解的象征。然而在罗马庞贝古城以及远古、中世纪世界里的其他地方，垃圾却成了日常生活的一部分。

纽约街道的高度

千百年来，人们与垃圾共生，身边满是垃圾，甚至脚下也尽是垃圾——咱们不妨来看看城市街道高度的变迁史。由于垃圾的日积月累，每隔一百年，特洛伊古城的街道高度就要上升 5 英尺左右。无独有偶，今日纽约街道的高度也较 17 世纪时高出了 6 至 15 英尺之多。直到 1846 年，伦敦才有了系统化的垃圾收运方式。然而又过了 29 年，伦敦才颁布法规，强制居民将自家垃圾投入专门的垃圾桶里。待到 1895 年，位于大西洋另一端的美国纽约也开始效仿这些举措，迫切渴望推动社会改革。因为他们知道，垃圾非常肮脏，肮脏之物会引发疾病，疾病又会导致经济疲软、社会动乱以及贫穷饥饿。这些也是时下我们对成堆的垃圾产生的焦虑。而这焦虑也随之转化为动力，推动了环境保护事业的发展，越来越多的人认识到人类活动影响着地球、地球上的“住客”、我们的自然环境以及气候变化——说到这里，我们不妨来聊聊另一个重要问题，那就是“雪”的历史……

第二十五章

雪

雪的历史关乎……

关乎文身和DNA，

关乎无节制的纵酒狂欢、波士顿大屠杀，

还有虐猫。

历史工作者钟情于雪。我们爱它缥缈的背后富有魅力的历史，我们爱它历经岁月在人们眼中的变迁，我们爱它衍生而来的各种传统与活动，譬如滑雪橇、打雪仗、堆雪人、滑雪，甚至是躺在雪里印出个雪天使的印记等。我们还爱它冰冷外表下隐藏的秘密，倘若找对地方，这些秘密便将昭然若揭。

斯基泰人

如果没有雪，我们对历史的认识定会黯淡几分，人类历史文物宝库中也会缺少惊艳的色彩。举例来说，我们对古斯基泰人的了解正是缘于雪。斯基泰人这个战斗民族十分可怕，以致希腊历史学家希罗多德（Herodotus）在公元前 5 世纪时写道：“攻击他们的人没有一个能逃得掉。如果他们不想被人发现，那就没有一个人能抓到他们。”自公元前 9 世纪至公元前 3 世纪，斯基泰人的疆域东起中国边界，横跨西伯利亚直至希腊及黑海地区。那个时期的部落民族众多，我们唯独对斯基泰这个游牧部落了解颇多，是因为冰与雪将他们诸多的文化印记留存了下来。多亏了西伯利亚永冻层这个天然冰柜，武器、珠宝、家居用品，甚至是极易变质的东西——比如食物和斯基泰人遗骸——历经千年之后都幸存了下来。人们在这里发现了一袋奶酪、一块金牌匾、一个假胡子，还有一张折叠桌，或许最为惊人的发现当属人们在雪下找到的一名斯基泰战士的文身（见图 32）。

不难想象，在极寒的气候环境下，当务之急是保暖。那些文身则深藏在厚厚的衣服和皮草外套之下，鲜为人见。然而，斗转星移，如今我们终于可以破解古老的文身图案，这是此前世代学者都无法想象的。这个文身图案出土于西伯利亚阿尔泰山区巴泽雷克（Pazyryk）冢墓，表现了一只利爪老虎的局部，同时出土的还有另外四具带有大幅文身图案的斯基泰人遗骸。猛兽图案文身代表了战士面对凶猛敌人时的勇气。

从这个意义上讲，雪的角色就像一座保存古代文明的档案馆。不仅是斯基泰人，还有许多民族和他们的文化都因为有了冰雪极寒条件的守护而得以繁荣发展。许多社群都生活在宜居世界的尽头。那些民族往往适应能力极强，在与世隔绝的生活中逐渐形成了自己的文化。冰雪让我们对这些社群和文化的认识，进入了前所未有的飞速发展阶段。

多洛米蒂山脉之战

我们还将了解到更多关于非极寒地区人民冒险挑战冰雪的故事。意大利北部特伦蒂诺（Trentino）地区至今仍保留着一战时意大利人与奥匈帝国军队对阵的战场。那里海拔高达 12000 英尺，温度低至零下 22 摄氏度。多洛米蒂山脉之战是史上首次在如此高海拔进行的大规模战争。无论从战术谋划还是持久度方面看，这些战士们的成绩都非同一般。在多洛米蒂山脉马尔莫拉达峰（Marmolada）上，奥地利士兵在雪堆下凿出了一座结构无比复杂的作战系统，其中包括通道、宿舍和储藏室。

战争结束后，许多人都受到战争影响而陷入贫困窘境。于是，那些在战前被运上山的物资成了他们的“诱饵”，吸引这些勇士踏上险途拣回些东西卖个好价钱。

这是一段关于英勇与忍耐的故事，只有那些同样为了庞大废弃装备而不顾生命危险潜入水下沉船的勇士们才能与之相提并论。在山上“打捞”物资的工作可谓非常危险，曾为“打捞者”的 92 岁高龄老人吉亚新托·卡佩利（Giacinto Capelli）在一次采访中回忆称：

> 我们随身带个球棒，以便精准地打中炸弹的关键位置，避免将其

引爆，如果我们不慎犯错，炸弹中剩余的弹药就会在我们眼前爆炸。这份差事实在不易。那一趟，我们一共打捞了70公斤的物资下山。因为村子里没什么工作可做，去当打捞者能赚不少钱。记得我第一次打捞之后赚了320里拉带回家，我父亲开心得直跳脚，喜极而泣道："这下好了，我们这一整年都能吃上玉米糊了！"

如今，越来越多的人知道了一战中的多洛米蒂山脉之战与战后物资打捞的故事。全球变暖使得冰川融化，许多冰封已久的秘密最终"浮出雪面"。可以说，全球变暖让历史学家与雪的关系更近了一层。在多洛米蒂山上，机器、尸体以及独特的冰雪战线装置纷纷出现在曾经厚厚的雪面，这一切也彻底改变了我们对那个特定年代中的特定战争的认识。

其他地方也有类似情况。许多曾因大雪覆盖而无法通行的地方现在都畅通无阻了。"冰川考古学"也成了一门学科。在南北两极工作的勇敢无畏的考古工作者们又有许多惊人的新发现——植物群、动物群，还有人类物质文化遗产，帮助我们细细勾勒出两极地区曾经的景象。考古工作者们的"战绩"十分了得，比如格陵兰岛上的贝丘（垃圾堆）遗址，其历史可追溯至公元前2500年，甚至较爱斯基摩人和因纽特人更早；出土于俄罗斯境内阿尔泰山脉的石器时代文物；出土于安第斯山脉、迄今已有五百年历史的印加儿童木乃伊；还有在挪威、加拿大及美国阿拉斯加发现的史前驯鹿狩猎遗址等。

基因

作为历史学家的"好帮手"，雪的丰富内涵恰恰在于隐藏其中、有待发现的历史故事。1999年，人们在加拿大育空地区（Yukon Territory）发现了一具冰冻的年轻男子尸体，他身穿一件囊鼠或松鼠皮做的披风，随身带着一根手杖、一把铁刀和一个投矛器。其历史可追溯至大约300到550年前，相比其他同类冰封尸体算"年轻"的。1991年在奥茨塔尔阿尔卑斯山（Ötztal Alps）上发现的"冰人"比他"年长"十倍。不过，也正是因为他相对"年轻"，人们才得以完成一次有趣的DNA检测。结果发现，他的DNA与当地至少17名居民的DNA相似。当地人称其为"Kwaday Dan Ts' inchi"，即"后来发现的祖先”之意。有一点毋庸置疑，未来我们会发现更多“后来发现的祖先”，还有更多现代人会发现自己与他们之间的联系——这也是历史必将留给我们的最激动人心的东西之一。

> **“冰人”奥茨（Ötzi Iceman）**
>
> 一具保存完好的男性木乃伊，曾生活于公元前 3300 年前后，于 1991 年在奥意边境地区的奥茨塔尔阿尔卑斯山上被人发现。

因纽特人的历史

如今我们愈发意识到，历史不仅藏于冰雪本身之中，更隐于冰雪世界居民的头脑之中。1845 年北极探险家约翰·富兰克林的失踪无疑是最好的佐证。欧洲人最后一次见到富兰克林是在 1845 年 6 月末。当时，两名捕鲸船船长在巴芬湾（Baffin Bay）西北通道入口处看到他的船队。不过，后来仍有人见到过富兰克林或是他的船员。在奋力求生的过程中，富兰克林与同伴随当地因纽特猎人穿越重重险境。几百年后，因纽特人又发现了这场北极探险留下的物质文化遗产。因纽特人有口述历史的传统，他们小心翼翼地守护和保存着世代因纽特族人的记忆。多亏了他们，我们才有机会将富兰克林及其船员、船队的故事拼凑起来，得以找到英国皇家舰船“恐怖号”。

富兰克林失踪九年后，爱尔兰探险家弗朗西斯·利奥波德·麦克林托克爵士（Sir Francis Leopold McClintock）最早记录下了因纽特人口中关于富兰克林的信息。有人曾告诉他，富兰克林船队中的一艘船驶向了乌特古利克（Ootgoolik）岸边，位置就在莱利岛（Reilly Island）与皇家地理学会群岛（Royal Geographical Society Islands）之间。19 世纪 60 年代时，美国人查尔斯·弗朗西斯·霍尔（Charles Francis Hall）从一位因纽特人口中得知，后者曾遇到过那艘船，甚至还上了船，看到了一具穿着衣服但已腐坏发臭的高个子男人的尸体。这名因纽特人称，那艘船后来就沉没了，只有桅杆矗立于水面之上。1878 至 1880 年，另一位探险家——福德里克·施瓦特卡（Frederick Schwatka）上尉——也在探险途中听闻了几乎一模一样的故事。大概在 1994

至 2008 年的某个时间，维多利亚岛上一位名叫弗兰克·阿纳洛克（Frank Analok）的因纽特老人再次讲述了这个故事。

然而，尽管如此，搜寻富兰克林船队的欧洲人还是以富兰克林一行首次弃船的地点作为起始点展开了搜索。虽然依照因纽特人的证词来看，船队应该是在别的地方毁于一旦了。终于，在 2016 年，又一名因纽特人提到自己七年前骑着机动雪橇在冰上探险时，曾见过一支桅杆杵在冰面上。经过寻找船队残骸的当代史学工作者们证实，这名因纽特人提供的线索终于帮助人们找到了当年失踪的“恐怖号”，也证实了此前那些因纽特人口述的情况——不知何时，沉船已经不在其首次被弃的地点了。如此一来，历史学家们不得不重新思考富兰克林船队远征时的情景：一些船员极有可能曾竭力想要返航回家。

人们深刻地认识到，冰雪不但可以储藏今日世界，也能保存遥远的历史；生活在冰雪中的人们口述的历史和庶民的记忆都是人类丰富宝贵的史料来源，并且具有不容小觑的深远意义。经年累月，寻找富兰克林探险队的人收集到诸多来自因纽特人的证词，其中美国记者查尔斯·弗朗西斯·霍尔于 1861 年打探到的情况无疑最为惊人。他发现，因纽特人不但小心翼翼地保存对 1845 年富兰克林探险队的记忆，更是对 1576 年马丁·弗罗比舍爵士（Sir Martin Frobisher）的探险情况记忆犹新——那可是比富兰克林还要早了近三百年的事情啊。

冰雪世界里有许许多多精彩的故事值得讲述。不过，雪本身也是一种非常迷人的历史主体，比方说雪花形成的科学原理，又或是雪所蕴含的文化内涵。在不同时期和不同文化中，雪的作用和含义也不尽相同。有意思的是，这些作用和含义还会背道而驰：雪能提供水分从而有助长作用，但它也会因转移光和热而具有扼杀功效；雪可以阻塞道路而影响通行，但它也能形成平滑的表面供人们乘雪橇、滑冰或滑雪；下雪的日子是孩子们心中的幸福时光，因为他们不用去上学，还能在雪中肆意嬉戏玩耍，但这些日子又会对经济发展不利，因为旷工的情况会降低生产效率。下雪作为一种气候现象一直对人类社会与文化产生着重要的影响。

雪的记忆

雪的历史涵盖方方面面，其中一部分与天气和气候有关。这里说的天气和气候并非是指冰雪覆盖的季节或是地域那么简单，而是指降雪与气温随着时间推移而产生的变化及其变化方式。我和萨姆两个人对冰雪都有很深的个人感情。萨姆还记得祖母帕特丽莎·威利斯（Patricia Willis，1921—2014）讲她小时候在湖上滑冰的故事。那是 20 世纪 20 年代末或 30 年代初的事了，那片湖就在古罗马小镇维鲁拉米恩（Verulamium，今奥尔本斯市）遗址附近。她回忆里的那个冬天很可能是在 1927 年末至 1928 年初。当时英国下了 20 世纪中最大的几场雪。不过也可能是 1933 年冬天，那也是历史记载的最寒冷的冬天之一，英国多地出现连续 48 小时降雪的情况。萨姆还记得自己听祖母说起这些事的时候颇为不解，不明白英国南部的湖水怎么会冻得这么厚实，可以任由孩子们在上面滑冰。那种难以理解完全是因为未曾经历过。那一刻对萨姆来说则是非常震撼的，正是看似可信可靠、一成不变的气候成就了这份震撼。

近几十年中最糟糕的凛冬记忆，莫过于 1978 年 12 月和 1979 年的头几个月。当时的气温远低于冰点，到处都是寒风吹起的巨大雪堆。刚好那一年还赶上“不满的冬天”，罢工情况非常普遍。詹姆斯当时住在约克郡海岸线上的霍恩锡（Hornsea）镇。他还记得，那个冬天父亲每日都要去赫尔市上班，车后备厢里必装的几件东西就是铲子、毯子和一瓶热咖啡。某天回家的路上，大雪纷飞，詹姆斯父亲的车子陷进了雪里，他不得不用铲子把雪清理干净后再上路。不过这已经算幸运的了，还有好多辆车甚至被困了一个晚上，甚至还有车被第二天清早的铲雪车铲进了斗里。

英国的冰川时代

历史上的寒冬天气持续时间最长可达近千年，最短也有几个月之久。英国历史上的冰川时代结束于大约一万年前，此后的不列颠群岛上终于再无冰川覆盖，首次成为永久宜居之地——在此之前，不列颠岛经历着周而复始的冰川融化、重新冻结、再次融化的过程。因此那里时而有人居住，时而人走岛空。虽然永久宜居了，但寒冷的天气仍未走远，还在影响着人们生活的方方面面。在欧洲北部，大约 1550 至 1750 年的这段时期被称为“小冰川时代”，天气冷到运河、江水、港口全都封冻了。同时期的北美洲也遭受了多个凛冬，尤其是 1607 年末至 1608 年初那个冬天，法国航海家塞缪尔·德·尚普兰（Samuel de Champlain）亲眼见到苏必利尔湖（Lake Superior）的岸边都结了冰。1407 至 1408 年，欧洲经历了寒风刺骨的一个冬天，尽管寒冬仅仅持续了个把月，其威力还是足以冻住河面、冻裂树木、冻死无数只鸟。我们对这些时期的了解得益于记载天气和气候情况的文件、描绘冬景的画作，甚至还有一小部分关于近百年来气温变化的历史记录。

这样的气候条件对欧洲农民造成了毁灭性的打击，令他们饥寒交迫；与此同时，许多村庄都被阿尔卑斯山上的冰川所蚕食、破坏。17 世纪时，阿尔卑斯山的气候状况极为恶劣，村民们食不果腹，甚至要用地上捡的果壳混着面粉做面包。极端天气同样也改变了人们的着装，帽子、手套统统上阵，还把毛衣穿在里面御寒。此外，这一时期还见证了壁炉防护罩和封闭式炉灶等隔热保温装置的发展。

1608 年伦敦冰霜集市宣传册《大冰霜：伦敦冬日活动》

那段时期的气温总能低到令河道与江水冻结。这倒是为滑冰、冬日大集等消遣活动提供了便利。伦敦泰晤士河频繁遭遇冰封，据记载，那里常会举办“冰霜集市”。第一条关于伦敦 1607 至 1608 年冬天的记载，见于 1608 年发行的一本名为《大冰霜：伦敦冬日活动》（*The Great Frost .Cold Doings in London*）的小册子。该册子封面上的木版画表现了伦敦市民在冰上运动、消遣、喝酒、买卖的景象。1683至1684年的冬天也有一场集市。著名日记作家约翰·伊夫林（John Evelyn）曾在日记里写道：“四轮马车往来于威斯敏斯特与大集之间，大街小巷的人们参与着各种各样的活动——雪橇、冰车、赛马、马车赛跑、皮影戏、幕间休息活动，还有喝酒和其他消遣的地方，这里就像在过纵酒狂欢节，抑或是冰上嘉年华。”随16至18世纪“小冰川时代”而来的是文化艺术作品的涌现，冰霜集市、滑冰的人、雪景成了那一时期常见的绘画主题，老彼得·勃鲁盖尔（Pieter Brueghel the Elder）创作的冬景油画《雪中猎人》（*The Hunters in the Snow*，1565）便是其中的代表作品。

老彼得·勃鲁盖尔（Pieter Brueghel the Elder，约1525—1569）

荷兰油画家、版画家，被普遍视为北方文艺复兴最重要的艺术家之一，其风景画及“农民生活场景”主题绘画生动细致地描绘了那一时期的日常生活，为历史学家提供了宝贵的研究资料。

危险的雪人

这些绘画无时无刻不在提醒人们，无论你是谁，无论你生活在哪里，你都会感受到雪的美丽与迷人，既宁静安详又危机四伏，既有趣又凶猛。这一点在堆雪人和打雪仗这两种活动中显露无遗，曾经纯真有趣的童年游戏竟有着如此黑暗与危险的一面。

堆过雪人的孩子和大人不计其数。他们先堆好雪人的身子，然后用帽子、围巾装扮雪人，用炭块做眼睛，胡萝卜做鼻子，再找两根树杈做手臂。这个雪人形象已深入人心，无论在图画、明信片、广告还是文学与电影作品里，都能看到它俏皮的样子。雷蒙德·布里格斯（Raymond Briggs）创作的知名绘本《雪人》（*The Snowman*，1978）是极为经典的一例，在那个温暖的童话故事里，小男孩堆的雪人神奇地活了过来；此外还有美国动画片《雪人福洛斯蒂》（*Frosty the Snowman*）当中的雪人形象，该动画以《疯狂》（*Mad*）杂志漫画家小保罗·寇克（Paul Coker, Jr.，生于1929年）的绘画为蓝本创作而成。

这些都是当代读者非常熟悉的雪人形象，但其实雪人的历史颇为悠久，早在中世纪就有了关于它的书面记载。位于海牙的荷兰国家图书馆（Koninklijke Bibliotheek）里藏有一本来自 1380 年前后的祈祷书，研究人员认为，祈祷书空白处画的正是雪人。不过，这个雪人形象显得孤苦伶仃、不甚开心，因为它的雪屁股底下是一团燃烧的火焰（见图 33）。

在这个例子中，我们看到了活泼欢乐的雪人背后严肃的一面，甚至带有一些政治色彩。这个雪人戴着一顶犹太风格的帽子，让人联想到一种反闪米特人（anti-Semitic）的含义。可见，空白处随手画下的涂鸦并非表面上看到的那样简单。这让我们知道，过去，雪人不只是充满孩子气的冰雕形象或是打雪仗时常被击中的对象，它的象征意义远不止于此。

在中世纪鼎盛时代及文艺复兴时期，雪人——或者说冰雪雕塑——是具有社会与政治功用的塑像。1510 至 1511 年的冬天，布鲁塞尔市民在大街小巷堆了一大批“雪人”。布鲁塞尔人民用大约 110 个“雪人”和 50 个独立“场景”以颇为逗趣的方式表达了他们的希望、恐惧和焦虑。这些用雪打造的民间人物塑像多种多样，比如野人、独角兽、美人鱼，还有“海洋骑士”，以及表现当时知名事件的场景。这些雕塑的主题也是各式各样，涉及宗教、政治、性等方面，甚至还有与粪便有关的形象出现。

那段时期的编年史里留下了许多关于当时冰雪节的描述。布鲁塞尔诗人约翰·斯麦肯（Jan Smeken）的一首长篇歌谣让我们对这些“雪人”和冰雪场景有了更为细致的了解。其中布鲁塞尔的红灯区罗泽戴尔（Rozendal）就有一个颇为色情的雕塑形象。该雕塑描绘了一名全身赤裸的妓女，此外还有“一条狗……乖乖地坐在她的两腿之间”。至于那些“与粪便有关”的雕塑形象，斯麦肯的歌谣里也提到了，他描述了一头雪牛“拉屎、放屁，臭气熏天”，一只正在排便的人头马，一座“撒尿男童”的喷泉，还有一个溺于自己粪便中的醉汉。

这些粗俗疯狂的形象外，更多的是《圣经》和其他传统文化中的经典场景。显然，全城人民都加入了这盛大的冰雪狂欢队伍。一尊赫拉克勒斯（Hercules）像毅然矗立在勃艮第的菲利普（Philip of Burgundy）居所之外。勃艮第的菲利普是“好人菲利普”的私生子和荷兰军队的总司令。根据斯麦肯的记载，菲利普亲自参与了这座神话人物雕像的打造，协助菲利普的可能还有荷兰画家约翰·戈塞特（Jan Gossaert）。当时，戈塞特已经为其导师完成了多幅赫拉克勒斯的裸体画像。

1511 年的布鲁塞尔冰雪狂欢节为我们诠释了雪人背后的复杂性，远非 1950 年那首《雪人福洛斯蒂》之歌中所描述的“活泼快乐的人”。

>> **勃艮第的菲利普（Philip of Burgundy，1464—1524）**

勃艮第公爵“好人菲利普”的私生子，曾任荷兰海军上将、乌德勒支主教（Bishop of Utrecht），在任期间并无太多建树，但在文化艺术方面给予艺术家大力扶持。他曾是多产的荷兰学者伊拉斯谟（Erasmus，1466—1536）的支持者，也是荷兰画家约翰·戈塞特的资助者。

打雪仗

同堆雪人一样，打雪仗也是陪伴我们童年的欢乐游戏，然而它也有着更险恶的一面。打雪仗的历史应该可以追溯至人与雪有交集的那天起，不过关于打雪仗的文献记载“年纪”都不大。最早的打雪仗形象见于一幅来自约 1405 至 1410 年的浮雕作品，它描绘了意大利特伦托省一月份的一个景象：两拨人在城堡门外欢乐地打起了雪仗（见图 34）。中世纪健康手册《健康全书》（*Tacuinum Sanitatis*，约 1390—1400）里面也有一幅类似的画面：一个男人与一群女人打雪仗，那个男人显然是落了下风。

我们甚至还看到许多描述士兵在战时打雪仗（一战中的英国士兵称之为“雪球赛”）的历史记载。比如盟军军官 D. 奥古斯特·迪克特（D. Augustus Dickert）在回忆中记述了参加美国内战时的情景。他详细描述了 1862 至 1863 年的冬天盟军之间的大规模雪仗。迪克特写道：“战士们很爱打雪仗，乐在其中，每次都会纵情玩儿上好几天。他们打了好几场硬仗，有人输，有人赢，有时候连对连，有时候团对团，还有的时候旅和旅之间也要较量一番。”接着，他又具体描述了一场尤为激烈的雪仗，由来自南加州和佐治亚州的两团对战。那些不幸被“俘”的参战者受到的待遇貌似有些过分了。迪克特这样写道：

有些胆子大的战士攻得太近，结果被对方逮住并拖到对方阵营里，于是战友们又拼了命地去救他。那个可怜的俘虏倒是安然无恙地被拖出了“战区”，却也难逃厄运。只见他被拽到雪里，先是被雪砸脸，接着是后背，然后又跪着被转了好几圈，同时对手还将凉飕飕的雪塞进他的前胸和后背、他的眼睛和耳朵，就连头发里也满是“美丽的雪花”。

这句“美丽”不过是个玩笑话。我们看到了雪的纯净与洁白，看到它带来的银装素裹，看到它用冰冻的威力守护了历史的印记，然而，在它诱人剔透的表面之下还有一副更黑暗、更危险的脸孔，我们也有更多史实揭露打雪仗的弊端。

就拿 1770 年波士顿大屠杀来说吧，那简直就是“一个雪球引发的血案”。1767 年英国《驻军法案》（*Quartering Act*）颁布，法案要求美国人将英军安置在自己家中，于是乎，英美关系日渐紧张起来。终于，愤怒情绪在某个冬夜到达了极点。当晚，一群美国人在波士顿市中心辱骂了一名英国士兵，结果一场雪球大战就此拉开序幕。士兵的战友们很快加入了战斗。就在一名士兵被一个裹着冰块的雪球砸中之后，情况变得一发不可收拾。那个被砸中的士兵感到颜面扫地，于是向人群中开了一枪。紧接着，他的战友们也跟着群枪齐发。待到枪火散去，人们发现十人被枪击中，其中五人的伤势致命。从一个雪球到一场屠杀，这是一次充满恶意的对峙，许多类似的事件最终导致了美国独立战争的爆发。

狄兰·托马斯

威尔士诗人狄兰·托马斯（Dylan Thomas，1914—1953）才华横溢，不过也爱喝两杯、牢骚两句。他的作品不断提醒着我们，士兵们可不是雪球“霸凌”的唯一受害者。《一个威尔士孩子的圣诞》（*A Child's Christmas in Wales*，1955）是威尔士人圣诞节期间的必读故事，也是詹姆斯圣诞节时必读的文学作品之一。这首半虚构、半自传式的作品讲述了20世纪上半叶，一个威尔士小男孩在圣诞节期间的经历。根据托马斯的描述，那一年冬天“飞雪连绵”。还有一段描写了两个男孩攥着雪球在雪中守株待兔的情景。我们看到，那天的雪：

> 就像拉普兰①那里的雪一样洁白，只不过这里没有驯鹿而已。但，这里有猫。我们手上裹着袜子，尽管冻得瑟瑟发抖，我们还是耐心而笃定地等待猫的出现，好用雪球砸它们。它们拥有美洲豹一般的流线型身体，长着可怕的胡须，发怒时会发出呼噜呼噜的声音，还会嚎叫，然而它们却能悄无声息地从后院墙上溜掉。而作为来自哈德孙湾马伯斯路的两个猎人，吉姆和我也不会示弱，我们的目光如猞猁般犀利，身穿皮衣、脚踩皮鞋，定能用手中的雪球向那绿眼睛的猫群投去致命一击。那些知道害怕的明智之猫从来就没现身过。

威尔士的天才诗人将这两个不怀好意的男孩描述为“长着爱斯基摩大脚的北极神射手”。这个故事也为我们揭开了长达几百年的人类虐待动物史。说到这里，我们来聊聊下一个重要问题：“猫”的历史……

---

① Lapland，又译拉普兰德，位于挪威北部、瑞典北部、芬兰北部和俄罗斯西北部在北极圈附近的地区，它有四分之三处在北极圈内，冬季时这里被皑皑白雪覆盖，如仙境一般。

第二十六章
猫

猫的历史关乎……

关乎残忍、迷信，关乎帝国、恶魔，

还有法国大革命。

残忍

猫的历史上，一个关键的情节便是残忍。在过去的一千年里，猫可不像现在这么得宠，它们常常受到人类粗鲁的虐待——皮毛被撕扯得惊声嚎叫，被焚烧、被折磨，偶尔还会因为一些宗教仪式被剃个光秃。16 世纪的法国，虐猫现象非常普遍，这一点甚至体现在了他们的语言里："faire le chat"可直译为"玩弄猫"，人们曾用这个短语描述大规模虐猫行径。事实上，人类长久以来对待猫类都出奇地残忍。不过，要想理解人与猫之间颇为阴暗的这层关系，历史工作者首先得了解二者之间更明快、更惬意的关系。

在更早期的时候，猫的地位颇为优越。有考古资料显示，人类驯养猫类的历史或许可追溯至公元前 12000 年。中东地区出土的墓葬中便有猫的身影，那些猫显然不是可怜的流浪野猫。

塞浦路斯（Cyprus）这个岛国的名字意为"猫终会被引进到这里"。在塞浦路斯的考古发现将驯养猫类的历史进一步锁定在了公元前 9500 年前后。有趣的是，猫登上家养舞台的时间比犬类要晚了不少。由于狗是人类狩猎的好帮手，它们在现代以前就已被人类驯化。随着人类社会的发展，游牧式的生活方式逐渐减少，人类社会生活状态更加稳定，有了粮食储备，农业因此得到了发展。正是在这样的背景下，作为捕鼠能手的猫扮演了无可取代的角色，保护珍贵的粮食免遭啮齿类动物的偷食。

神圣的猫

当然了，过去人们驯养猫类与今日对猫的迷恋不同。在现代社会里，有时候猫还占据着与子女、配偶相同的地位。形容某人为“猫女”（有趣的是，从来就没有“猫男”的说法）即暗示其与猫科动物有着过分亲密的关系，让人联想到古怪又容易忽视自我的一类人。对猫的依恋并非前无古人，早期人类对猫非常崇敬。在古埃及，猫是神圣的动物（见图35），古埃及女神贝斯特（Bastet）便是猫头人身，任何虐杀猫类的人都会被处死。大量来自那一时期的猫葬墓地留存了下来，其中就包括1888年在贝尼哈桑（Beni Hasan）出土的那块墓地。该墓地葬有约30万只猫咪木乃伊。这些祭祀贝斯特的猫咪印证了古埃及人“对猫的崇拜”，以及猫在古埃及世界占据的显著位置。

贝斯特（Bastet，约公元前2890年）

埃及太阳与战争女神，法老的维护者，猫的守护者。其形象最初为一头狮子，后经岁月变迁逐渐演变为一只猫。

猫类倍受崇敬的鼎盛时代随后延续至罗马世界。在罗马人的认识里，猫是自由的象征。早期罗马艺术中便已出现对家猫的描绘，比如一幅来自公元1或2世纪阿基坦（Aquitaine）的雕刻作品中就表现了一个怀抱猫咪的小女孩。

这座穹顶壁龛四周的石灰岩已经破碎，因而我们无法获知小女孩的名字；唯一留存下来的一个名字是“LAETVUS”，下面紧挨着“PAT”三个字母。一个合理的猜测是，“LAETVUS”是女孩父亲的名字——因为“PAT”很可能是“PATER”的缩写，而“PATER”在拉丁语中即为“父亲”之意。

这座墓碑建于公元2世纪左右，现藏于法国波尔多阿基坦博物馆（Musée d' Aquitaine in Bordeaux）

这幅雕刻作品非常震撼。当时的一种习俗是将逝者与其生活中熟识的事物一同描绘纪念，于是就有了这幅描绘小女孩和她心爱猫咪的浮雕。画面中除了猫还有一只小公鸡正淘气地啄猫的尾巴。小女孩怀抱着猫咪，与现在的孩子抱猫的样子别无二致：紧紧握着猫的两只前腿，一副天真烂漫的开心模样，也不管猫咪难不难受。这不仅仅是一幅描绘猫咪的浮雕作品，它恐怕也是最早表现孩子与宠物猫的艺术作品。

宠物

近几十年，在一些偶然发现与伟大考古学的帮助下，我们得以打开洞悉现代人与猫之间关系的一扇窗。1997 年，人们在英国北约克郡蒂斯河畔达尔顿区（Dalton-on-Tees）一栋罗马时期别墅庭院中的井里发现了大量动物尸体，其中就包括一只猫。在随后的调查研究中，人们又发现这只猫的左半身上有着令人毛骨悚然的损伤，看样子像是被马踢的，也可能是被马车碾压所致，左后腿股骨的顶部已不见踪影。不过有意思的是，还有迹象表明，它的两条后腿又伤愈了。于是我们得出了一个可能性较大、可信度较高的结论：尽管这只猫已经彻底告别捕鼠“事业”了，但仍然有人在照顾和喂养它。那极有可能是英国历史上最早的宠物猫。

宠物考古是考古学的一个有趣分支，刚刚我们只是举了一个例子而已。更多新的考古发现正在改变我们对人与动物之间关系的认识和看法。譬如说，我们倾向于认为那些被挖掘出来的猫都曾是人类的伙伴。因为在当今社会里，猫的确扮演着那样的角色。由此我们又开始觉得其他

二战期间“遭遇号”军舰上的猫

动物也曾是人类的伙伴，尤其是寒鸦，人们常常在北欧中世纪的古镇里发现它们的尸体。寒鸦是一种常见的食腐鸟，但它们非常聪明，与人类十分亲近，并能适应驯养生活。无论在城里还是乡下，寒鸦都会是不错的家庭宠物。由此可见，过去的寒鸦就像今天的猫咪一样是每日陪伴人类的好伙伴。

据说，将家猫从埃及带到欧洲的是罗马人，这显示出帝国与猫之间的重要关系。不可否认，帝国和殖民的历史都与猫息息相关；猫的身影遍布世界各地，与贸易活动、历史发现、帝国征服发生着千丝万缕的联系。其中一个不可或缺的部分便是舰船上的猫。过去，猫不仅是捕鼠能手，更是人们心中好运吉兆的象征，因此人们常常随船将它们带到海上。1620 年“五月花号”（Mayflower）启航时，猫也被算在了乘客里。在 1914 至 1917 年的跨南极探险中，厄内斯特·沙克尔顿（Ernest Shack-leton）率领的“持久号”（Endurance）上也有猫的身影①。此外，猫也一直是英国皇家海军舰船上的重要伙伴。直到 1975 年，宠物不得登上皇家舰船的禁令才开始出现。一战和二战期间关于携猫上船的故事更是屡见不鲜，其中包括德国军舰“俾斯麦号”（Bismarck）上的那只猫。1941 年 5 月，“俾斯麦号”沉没，全船 2200 人中仅有不到一百人幸存下来，而那只猫竟然也奇迹般地生还了。后来它被人称为“永不沉没的萨姆”。除此之外还有英国皇家军舰“乔治五世号”（King George V）上的猫咪吉米。“乔治五世号”是英国海军第二战斗中队的无畏军舰和旗舰，在 1916 年 5 月爆发的日德兰海战（Battle of Jutland）中起到了至关重要的作用。此次海战见证了历史上最大规模的军舰撞击。但吉米却成功活了下来，只不过因海战少了一只耳朵。

>> **厄内斯特 · 沙克尔顿（Ernest Shack-leton，1874—1922）**

极地探险家，1914 至 1917 年率领“持久号”穿越南极进行探险，后因冰山撞击而沉船。但沙克尔顿却幸存了下来，并因此而远近闻名。

① 在“持久号”被困冰川中后，那只名叫“木匠夫人”的公猫连同船上的所有雪橇犬均被射杀。

猫符

当然了，猫与运气、迷信之间的联系绝非仅限于海上世界。建筑工人、文物管理员和考古学家偶尔也会意外发现一些见证上述关系的猫类遗骸。因为古人会将猫掩于墙里，制成木乃伊或猫符。古老的猫符常见于空洞的墙壁里、地板下和阁楼中。人们相信被掩埋在建筑底下的猫可以加固地基或可作为一种献祭，并迷信这样做会带来好运。当然，用于献祭的动物并不止于此，动物和祭物与建筑之间的历史范畴还是相当广的。例如在罗马庞贝古城的考古挖掘中，人们就在一幢房子的地基里发现了一堆小公鸡的尸骨，估计也是为了行好运（但显然没有奏效）。

在建筑墙壁里发现的猫类遗骸，常常被人们故意摆出特定的姿态，有时能看到一只鸟或老鼠被衔在猫嘴里或蜷缩在猫爪下。人们认为这些猫符可以起到类似稻草人的作用，许多关于此类考古发现的史料都留存了下来。

• 在布里奇沃特圣玛丽街教区教堂南部一幢 14 或 15 世纪房子的十字架里，人们发现一具猫尸。这只乌木色的猫嘴巴大张，一副“嚎叫”的样子，用来防御的前爪高高抬起，似乎要击退敌人一般。

• 在伦敦南华克区博罗高街一幢房屋内的一件 16 世纪木制品下面，人们发现一只猫与两只老鼠的遗骸。其中一只老鼠困在猫的两个爪子里，奋力想要挣脱的样子，猫的两条后腿伸得长长的，嘴巴大张，尾巴竖起。另一只老鼠则在猫的前腿下面往上够，似乎要去咬猫一口。

• 1827 至 1828 年（波旁王朝）复辟时期，在将都柏林耶稣天主教堂的管风琴从圣坛隔屏移至耳堂时，人们“在管风琴的琴箱后面发现一只猫和一只老鼠的干尸，那里环境干燥，物体不易腐烂，随后，人们将两具尸体摆放于玻璃容器中，构建了一个生动的场景”。

我们这里所讨论的是猫符的使用史，更是其发现史。在此过程中，人们不断被这段历史惊讶到，有时免不了受到惊吓。

走向异端

如果说人们只是偶尔被猫吓到，那么猫类害怕人类的历史案例可谓数不胜数。如今它们对我们还这么忍让真是个奇迹。远古世界的人们对猫无比崇敬，我们现代人也对其喜爱有加。然而，在这两者之间的几百年时间里，猫失去了神圣的地位，不再被人守护。中世纪时，猫开始被妖魔化，成了巫师的伙伴和魔鬼的代言。关于黑猫的迷信说法尤为盛行，人们相信遇见黑猫会带来厄运。在整个中世纪中后期，猫（作为魔鬼的化身）始终与离经叛道的异端邪恶行为有着紧密的联系，同时也成了善良基督徒的一大威胁，就像下面这段 12 世纪关于一群异端者的描述中写的那样：

> 在第一轮守夜期间……每家每户都在各自的犹太教堂里等待寂静来临，接着，一条绳子从天而降，中间悬着一只奇大无比的黑猫。黑猫一出现，所有人迅速将灯熄灭，然后……紧闭双唇，口中不断哼鸣，同时向刚刚瞥到的主人（即指那只黑猫，因教徒常视其为撒旦的化身）走去，跟着感觉寻找到并亲吻他。感觉越强烈的人摸到的位置越低：有些人摸到了脚，不过摸到尾巴或生殖器的人占大多数。随后，这颇为恶心的接触似乎解放了人们的食欲，大家纷纷抱住身边的男人或女人无比享受地亲吻起来。

在这个案例中，猫的重要性及其在纵欲活动中的重要作用，凸显出猫从神圣走向魔鬼的地位变化。

猫的负面形象来自它们与巫术的关系：自中世纪末期开始，大量木版画与油画里都出现了巫师和猫的形象，而且人们也曾认为巫师能变身成为猫。对这种巫术的惩罚往往会施加到猫的身上。人们会将其尾巴砍断，耳朵剪掉，四肢打断，或皮毛扯掉，抑或是将其焚烧，臆断这些暴力做法可以冲破它们的邪恶力量。而在普通人家里，猫也是令人焦虑的焦点——它们会趁婴儿熟睡之时将其闷死，还会让人联想到性。在 16 世纪的法国流行这样一种说法：吃了炖猫的女孩很可能会生出小猫。此外还有一个传说：为换取漂亮衣服，一个女孩将自己的灵魂出卖给了魔鬼，她去世时，一只黑猫从她的棺材里跳了出来。

讽刺

人类对猫的残忍行为并不局限于中世纪。在整个早期现代法国社会中，猫都是大众文化的关键角色。在混乱无序的狂欢节活动中，社会规范出现了一定程度上的颠覆。之前被压抑的紧张情绪终于被释放了出来。出于讽刺，猫也成了被支配和虐待的对象。人们还会撕扯猫的皮毛，让它们冲那些给丈夫戴绿帽子的女人嚎叫；焚烧猫咪也成了一些宗教仪式中的环节。在宗教改革时期的伦敦，曾有一只猫被剃得像个神父。不难看出，随处可见的猫在各种社会、文化传统与仪式中发挥着重要的作用，这是其他动物未曾有过的“待遇”。“用牛是搞不了喧闹仪式（一种声音很大的公开嘲讽仪式）的，”当代历史学家罗伯特·达恩顿（Robert Darnton）写道，“你得用猫，你得去玩弄猫。”

在 18 世纪的伦敦，人类对猫甚至对动物的残暴变得更加普遍。威廉·荷加斯（William Hogarth）创作的著名版画组画《残暴四重奏》（*The Four Stages of Cruelty*, 1751），将这种残暴表现得淋漓尽致。这组版画中的前两幅描绘了主人公汤姆·尼罗（Tom Nero）伙同他人对各种动物施虐施暴的景象，这些受难的动物中即有猫。在第一个场景里，一群年轻人干着各种坏事：弄瞎鸟的眼睛；在狗尾巴上拴根骨头，还有一人用箭顶着狗的肛门；将小猫吊死在灯柱上。18 世纪 60 年代，荷加斯在《自传体注解》（*Autobiographical Notes*）中表示自己创作这些画是“希望日后残忍对待弱小动物的情况可以越来

威廉·荷加斯版画组画《残暴四重奏》的第一幅《残暴的第一阶段》（1751 年）

越少”。正是因为那些残暴行径，英国于19世纪初期终于成立了动物保护协会（Society for the Prevention of Cruelty to Animals，后被维多利亚女王授予皇家动物保护协会名号）。随之而来的还有各种法律法规，其中包括1835年颁布的《虐待动物法案》，该法案明令禁止斗熊、斗鸡等活动，并涉及了对牛、狗、熊、羊等动物的保护。不过请注意，该法案可并不保护猫。直到1876年，在修订严禁虐待动物的相关法律时，人们才首次在家养动物中提到猫，并具体指出，“会带来痛苦的”各类实验“不得在不使用麻醉的情况下在狗或猫身上实施”。

法国大革命

在猫的历史中还有另一个与残暴相关的内容——法国大革命。罗伯特·达恩顿（Robert Darnton）的杰作《屠猫记》（*The Great Cat Massacre*，1984）将我们带到了18世纪30年代的巴黎，讲述了圣塞维利街上，一个印刷店里两名学徒倍受欺压与蹂躏的故事。这两位学徒的名字分别叫杰罗米和莱维尔，生活环境又脏又冷，每天都被师父和师兄们虐待，吃的也都是师父桌上的残羹冷炙或猫粮，完全无法下咽。更糟糕的是，睡在小阁楼里的他们几乎每晚都会被街上猫的嚎叫声吵醒。与之形成鲜明对比的，则是师父夫妇所过的舒适富裕的资产阶级生活，倍受师母宠爱的宠物猫“小灰”（La Grise）也过得非常滋润。

出于对自身境遇的不满，两名学徒决定夺回命运的主动权，扭转局势，反抗那些社会地位高于他们的人。于是，两人开始了一系列行动，最后屠杀了几十只巴黎家猫。某天晚上，其中一名学徒蹑手蹑脚地爬上了房顶，一直爬到师父和师母卧室的窗口。然后他便开始对着窗口模仿猫的嚎叫，吵得屋里那两位谁都睡不着觉。他连续折腾了几个晚上，弄到最后，师父心想那些猫定是被施了巫术，于是命令学徒们剿灭它们。当然了，师母要求他们放过她心爱的小灰。

随后，师父又令师兄们拿上扫帚和其他工具加入到学徒的队伍中，将附近的猫一举歼灭，捉一只灭一只。他们决定先从小灰开始下手，于是用一根铁棒打折了小灰的脊椎骨。此后，他们只要看见猫就会将其捉住并重重打死。他们还爬上房顶将死伤的猫装进袋子里，随后丢到印刷店的院子里。没想到紧接着，他们又搞了一次“审判”，指控那些猫犯下的罪行，其中就包括使用巫术，最后宣判罪名成立并即刻将它们送上了绞刑架。期间，师母和师父也介入进来，斥责了他们的行为，然而两人前脚刚走，工人们笑了笑便又继续他们滑稽的表演，并在之后的多个场合重演了这一幕。

如此血腥残暴地虐杀数十只流浪猫一点都不好笑，但这个故事想要表达的不止于此。对历史学家来说，最难的问题恰恰是如何理解笑点：这个故事想让我们以历史本身的方式去理解历史，在那样独特的历史背景下，究竟是什么让这个“传奇”如此好笑呢？

如果从法国文化生活的角度去看待这个故事，我们可以看出它就像工人罢工的一种早期表达方式，发生的时间较 1789 年大革命早了五十年。这个故事告诉我们，在当时，点燃法国社会的各种政治思想已有生长的沃土。令人意外的是，猫在揭露社会矛盾与紧张局势的过程中扮演了举足轻重的角色，并且它们对推翻“旧政权”（Ancien Régime）具有“神圣”作用。

旧政权（Ancien Régime）

从中世纪晚期到 1789 年法国大革命前，统治法国的不民主政治和社会制度。

这个故事的焦点问题无疑是印刷店学徒与资产阶级雇主之间的矛盾。学徒们时刻准备屠杀的猫反倒是雇主们珍爱的宠物，猫与法国大革命的丝丝联系即在于此。与此同时，我们也可以通过行为与情绪来了解法国大革命的历史。在法国“恐怖统治时期”（Reign of Terror），大批民众被处死，整个时期在法国的历史记忆中烙下了苦痛的印记。这段历史中既有惨叫，也有歇斯底里，还有面不改色的反抗——说到表情，我们不妨来聊聊下一个重要的话题，那就是“微笑”的历史……

第二十七章

微笑

微笑的历史关乎……

关乎法国大革命、疯狂荒唐，

关乎加勒比海殖民地、帮派冲突，

还有奴隶制。

你有多少种不同的微笑方式？对大多数人来说，答案通常在十种左右：自然流露的喜悦微笑、略带忧伤的微笑、不情愿的微笑、咧嘴微笑、近乎大笑的微笑、不怀好意的微笑、自鸣得意的微笑、伪装出来的微笑，还有欲笑而不能的微笑。当然，从你与亲友同事之间的经历来看，或许还能列举出更多种。简而言之，微笑是一种极为复杂的情感表达。而历史学家的一项重要工作便是充分认识到，无论是现有的生活还是过去的生活，都对每一种微笑具有非常深远的影响——微笑绝非永恒。也正因如此，微笑是一个令人着迷的历史话题。

疯狂

18 世纪法国的微笑尤为有趣。它不仅关乎着牙科学、启蒙运动时期的情感表达，还有法国大革命时期人们对断头台的恐惧。这些事物共同推动了历史学家们所定义的“微笑运动”。

在法国“旧政权”时期，微笑让人联想到的东西往往是淳朴的乡民、妓女、疯子和恶魔。那个时期的肖像画中最有代表性的是德克·范巴布伦（Dirck van Baburen）的作品《老鸨》（*The Procuress*，1622），描绘了一名妓女；或是弗兰斯·哈尔斯（Franz Hals）的作品《疯狂的芭比》（*Malle Babbe*，1633—1635，见图 36）。后者描绘了一个“疯狂的”——法语中为“malle”——女人，身边一只没盖盖子的白镴啤酒杯，脸上挂着那种听起来会很刺耳的大笑。历史学家认为她可能嗜酒或患有精神疾病。在她左肩上还有一只猫头鹰，有人觉得这是一种象征，表明这个女人是个女巫。

不管事实如何，令人毛骨悚然的微笑背后定是一个生活坎坷或处在社会边缘的人。荷兰画家格里特·范宏斯特（Gerrit van Honthorst）的油画《大笑的小提琴手》（*The Laughing Violinist*，1624，见图37）生动地描绘了一个笑容灿烂的音乐人，只见他眼睛亮晶晶的，嘴巴咧得似乎都能听到笑声。然而他却做了一个带有性暗示的动作——左手紧紧握住右臂，那只右臂毫无疑问象征的就是阴茎。

有人发现，这幅画本来是要挂在另一幅画——《数钱的年轻姑娘》（*Young Girl Counting Money*）——右边的。这么看来，它所传达的意思更加明显了。在画作《数钱的年轻姑娘》中，一名面带微笑的高级妓女身穿低胸上衣，头戴靓丽羽毛装饰，耳朵上戴着巴洛克式耳坠，小心翼翼地用拇指和食指捏着一枚硬币，目光越过左肩向那个小提琴手投去。

礼貌

现代评论家让-巴蒂斯特·德拉萨利（Jean-Baptiste de La Salle）创作了一部开阔眼界的优秀论著——《礼貌规范与基督文明》（*Decorum and Christian Civility*，1703）。其中有一条理论是：笑而露齿似乎常与上流社会不太“和谐”。这部作品是为“基督教学校”创作的课内读物，旨在指导学生保持良好的行为规范，做到文明有礼。该手册在18世纪时极负盛名，文中写道：

> 有些人的上嘴唇翘得过高或下嘴唇下凹过低，以致牙齿几乎全露出来了。这是与优雅礼貌的行为规范完全相悖的做法，行为规范禁止牙齿外露，因为我们生而有唇就是为了将其藏起。

>> **让-巴蒂斯特·德拉萨利（Jean-Baptiste de La Salle，1651—1719）**

资助教师的圣人德拉萨利曾是一名神父、教育改革者，毕生致力于对穷困学生的教育工作，1900年被教皇利奥十三世封为圣人。

这部手册借鉴了此前行为规范作家安东尼·德·库尔丁（Antoine de Courtin，1622—1685）的一些观点。库尔丁认为："坏牙会腐化口腔，难闻的口气会熏到与我们交谈的人。"而德拉萨利则认为："嘴唇闭得太紧、咬得太紧或半张着嘴都是失礼的行为，噘嘴或做鬼脸都是不能容忍的。你必须竭力做到闭上双唇并使其保持自然放松的状态。"可见，这些法国礼仪准则背后还有一些具体实用的要求。所以你就知道，凡尔赛宫里的廷臣们为何总是双唇紧闭、表情严肃了吧。这不只是上层人士的教养所致，更是因为他们糟糕的口腔卫生问题。

糖与帝国

造成这种情况的一个原因，是他们食用的糖腐蚀甚至彻底摧毁了他们的牙齿。牙齿发黑、牙龈松动从来称不上美观，在太阳王路易十四的时髦宫殿里更是如此。路易十四王宫里的微笑史与帝国扩张息息相关，特别是以下几个方面：为获得更多的土地种植蔗糖，欧洲列强将殖民统治的触角伸向了加勒比海地区；为获得更多人力种植、收割并生产糖，殖民者创造出了奴隶经济；他们建立了商船队，来满足运输糖、殖民者以及其他生活必需品的需求，从而成功经营着国外殖民地；他们创建了海军，以保护殖民地并像脐带一样连接殖民地与欧洲的商船队。从这层层关系中我们看到，路易十四宫殿里笑容缺失的背后，是法国海上帝国的崛起。法国的殖民统治始于 1624 年。他们占领了南美部分沿海地区，即后来的法属圭亚那。1625 年占领加勒比海地区的圣基茨群岛，1635 年又成功殖民瓜德罗普及马提尼克两岛，它们后来也成了主要的蔗糖加工地。

太阳王（The Sun King）

法国国王路易十四（1638—1715）的绰号。路易十四四岁即位，在位 72 年，是欧洲历史上统治时间最长的君王。一些历史学家认为"太阳王"的称号是其自封的，其他人则认为是其臣民对他的称呼。路易十四常以太阳作为其个人象征。

牙科医学

18 世纪上半叶，对遭受坏牙之痛的巴黎人来说，除了向当地拔牙师求援以外没有更好的办法了。巴黎新桥上就曾有一位从事拔牙这项“残忍”活计的人，他叫大托马斯（Le Grand Thomas），以高超的拔牙技术而闻名。当时的流行歌曲和娱乐文化中都留下了他的传奇故事。一幅描绘大托马斯工作的画像有这样一段题字：

> 我们的大托马斯，恩泽四方，出江湖庸医群而不染。你的牙齿痛吗？绝对不要怀疑大托马斯，他定会帮你拔掉后患。

在这幅画中，还有一群乐师以及一辆小车，车顶有个微笑的标志——一颗大牙齿。大托马斯所代表的“牙科医学”比专业的牙科医学和吸睛的公共表演恐怖得多。如果你有那种幸灾乐祸的心态，那么还有比围观别人拔牙更好玩儿的事情吗？

大托马斯在大众文化中的知名度颇高，法国戏剧 1743 年的《杂耍》（*Le Vaudeville*）中的一个人物就改编自他的形象。剧中那个人物有这样一段搞笑的台词：

> 要小心医生的夸大其词，那是他们想要谋杀我们时的巧语诱骗。而我，托马斯，虽嘴笨口拙，但却能助你消除牙痛的困扰。我会将坏牙连根拔起。咔的一声！连根拔起。

面对如此野蛮的拔牙技术，被拔牙的人可丝毫笑不出来。倒是围观者里有人会被那位倒霉的患者莫名逗乐。

到了 18 世纪，文明礼仪标准和艺术品位都发生了改变，人们开始接受轻柔的微笑。这种“微笑革命”与启蒙运动时期关于情感的新认识、新看法有着密切的关系。微笑是情感的核心内容，而情感又被认为是人之所以为人的核心原因。英国作家塞缪尔·理查森（Samuel Richardson）的小说《帕米拉：善有善报的故事》（*Pamela: Or, Virtue Rewarded*，1740）与《克拉丽萨：一个年轻女子的故事》（*Clarissa: Or, the History of a Young Lady*，1748）中都有笑容“甜美”的浪漫主义角色；画家威廉·荷加斯在《美的解析》（*Analysis of Beauty*，1753）一书中指出，“嘴角构成悦人微笑的线条具有柔和的弧度，但如果是大笑，那些线条便会失去美感”，并补充称其厌恶“放肆大笑”，因为那样会“让一张精明智慧的面孔换上一副愚蠢、惹人厌的样子”。

产生这种柔和微笑的部分原因是新型牙科技术的诞生。18 世纪时，专业的外科医生兼牙医层出不穷，牙科工作从路边买卖转变为室内私人顾问式的营生。正是在这段时期出现了牙科医生的正式学历。1728 年，皮埃尔·福沙德（Pierre Fauchard）的《牙医与牙齿治疗》（*The Dentist, or Treatise on Teeth*）正式出版，成为史上第一部牙科医学大百科。珍珠亮白的牙齿开始成了人尽可求的美丽现实，市场上也出现了各种各样的牙具：牙刷、牙签、漱口水，当然了，还有与牙齿有关的口红——如今更是突显微笑的佳品。

恐怖统治时期

当“微笑革命”遇到真正的革命——法国大革命——时，微笑的历史便遭遇了险恶的转折。1792 年 9 月血腥的法国第一共和国成立；1794 年 11 月专制的君主马克西米连·罗伯斯庇尔（Maximilien Robespierre，1758—1794）下台之后，断头台的升降似乎成了无休止的循环。自此，法国进入了“恐怖统治时期”，革命的战场也成了斩首示众的“舞台”。一些被斩首的受害者叫得极为惨烈，比如国王的情妇杜巴利伯爵夫人（Madame du Barry）。在断头台上，她的尖叫声震耳欲聋，就连塞纳河另一头的人都能听到。据刽子手亨里·桑森（Henri Sanson）称，杜巴利伯爵夫人当时歇斯底里地狂叫，吓得牙齿上下打战，“我从没见过谁哭得像她那样疯狂”。然而，还有一些人则视笑容为政治反抗的有力象征，在登上断头台时报以克制又勇敢的微笑。人们甚至给这种微笑起了名字——“断头台上的微笑”。其中一个勇敢面对断头台的人物便是法国政治家、首相纪尧姆-克雷蒂安·德·拉穆瓦尼翁·德·马尔泽布（Guillaume-Chrétien de Lamoignon de Malesherbes）。刽子手桑森称马尔泽布死时“面带圣人般的坚定笑容，表情从容淡定”。面不改色的勇敢微笑是无声反抗的终极方式，不过革命者一般还是会让他们说出临终遗言。微笑很快会从这些不幸的人脸上消失，因为被斩下的脑袋在示众时嘴里会被塞上稻草。

>> **杜巴利伯爵夫人（Madame du Barry，1743—1793）**

法国国王路易十五的高级妓女、情妇，是法国大革命时期“恐怖统治”下被处死的著名人物。1793 年因协助叛逃者离开巴黎而被送上断头台。

电击

18 世纪见证了微笑历史中的重要变迁，尤其是人们在物理学角度对微笑的认识所发生的改变。随科学原理而来的是一些惊世骇俗的照片。这些照片的拍摄者是法国科学家纪尧姆·杜兴（Guillaume Duchenne，1806—1875）。杜兴毕生致力于研究面部表情背后的物理原理，并首创了通过电击刺激面部肌肉的新技术。1862 年出版的《人类面部表情机制》（*Mechanism of Human Facial Expression*）是杜兴众多作品中最惊人的一部。他在书中称，人们不仅能够“读懂”他人的面部表情，更能通过表情这个窗口直达“一个人的灵魂”。他认为面部表情——以一种绝妙的比喻方式来说——就是“灵魂的表达训练”。杜兴对微笑的研究尤为重要，他引出了关于面部表情“密码”的争论，这方面的内容至今仍是人们苦苦想要破解的难题。

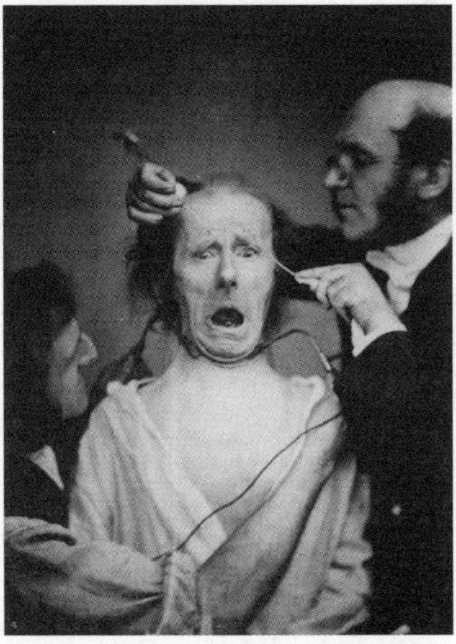
纪尧姆·杜兴利用电击开展面部表情实验

杜兴证实了假笑与真笑——用他的话说是“自然流露的愉快”——之间是有区别的。该区别在于眼睛周围肌肉（眼轮匝肌）与嘴角肌肉（颧大肌）的使用。他认为，颧大肌能够“服从指令”，但眼轮匝肌仅在“一个人产生真正甜蜜的时候才会发挥作用”。这名天赋异禀的科学家、观察家也是一位诗人，他将眼轮匝肌描述为“产生善良、爱与愉快情感的肌肉”。很快，查尔斯·达尔文（Charles Darwin，1809—1882）在认真研究了杜兴的论著后，展开了自己的实验。他给受试者看了杜兴拍的表情照片，让其讲述自己对表情的理解，并对杜兴的理论做了自己的修正。对人类面部表情——尤其是微笑——机制的研究一直延续至今，具体方法包括通过听笑话或看喜剧来测试面部表情变化，听上去是不是挺好玩的？这些研究揭开了另一个有趣的问题，人们是否愿意通过微笑表现出自己的确很开心。你瞧，掩藏发自内心的笑也有其历史可循。

亚伯拉罕·林肯

说起轻松而真诚的微笑与拘谨伪装的假笑之间的区别，美国总统亚伯拉罕·林肯（Abraham Lincoln，1809—1865）的照片为我们提供了生动的例子。现存关于林肯最早期的照片拍摄于 1846 年，也就是他 37 岁的时候。最晚期的拍摄于 1865 年，即林肯遇刺前的几周。林肯不仅是独特的摄影主题，也是微笑历史中非常重要的一部分。首先，他是第一位生在摄影时代的美国总统，也是同时期被拍摄次数最多的美国人；其次，在几张林肯面带微笑的照片中，我们可以看到，尽管他没有露齿，但嘴角上扬、眼含光芒的样子无疑是在微笑。这种拍摄技法在 19 世纪中期并不常见。因为当时摄影技术还很原始，曝光时间较长，想保持微笑着实不易。不过，也许更重要的原因是，当时微笑常令人觉得愚蠢和丢人。与林肯同时代的美国作家马克·吐温（Mark Twain，1835—1910）在写给《萨克拉门托每日联合报》（*Sacramento Daily Union*）的一封信中写道：“照片是重要的文件，没有比给后人留下一个永久的傻笑形象更丢人的事情了。”

在 19 世纪中期，举止轻率随意是任何政客都不应有的品性。当时一名记者宣称：

（自己就是）无法喜欢这个人（林肯）……因为他的内心太脆弱随便了，丝毫不严肃强大，当时他已经因此声名狼藉，而且整个政治生涯都是如此，但他仍然极其热衷于讲笑话和奇闻逸事。

19 世纪 60 年代时更是如此。当时，林肯是南北战争时期美国北方联邦军的领导者，致力于消除恐怖的奴隶制。在那样的背景下，对林肯这类身份特殊的人来说，照片中的形象应该越严肃越好，于是就有了后来最著名的“葛底斯堡肖像”①。这幅肖像摄影作品由苏格兰摄影师亚历山大·加德纳（Alexander Gardner）拍摄于 1863 年 11 月 8 日，拍摄地点就在加德纳位于华盛顿的工作室。照片拍摄两周后，也就是北方联邦军在葛底斯堡战役（Battle of Gettysburg）中胜利四个月之后，林肯发表了他最著名的演讲——《葛底斯堡演说》，激情澎湃地呼吁人人平等。该照片主要是为雕刻师（同时也是反对奴隶制的激进分子）萨拉·费舍·克兰皮特·艾姆斯（Sarah Fisher Clampitt Ames，1817—1901）提供素材，来完成美国参议院林肯半身像的

亚历山大·加德纳于 1865 年 2 月 5 日拍摄的林肯像（左图），两个月后，林肯遇刺；林肯的“葛底斯堡肖像”（右图），拍摄于 1863 年

① 有意思的是，这幅肖像摄影作品当时并不知名，直到 1909 年随着亚历山大·加德纳的档案一同浮出水面后，才被广泛视为史上最出色的林肯像。

雕塑工作。这座雕塑现坐落于参议院多数党副领袖的办公室外。可见，那张照片拍的是一个因在意形象而有意摆拍的人。

>> **葛底斯堡战役（Battle of Gettysburg，1863）**

美国南北战争中最血腥的一场战役，以北方联邦军的胜利告终。战役中双方伤亡超过 23000 人，而联盟军则再也没能完全恢复战斗力，最终输了战争。

那张照片之所以如此震撼，是因为它与人们对林肯日常生活的研究发现形成了鲜明对比，揭开了林肯颇为幽默而又不为人知的一面。这组同时拍摄的照片展现了拥有上千种表情的林肯，或许这正是他具有如此强大感染力的原因。他的秘书约翰·乔治·尼古莱（John George Nicolay，1832—1901）对林肯的这个特点深谙于心。他曾描述过每一位在林肯提名总统候选人后为其画像的艺术家有多“绝望”。尼古莱写道：

> 他们在画作中展现了他高大粗犷的特点、强烈而显著的线条；他们精确度量寻求合适的角度与构图；他们设计了一些表情，但最终的照片总是显得生硬冰冷。即使没画完，人们也能明显看出来他们并不满意……画像之于林肯，就像沙粒之于高山，或是逝者之于生者。在一张拥有上千种表情的面孔前，平面艺术显得十分无力。林肯的表情变化细微复杂，无论线条与轮廓，无论光与影……重复着严肃与欢快的轮回……可以说，林肯画像千千万，惟妙惟肖无一幅。

至今，历史学家们仍然为林肯在照片中表现出来的性格特点感到困惑（甚至争论颇多），可以肯定的是：他是被镜头捕捉到的微笑“出卖”的第一位美国总统（极有可能也是第一位美国人），他愿以幽默感感染自己，也感染别人。

剃刀党

尽管微笑与幽默、快乐有密切的关系，但微笑史中也有邪恶的一面。20

世纪 20 至 30 年代，英国苏格兰城市格拉斯哥发生了“剃刀党”的暴力事件——他们喜欢弄伤别人的脸。格拉斯哥南部在历史上曾因暴力帮派盛行而臭名昭著，尤其是克莱德河畔边“大名鼎鼎”的戈尔伯斯贫民区。19 世纪末，工业革命的兴起导致人口密度过大，生活条件差到骇人听闻，戈尔伯斯地区的失业率不断走高，在 20 世纪 30 年代达到峰值。受到时代背景的影响，在两次世界大战期间，帮派之势盛行。记者 H. 金斯利 · 朗（H. Kingsley Long）与失业工人亚历山大 · 麦克阿瑟（Alexander McArthur）共同撰写的小说《非凡之城》（*No Mean City*，1935），描写了那一时期戈尔伯斯地区的生活。

19 世纪末至 20 世纪初，爱尔兰天主教工人大量涌入新教城市格拉斯哥，教派间的仇恨加剧了帮派冲突，局势日益紧张。布里奇顿比利男孩帮（Bridgeton Billy Boys）、诺曼拳头帮（Norman Conks）以及南方贴纸帮（South Side Stickers）均以派系与地盘划分。为了守住地盘、遏制敌人，帮派之间皆以暴力相向，有时候也会伤及普通百姓。

由于曾有在曼彻斯特处理过类似案件的经历，珀希 · 斯利托（Percy Sillitoe）警官于 20 世纪 30 年代被调到格拉斯哥，接过了这个帮派丛生的烫手山芋。斯利托曾在南非及北罗得西亚（赞比亚的旧称）地区小试牛刀，后来成为切斯特菲尔德警长及约克郡东区警长，并在任期内令当地警力脱胎换骨，惩治了无数城市暴力帮派。他的经验无疑是黑社会一般的格拉斯哥地区急需的一把利剑。果不其然，斯利托在格拉斯哥的治理工作大获成功，并于 1936 年被授予英国二等勋位爵士（CBE），1942 年获封骑士，1946 年被任命为军情五处处长。他在格拉斯哥这座苏格兰城市所采用的策略中，包括招募爱打好斗的苏格兰高地人，令后者加入到帮派斗争之中。苏格兰人所在的帮派成功之后，警方所要干倒的就只剩下他们一个暴力团伙了。

这些帮派滋生出的一个暴力行为被称为“格拉斯哥微笑”（与“切尔西微笑”近似），是用刀从受害人的两嘴角划向两耳，留下一个微笑式的伤疤。既然说到这里，那我们就来聊一聊“伤疤”的历史……

第二十八章

伤疤

伤疤的历史关乎……

关乎决斗、男人的荣耀心、女人的美，关乎奴隶制、英国内战，

还有纳尔逊的自我价值感。

我们常常不把皮肤太当回事儿，但它真的是种神奇的东西。皮肤是人体最大的器官；它保护我们免受外伤、感染与脱水的侵扰；它的更新周期约为 30 天。由此可见，皮肤的状态总是日新月异，尽管我们通常察觉不到它的变化。然而，也有一些变化是清晰可见的，比如伤口的愈合，或是结痂的形成和脱落。伤疤就是在这个过程中产生的。只有最低程度的损伤才不会在人的皮肤上留下伤疤。这也就意味着，伤疤简直是历史学家的福音。这样一来我们就可以通过伤疤“读懂”人体了。你看，每个伤疤背后都有自己的故事，可见我们的皮肤是能储存记忆的；换句话说，皮肤也是一种历史文本。皮肤本身的确很有意思，不过我们必须要做更进一步的工作，来研究它所记载的特别的历史。皮肤并非无事不记，而是会记录下那些戏剧性的、痛苦的时刻。这些时刻以伤病的方式在我们的身上镌刻下印记，也许是手术后的缝线，也许是在受伤时的划痕——那些被有意留下的伤疤。

我们的伤疤

先来讲讲我们的伤疤吧。如果你很娇气的话，可以跳过这一段。1983 年，萨姆在跑过一扇玻璃门时，划破了小腿，伤口深及骨头；1986 年，他在用气枪射击的时候，枪的后膛在拇指和食指指缝里留了一个疤；1989 年，他又从一棵苹果树的树冠上栽了下来，“成功”地证明了万有引力的存在，不过他的脑袋重重地摔在地上，两眼间留了疤。再来看看詹姆斯吧，他的左脸颊上有个小疤痕，是小时候与人比剑（用的是竹竿）时留下的；还有一次，詹姆斯在摆

弄一把新买的小折刀时手滑了，小刀像铡刀一般在右手中指上划了一道伤痕；此外他身上还有好多小伤疤，不是从自行车上摔下来弄的，就是得水痘或打结核疫苗时留下的。每个伤疤的背后都有一个故事，关于某个时间、某个地点，还有（通常不是故意而为的）某种错误决定。有些伤疤比较显眼，它们被问起的次数一定更多，而另一些被隐藏起来的伤疤背后又有着各种各样难以言说的原因。伤疤背后的人生故事往往倾向于以戏剧性的方式结尾：在“观伤疤识人生”的过程中，我们得学会避免偏见。

造成这些伤疤的往事中，没有一件值得重演。与因严重外伤而失去四肢、器官的情况相比，我们那些伤疤真的不算什么。虽说皮肤是一种历史文本，但这文本丝毫不算简单易懂。恰恰相反，“读”伤疤的过程无法避免地会夹杂许多个人感情。意料之中的是，用伤疤讲故事是一种文学上的手法，营造出戏剧性的效果或引出进一步的阐述。在电影《吊人索》（*Hang'Em High*，1968）中，克林特·伊斯特伍德（Clint Eastwood）脖子上的恐怖伤疤是怎么来的？一帮人认为他偷了一群牛，于是私自对他用刑。虽然他幸运地逃过死劫，但脖子上却留下了受刑所致的疤痕。在电影《黑暗骑士》（*The Dark Knight*，2008）中，小丑两个嘴角上的伤疤又是怎么来的呢？它们是被刀划开的——没错，就是前面提到过的“格拉斯哥式微笑”。影片中，小丑对此其实给了两种版本的解释。第一个版本是，他看到了父亲举刀攻击母亲的场景。父亲为了迫使儿子露出笑容，随后又在儿子脸上补了两刀，并说了一句“干吗板着个脸（原文为Why so serious，后来这句话成了小丑的标志性台词）？”第二个版本是，小丑的妻子被黑帮用刀划了一个“微笑伤疤”，为了表明自己丝毫不在乎她的疤痕，他也在自己脸上“复制”了一个同样的疤。在《蝙蝠侠》原著漫画里，小丑有一副龇牙咧嘴的笑容。他曾掉入一大桶醋酸中，皮肤被漂得煞白。除上述角色之外，还有一人的伤疤最为知名，那就是哈利·波特。他额头上的闪电伤疤又是怎么来的呢？是他在逃脱伏地魔的索命咒后留下的。

奴隶制

历史的伤疤有时会实实在在地镌刻在人们的皮肤上，时刻提醒我们，曾经野蛮不公的年代是多么恐怖。最可怕的恐怕非美国黑奴身上的伤疤莫属。18 世纪末至 19 世纪初，奴隶被视为一种可以用来买卖的财产，与奴隶有关的法律及对奴隶的处罚都十分严苛。奴隶没有选举权，不得结婚、自由迁徙、拥有财产。而且，法律允许他人鞭打、饿死、致残、虐待奴隶。尽管美国各地对待奴隶的政策不尽相同，但对奴隶的惩罚和虐待都极为普遍。多部回忆录将肢体暴力带来的野蛮残酷描写得淋漓尽致，譬如所罗门·诺萨普（Solomon Northup）的回忆录《为奴十二年》（*Twelve Years a Slave*，1853），或是哈丽特·雅各布斯（Harriet Jacobs）的回忆录《女奴生平》（*Incidents in the Life of a Slave Girl*，1861）。近些年，电影和小说常常探讨此类话题，包括昆汀·塔伦蒂诺导演的电影《被解救的姜戈》（*Django Unchained*，2012），以及科尔森·怀特黑德（Colson Whitehead）的小说《地下铁道》（*The Underground Railroad*，2016）。

>> **所罗门·诺萨普（Solomon Northup，1807/8—约 1863）**

《为奴十二年》的作者，该书是讲述美国黑奴故事最重要的作品之一。诺萨普曾是华盛顿区的一位乐师，后被人下药绑架并卖到了奴隶市场。他在路易斯安那州的一座种植园里为奴做工十二载，直至其家人与朋友将他解救出来。

有一张非常有名的照片表现出当时美国黑人所遭受的野蛮暴行。照片上的人叫彼得·戈登（或称“挨鞭子的彼得”），他的后背上刻着被奴隶主数次鞭打后留下的惨痛伤疤。1863 年 3 月，戈登从约翰·莱恩与布里吉特·莱恩的种植园里逃了出来。他跑了足足十天。期间，他不得不用洋葱擦拭全身来掩盖自己的气味，避免被追捕的猎犬发现。最终，他成功脱险，抵达巴吞鲁日的北方联邦军大本营，并在那里重获自由（尽管后来他又被南方联盟军俘获，但最终再次成功逃脱）。在彼得到达大本营后，他于 1863 年 4 月 2 日接受了一次体检，人们这才发现他背后十分严重的伤疤。检查中，他讲述了这些伤疤的来历：

十天前，我从种植园逃了出来。监工阿塔尤·凯利尔（Artayou Carrier）一直拿鞭子抽我，当时我的主人不在场。在被鞭打之后的两个月里，我每晚都浑身酸痛，精神开始变得不大正常——我有些发疯了。我想朝所有人开枪，这是他们说的，我并不知道自己要开始射杀所有人，是他们告诉我的。我把自己所有的衣服都烧了，但我都不记得做过那些事。我从来没有那样（疯狂）过，而且我都不知道自己是怎么变得那样（疯狂）的。我被打之后，主人来了，他见到我倒在床上，随后辞退了监工。他们告诉我，我最开始要朝妻子开枪，但我真的没朝任何人开枪，没有伤害任何人，主人的上司、约翰·莱恩、种棉花那个人，我都没有伤害。我们就在路易斯安那州，离华盛顿很近的一个地方。我被打的时候距离圣诞节只有两个月了。

据称，这份证词是“彼得坐在那里拍摄照片时的原话”。当时，彼得·戈登正在接受全身检查，被流动摄影师威廉·D. 麦克菲尔森（William D. McPherson）和其合伙人J. 奥利弗（J. Oliver）拍了个正着。照片中，戈登坐在椅子上，上身赤裸，满是伤痕的后背对着镜头，头则不卑不亢地转向一侧。这张照片后来被制成了一张肖像名片，广泛流传开来。《哈珀周刊》（*Harper's Weekly*）美国独立日特别版中曾出现过这张照片。1863 年反奴隶制报纸《解放者报》上的一篇文章描述了这张照片的深刻意义：“他身体强壮，上半身裸露着……一道道伤疤、一条条伤口，有的地方鼓了起来，有的地方凹陷进去，还有的地方都是疙瘩，被虐待折磨过的地方都是奴隶制驱动者鞭打的可怕印记。”

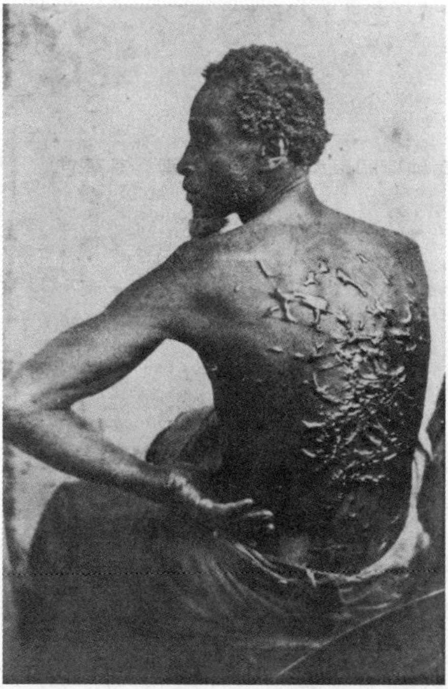

1863 年威廉·D. 麦克菲尔森及其合伙人 J. 奥利弗为戈登（“挨鞭子的彼得”）拍的照片

拍摄这张照片正是为了让公众关注到奴隶们的伤疤，给人以感官上的强烈冲击，推动废除奴隶制战斗的胜利。

霍雷肖·纳尔逊

日记、家书、病历，这些东西让历史工作者得以窥见与伤疤共存者的想法。其中一个非凡的记述出自（左撇子）霍雷肖·纳尔逊。在特拉法尔加海战前的一段和平日子里，纳尔逊琢磨起自己的身体状况。他以第三人称列举了一个“纳尔逊勋爵的伤情清单”，那口吻就好像在观察一个桃子上的划痕。纳尔逊在清单上写道：

> 他在科西嘉岛伤了一只眼睛（弹片致其一只眼睛失明）
> 在圣文森特角伤到腹部（落下了一个“拳头大小”的切口疝）
> 在特内里费岛伤了一只胳膊（右臂截肢）
> 在埃及伤到头部（头皮损伤致使头颅一片皮肤脱落）

或许是出于悲伤，或许是骄傲，又或者是谦虚，纳尔逊随后补充了一句：“对一场战争来说尚可接受。”这个男人身材矮小、身体虚弱，战争留下的伤疤好似勋章一般备受他的珍视。对纳尔逊来说，这些伤疤的重要性丝毫不亚于领导力与忠诚度。它们仿佛在慷慨激昂地说：“我战斗过，我活了下来，我无所畏惧，我是你们的领袖，跟我来。”纳尔逊的伤疤并没有击败或压倒他。恰恰相反，他给予了它们意义和价值，并从它们身上汲取力量。

决斗之疤

对一些男性来说，伤疤是荣耀的象征，是男子气概的宣示。在19世纪的奥地利和德国，决斗之疤（德语里称为“Schmisse”）在年轻的乡绅贵族中间非常流行。那些人都是大学决斗俱乐部或学生军营中的成员。就拿大名鼎鼎的普鲁士政治家、德国第一任总理奥托·冯·俾斯麦（Otto von Bismarck，1815—1898）来说吧，他在哥廷根大学和柏林大学就读期间就是

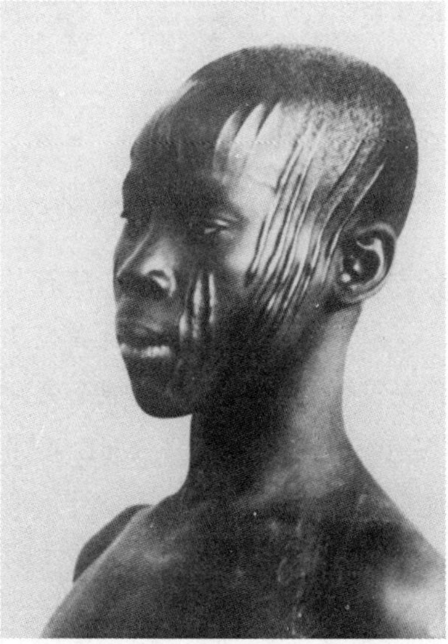

非洲青年脸上的伤疤（拍摄于 1930 年前后）

一名身手敏捷的决斗选手。在哥廷根大学期间[①]，俾斯麦加入了一个名为“汉诺威军”（Corps Hannovera）的学生军，这是一个学生会兼酒水俱乐部性质的组织——跟今天美国高校的兄弟会差不多。俾斯麦在入学第一年就参加了 25 场决斗。哥廷根大学的一名学生曾描述过俾斯麦的体貌特征，称其有“一个巨大的疤，是在最近一次决斗中留下的，从鼻尖一直延伸到右耳边缘，已经缝了 14 针”。据说，他曾用盐涂擦伤口，加重伤势，让伤疤更加显眼。尚武荣耀是当时普鲁士地主阶级容克（Junker）贵族们的核心价值观之一，俾斯麦正是其中的一员。对他们来说，伟大的伤疤就是荣耀徽章。一些年轻人在自己的“决斗”生涯中会落下许许多多的伤疤。另一些人为了融入这种文化，不惜用刀片自残，或是收买医生用手术刀划伤自己，为的就是在身上留下疤痕。

19 世纪的日耳曼决斗士对自己的伤疤不遮不掩、引以为豪。因为它们是男子气概的标志，是一种重要的表达方式，是历史上常见的仪式性象征。伤疤是自我伤害的一种产物，但在一些部落仪式中，它们也可以是极端的身体表现艺术。伤疤、文身、耳洞、烙印，这些都是人们与世界交流且极为公开的方式。伟大的人类学家克洛德·列维·斯特劳斯（Claude Lévi-Strauss，1908—2009）认为，人的身体是一层未加修饰的表面，等待着烙上文化的印记。落疤的方式多种多样，比如刀割、烙烫、去皮，甚至是将土或灰往伤口上撒，制造出显著的“凸起式”伤疤。对肤色较深的人来说，伤疤比文身更为显眼。因此，非洲许多部落都以伤疤作为群体的标记，或是作为进入不同人生阶段的象征符号。在非洲西部，人们曾将伤疤用作家庭与族群的标志，女人们在不同人

① 1832 年俾斯麦入读哥廷根大学，1833 至 1835 年转学至柏林大学。经查，汉诺威军是哥廷根大学最古老的学生军之一。原文写作“at Berlin”，应为笔误。

生阶段也有着不同的疤痕标记。而伤疤似乎也能说明她们更容易成为优秀的婚姻伴侣，因为这体现了她们忍受痛苦、繁育后代的能力。

天花

非洲部落伤疤的独特之处在于它们是公开外露的，而西方人对伤疤的态度则大多与之相反，他们会把伤疤遮掩起来。于是伤疤的历史与女性之美也产生了联系。在非洲文化中，伤疤让人联想到的是美丽、繁育能力与女性魅力；但在西方文化里，人们则担心面部或身上的伤疤会断送女性之美。1562 年 10 月，刚继位没多久的英国女王伊丽莎白一世便染上了天花。由于当时医疗水平较低，一旦得了这种病，人的脸上或身上往往会留下非常严重的疤痕。女王的病情更是极为恶劣，人们都担心这病会要了她的命。幸运的是，她挨了过去，留下的疤也不多。相比之下，女王的侍女玛丽·锡德尼伯爵夫人就没有那么幸运了。在照料伊丽莎白一世期间，玛丽·锡德尼也染上了天花，面容因此严重受损。玛丽的丈夫亨利·锡德尼爵士在回忆录《在爱尔兰效力》（*Memoir of Service in Ircland*）中毫无同情心地写道：

> 当我把她留在家里前往纽黑文的时候，她还是我眼中的窈窕淑女，最优雅动人；然而，当我回来时，我发现她已经被天花搞得要多不堪有多不堪……那些疤（她肯定是极不好受）也将永远留在她脸上了，她像只黑鸦独自一人生活在家里。

“美容贴”

看得出来，天花落下的疤是对美的妨碍。纵观西方历史，我们发现人们曾用“美容贴”（beauty patch）遮掩各种不完美的地方——比如痦子、胎记或疤痕。这种美容贴源自罗马帝国。在 16 世纪的欧洲，人们常用它来掩盖因天花与梅毒而落下的疤痕。黑色的美容贴在 16 至 17 世纪颇为流行，它们由真丝或天鹅绒制成，形状各异（心形、星形、菱形），装在可以随身携带的专用小盒子里。不过，英格兰清教徒对这种时髦的玩意儿嗤之以鼻。1649 年，他们向下议院提交了一项法案，禁止“使用黑色美容贴或者有失端庄之服饰”。但该法案始终没有通过审议。

清教徒

17 世纪，英国一群“不守规矩（即不信仰英国国教）”的新教徒，因对英国宗教改革非常不满，想要“洗清”英格兰教会之浊，改变当前天主教教会腐败、迷信的现状。随后，他们毫不妥协的信念又被带到荷兰，甚至跨过大西洋来到新英格兰地区，带领那里的人们逃脱宗教迫害。

不光女人，男人也曾想方设法遮掩损毁形象的疤痕。这些疤与日耳曼决斗士们引以为傲的伤疤截然不同。英国内战期间，第一代阿林顿伯爵、英王查理二世国务大臣亨利·班纳特（Henry Bennet，1618—1685）代表保皇党出战并负伤。1644 年，在安德沃（Andover）的一次小规模冲突中，班纳特的鼻梁受了伤，后来他用黑色膏药遮住了疤痕。人们认为他这么做是为了显示自己对保皇党的忠诚，并公开对此冷嘲热讽。第一次世界大战后，许多士兵都承受着面部炸毁或烫化的痛苦。后来，修复或遮掩这些损伤的有效技术得到了大幅发展。当时，人们面临的挑战是前所未有的。身处整形外科手术前沿的哈罗德·吉利斯爵士（Sir Harold Gillies）曾写道：“今天的医科学生最多也就是切除一些小伤小疤，研究生会做个兔唇手术，而我们当时却突然面临修复半张脸的艰巨任务。”才华横溢的雕塑家弗朗西斯·德温特·伍德（Francis Derwent Wood）研发出了一项新技术，利用患者面部石膏模型制作假面来修复面部。由于年纪太大

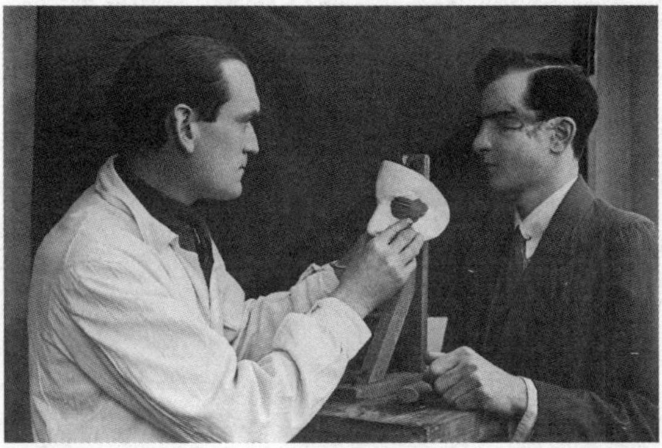

弗朗西斯·德温特·伍德上尉正在为一名在一战中受伤的英国士兵做面部修复模型的最后调整

不能入伍，伍德遂弃武从医，志愿去帮助那些因烧伤毁容而失去自信的伤者。彼时，面部修复的需求量极大，以至于伦敦第三综合医院成立了一个“面部修复科”。饱受战争折磨的英国士兵幽默地称之为“锡制鼻子铺”。

有疤的建筑

伤疤并非人类所独有。现代社会中有许多历史遗存身上都带着这样或那样的疤痕，形式与皮肤上的印记如出一辙。那些木头、砖头、石头或是混凝土建筑上的伤疤讲述着它们背后的故事，并极具历史价值。譬如德国国会大厦上的弹孔，仿佛是从二战时期柏林传来的战争回响。一方面，它们是我们洞悉某一历史事件的窗口；另一方面，它们也时刻提醒着我们，建筑是一种立体载体，书写又重写着历史记忆，是多层次的历史档案。

对此，英国的教堂为我们提供了有力的证据。你也许会问，教堂无非就是个做礼拜的地方，它还能有什么其他用途？这个问题的答案并不唯一，主要取决于你问的时间和对象。倘若你在 1643 年的威尔特郡迪韦齐斯或柴郡法恩登提问，答案会是“军事要塞”。1643 年是英国内战爆发的第二年，国内充斥着保皇派与议会派的冲突和矛盾。此时，双方都把目光转向了教堂。教堂是十分坚固的建筑，木门结实，窗户不多。在教堂尖顶上能俯瞰周边的村庄，是狙击手的绝佳据点。简而言之，对当时来讲，教堂就是现成的军事要地。

教堂常会在某些特定时期成为战争与军事政权的中心。威尔特郡的马姆斯伯里修道院曾是 11 至 12 世纪重要的欧洲学术中心之一。然而，就在五百年后，由于位居布里斯托与牛津要塞正中间，马姆斯伯里修道院又站在了英国内战（1642—1651）至关重要的十字路口上。内战期间，马姆斯伯里几易其主，身份也从宽容而神圣的学术科研中心，转变为了偏见与暴力的巢穴。向主廊南面的墙外望去，你会看到战火给它落下的弹孔疤痕。当时的战犯就是在这面墙前被射杀的。

毁“蔑”之举

还有一类建筑疤痕非常有意思。那是人们有意为之、用以表达不敬的毁“蔑”

方式。意思很简单：给敌人的大本营制造显而易见的破坏。不过，这种行为背后的动机却惊人地复杂。有时是为了从反叛者手中夺回政权，有时是为了避免该建筑被敌人用作大本营。而在英国内战之后，人们又以这种方式作为对“旧秩序”的颠覆。

1173 年，亨利二世就是这样毁坏了萨福克郡的法兰林汉姆城堡（Framlingham Castle），以惩罚这位反抗统治的诺福克伯爵；1314 年，苏格兰国王罗伯特·布鲁斯（Robert the Bruce）又毁“蔑”了爱丁堡、罗克斯堡和斯特林的城堡，以避免这些城堡日后为敌人所用；英国内战结束后，凯尼尔沃斯城堡、科夫堡、庞特福拉克特等许多建筑都遭到了议会派的破坏，因为它们与保皇派的关系如此紧密，是其权力与财富的象征。

具体的破坏方法也因时因地而异。有的时候，那些坚固的堡垒会被拆毁。人们把石头凿下来，运到其他地方再利用。还有的时候，人们会用抛石机和大炮这样的重型工具，将石头和铁块投向城堡的高墙和塔楼。相比之下，火药由于成本较高很少使用。有时在攻城战中，人们还会破坏墙体和塔楼的根基：挖出隧道后用木梁支撑起来，就像矿场那样，然后放火将其烧毁。有时候墙和塔会坍塌，有时则不会。在后者的情况中，墙体会出现许多裂缝并大幅倾斜。其中一个典型的例子莫过于科夫堡，它的西南门房和西面前壁塌了一半，身子歪斜得非常厉害（见图 38）。

倾斜的墙体无疑是权力丧失、政治暴动的象征。它们也为我们引出了下面的话题，那就是“歪歪斜斜”的历史……

第二十九章

歪歪斜斜

“歪歪斜斜”的历史关乎……

关乎城市化、罪犯，关乎残疾，还有勒索。

对角巷

英国约克郡的肉铺街①是保存最完好的欧洲中世纪街巷之一，也是《哈利·波特》故事中对角巷的现实版本。它蜿蜒隐蔽，熙熙攘攘。在这条狭窄的街巷里，人们可以看到层层叠叠的约克郡的木质结构建筑。即便是太阳当头，互相遮蔽建筑仍会投下长长的阴影。它们在街道旁，沿路而下，在巷子里头，甚至跨越街道两边（见图 39）。建筑内外，空间、光线、空气都显得局促稀有，每幢房子都充满了黑暗、狭窄、摇摇欲坠的角落，就连这条鹅卵石街道本身都是有坡度的。这里没有横平竖直的线条，所有建筑都歪歪斜斜，只是角度不同而已。几百年来，它们非程式化地、有机地紧密连接。1086 年，《末日审判书》②中首次提到了肉铺街。不过现在那里的许多建筑都建于 14 世纪末至 15 世纪。从这条街的旧称可以看出，这里曾是肉铺店的聚集地。1872 年时，狭窄的后巷里至少有 25 家肉铺店，错落于民居之间。

时至今日，相似的街道仍星罗棋布地散在英国甚至整个欧洲中。那些城镇的中世纪风貌仍保存得完好无损。斯德哥尔摩老城里有条窄窄的穆尔滕·特罗齐希巷（Mårten Trotzigs Gränd），最窄处仅有 90 厘米宽。站在街道中间，两侧的高墙触手可及。在德国巴伐利亚的著名中世纪小镇罗滕堡（Rothenburg ob der Tauber），几乎每个转角都会遇到那样的街巷。

① Great Flesh Shambles，为旧称，现名 The Shambles，可音译为香伯斯，但在中文里始终以“肉铺街”来称呼。

② *Domesday Book*，英王威廉一世下令进行的全国土地调查情况汇编。

中世纪建筑

要想了解这种非同寻常的倾斜式建筑风格，就得从罗马帝国解体后中世纪社会建筑技艺的丧失说起。实际上，倾斜的朝向曾是本土建筑有意而为的特点：看看那些雄伟的中世纪城堡、罗马式或哥特式建筑，你会领略到中世纪建筑中蕴含的非凡技艺。中世纪的石匠通常会用各种各样的工具来确保建筑的横平竖直，比如历史颇为悠久的平尺和铅垂线。

地面下沉，导致某些建筑边角凸显出来。中世纪城市中的木结构建筑都是以一种名为“凸堤法”（jettying）的建筑方法进行建造的。这种方法的特点是，建筑的每一层都比其下一层凸出来一点儿，因此这些建筑从外观上看都是倾斜的。当空间受限时，建造上层比下层宽的房子的确是明智的选择。而且，这种做法的实用性也很强，上层可为下层遮风挡雨。从工程学的角度来看，凸出的外墙能有效抵消房梁木头的作用力，使受力更集中。因此，在中世纪的约克郡等地，商人、匠人住的房子往往建在狭长的土地两侧，山墙的一端朝向街道。虽然其貌不扬，但这些房子还是能透露出关于房子主人的富裕程度和社会地位。就拿肉铺街 7 号（约建于 1450 年后）来说吧。这座房子朝向街道的山墙有多根宏伟的梁柱，以表明房屋的独特性，或者说让其更加“吸睛”。木结构建筑同样也具有显著的灵活性，可在原基础上对内部与外部进行一系列修改和调整。比如增加或隔开几个房间，或是将某些房间换作他用。正因为如此，这些房子不断地衍生出新的结构，于是就有了约克郡肉铺街这样看似杂乱无章的街道模样。

疾病

更夸张的是，肉铺街以鹅卵石铺就的街道中心有一条巨大的排水沟。曾经各家各户的垃圾都会流向并堆积在这里。顾名思义，“肉铺街”就是一个卖肉的市场，它实际上就是一个露天屠宰中心。于是乎，那条排水沟里流淌的不只是雨水，还有血水。尽管有排污系统和公共茅厕，排水沟里仍堆满了垃圾和动物内脏。这条古雅而深受游客喜爱的中世纪街道，曾是一个恶心至极的露天下水道。

房屋排布密集、腐坏垃圾环绕的生活环境直接导致了疾病的不断暴发——1348 至 1350 年英格兰一半的人口死于黑死病。而这个数字还不包括因结核、霍乱、痢疾、麻风病而死亡的人数。这些疾病无一例外都始于肮脏不堪的污物。在某些地方，街道和建筑曾被视为疾病肆虐的罪魁祸首，16 世纪法国的一些城市甚至命令禁止建造“凸堤”式的房屋，比如鲁昂（1523 年）以及昂热（1541 年）。歪歪斜斜的建筑也成了导致疾病广泛传播的一个原因。

巴黎

18 至 19 世纪的城市规划者们极力想要根除这样恶劣的状况。很快，每个城市都有了“环境改善计划”。其中效果最显著、历史学家最感兴趣的一个城市当属巴黎。当时，巴黎疾病肆虐、城市拥挤、环境肮脏。1845 年，法国社会改革家维克多·孔西得朗（Victor Considerant）写道：

> 巴黎是一个巨大的腐臭物加工厂，穷困、瘟疫、疾病在这里“和谐共存”，而阳光却穿不透，空气也渗不透。巴黎真是个恐怖的地方，植物都会在这里枯萎死亡，而且每七个婴儿中就会有四个在一年内死亡。

在孔西得朗眼中，巴黎是个腐坏溃烂的城市。有意思的是，巴黎的街道也是革命的最佳场所。因为在那样拥挤的环境里，设置路障、封锁道路可谓小菜一碟。

1848 年欧洲革命之后（1853—1870），市政长官乔治-欧仁·奥斯曼（Georges-Eugène Haussmann，1809—1891）掀起了一场“肃清”中世纪窄巷的建筑改革。巴黎成了偌大的一个“建筑工地”，规模之巨史无前例。在今天看来，有关这次城市改建工程的相关数据依然非常震撼：乔治-欧仁·奥斯曼领导的这项工程持续了 17 年之久；12000 座建筑被拆除；新建筑、新街道、地铁站、公园、喷泉共花费拿破仑三世约计 25 亿法郎，相当于现在的 750 亿欧元；新建了一条输水系统，每日向市中心地区的输水量从原来的 8.7 万立方米提升至 40 万立方米。奥斯曼为巴黎规划了一张城市网，街道南北、东西向交错有序，将这座中世纪古城重新划分出 20 个行政区。肮脏黑暗的街巷和歪歪斜斜的建筑被夷为平地，取而代之的是宽阔笔直的马路、格局统一的楼群和公园。今天，那些公园成了让人一眼就能认出来是法国的标志。虽然奥斯曼的规划也曾受到批评，但经他规划之后的巴黎的确成了欧洲各国首都城市化设计的标杆。马德里、斯德哥尔摩、罗马、布鲁塞尔、巴塞罗那、维也纳纷纷效仿，不仅如此，就连美国纽约、芝加哥、华盛顿特区也深受其影响。如此说来，拆除了中世纪歪斜建筑的奥斯曼不只改变了众多伟大城市的规划与风格，改善了后世城市居民的健康状况，更塑造了当今世界的模样。

其余的一些欧洲中世纪城市则因为各种各样的原因消失了：1942 年 3 月，吕贝克（Lübeck）精致的汉萨港口（Hanseatic port）被英军的燃烧弹烧毁了。出于对上述行为的报复，德国空军粉碎了德文郡（Devon）城市埃克塞特 (Exeter）。在那个时代的许多描述中，这座昔日罗马小城的风采一度媲美纽约。1666 年，一场意外的大火烧毁了中世纪的伦敦；1755 年，一场大地震倾覆了中世纪的里斯本。除此之外，各地的建筑工程用砖块、轧制钢梁和钢筋

在奥斯曼的规划下建成的巴黎第一条大道——瑞弗里大道（Rue de Rivoli）（1855 年）

混凝土，取代了中世纪倾斜、精巧且标志性的木质板条。这些倾斜的建筑曾经是落后和危害健康的事物。如今我们将它们视作罕见而迷人的旧时代“符号”，需要人们的保护。

>> **里斯本大地震（Lisbon Earthquake，1755）**

欧洲历史上发生的最强烈的地震之一，同时也是世界上最致命的自然灾害之一。历史学家们认为，有 10 万余人死于这场地震和随之而来的三次海啸。

身体残疾

未能珍重历史而产生的愧疚感，也深深地流淌在另一段“歪斜”之物的历史长河中——因残疾导致的身体歪斜。伦敦国家海事博物馆（National Maritime Museum）至今仍保存着许多关于格林尼治老兵的图像记录。

这些老兵曾服役于英国皇家海军，后来因年老多病或身体残疾而无法继续在一线战斗。1692 年，英军在霍格海战（Battle of La Hogue）中战胜法国，取得了天主教入侵多年以来的一次伟大胜利，稳固了英国女王玛丽二世和其笃信新教的丈夫威廉三世的王位。士兵们凯旋时，玛丽二世目睹了战斗中受伤、被搀扶上岸的水手们。这些无助的战士也因此得到了越来越多的关注。他们为了不列颠帝国的和平与财富做出了巨大贡献，而玛丽二世也给予了他们极大的关怀。她甚至将原本为查理二世修建的格林尼治皇家宫殿指定为这些老兵未来的住所。

>> **霍格战役（Battle of La Hogue，1692）**

皇家海军最伟大的胜仗之一。是年，法国国王路易十四派出一支舰队出征英国，企图将信仰天主教的詹姆士二世送上英国王位，但却以失败告终，对英国的侵略威胁也就此解除。在这场战役中，12 艘法军舰船被摧毁；英军则无一艘战舰损毁。

经过几年的修建和资金筹募，格林尼治皇家宫殿于 1705 年正式成为海军老兵的住所。1869 年，宫殿又被改建为医院，而且护理服务的资金来源也非同寻常。最初，超过一半的费用来自被捕的走私商人，还有更多来自公共募捐。当然，国库也会定期给予一小部分资金支持。就在皇宫开放之前，又有一笔资金注入。这些钱源自对一些房产和珍宝的价值清算，它们的前主人是当时刚刚被捕并被处决的海盗威廉 · 基德船长。有了这笔钱，老兵住房项目终于得以完工，玛丽二世倾情关怀的大计总算在七年后得以实现。

>> **威廉 · 基德（William Kidd，1654—1701）**

苏格兰水手，被指控在从印度洋返回的途中犯下海盗罪而被处死，留下的几张藏宝图“制造”了“埋藏的宝藏”之谜。

在受到女王玛丽二世关注之前，几乎没有任何影像资料记录这些老兵的情况。而在皇宫对他们开放的 150 年里，他们成了伦敦生活中不可或缺的一部分，大量记录他们回忆的影像资料留存了下来。老兵们是极为与众不同的群体。他们身穿统一的制服——的确，在 1748 年加入皇家海军之前他们就是这么穿的。

表现格林尼治老兵的漫画（创作于 1800 年前后）

从留存下来的照片中我们可以看到，所有人都穿着蓝色外衣，头戴三角帽，大多数人手里都拄着拐杖，有的架着腋拐，还有许多人腿上装了木质假肢。他们的年老体弱往往表现在体态上，比如身体向前或向后歪斜。照片中这些格林尼治老兵展现出了在特殊时间、特殊地点形成的一种特殊的“歪歪斜斜”。他们代表了被君主眷顾、得到走私犯和海盗资助的一群幸运儿。他们因残疾而导致的身体歪斜其实源于英国皇家海军的强大，因此具有非凡的历史意义。不过，这些人可不是你们脑海中的那种老兵——或者说相去甚远。这些海军个个都是硬汉，被当地人称为“格林尼治大鹅”。许多人退伍后又回到海上，做起了厨子。法庭档案显示，他们还曾与人发生争执并动手打人，此外还有其他一些反社会的行为举动。所以说，千万别被他们歪歪斜斜的样子给骗了。

拐杖

从格林尼治老兵的照片中，我们看出拐杖是他们歪斜体态的物质文化表现。拐棍或拐杖是辅助残疾人行走的常用工具。殊不知，拐杖还具有许多特性：实用性、仪式性、时尚性。身体没有残疾的朝圣者或旅行者用它们穿过路况难走的路面；主教用它们完成宗教仪式；普通人甚至拿它们作为宣示时尚的工具。喜好炫耀的奥斯卡·王尔德（Oscar Wilde）有一根集实用性与艺术性于一身的象牙把手拐棍，他对它十分钟情。纵观历史，我们发现与拐杖息息相关的名人不在少数，他们大多都是用拐杖辅助自己走路（以应对身体歪斜的情况），比如富兰克林·D. 罗斯福，以及“与命运同行”的温斯顿·丘吉尔。

拐棍或拐杖的历史也非常有趣，这不仅体现在它们的雕刻图案上，更蕴含于这些图案背后的象征意义之中。著名生物学家、自然学家查尔斯·达尔文尤其喜好走路，并拥有一根鲸骨制拐杖。不同寻常的是，拐杖的把手上雕刻了一具带有两只绿色眼睛的骷髅头。达尔文称这根拐杖是自己的“纪逝杖”（morituri），以纪念逝去的生命。

有时候，拐杖甚至都不是用来走路的。17 至 18 世纪时，人们随身必须佩戴的东西不再是剑，而是拐杖。因此，拐杖又有了武器的属性。伦敦塔中展有这样一根令人惊叹的杖式武器。这根木头做的“亨利八世之拐杖”其貌不扬，顶端带有一个钉头锤，里面至少装了三支火绳枪。这根拐杖可不是用来装瘸的，而是一件可怕的致命武器。到了 19 世纪，这类拐杖式武器越来越多。有的拐杖里装着一把剑，有的拐杖则化身枪膛，杖柄和把手位置都装有发射装置——譬如早期的雷明顿步枪杖。当时这类武器的制造数量并不多，仅有几千件，皆产于 1858 至 1888 年，如今颇受收藏爱好者的青睐。它们拥有弯曲的雕刻把手，看上去样貌普通，不会惹人注意，或许为的就是不让别人发现吧。它的宣传广告中简要介绍了“使用指南”：

> 上膛——拧开把手，将子弹装入杖身，即置入弹夹，然后将把手复位。后拉操纵杆即准备射击，扣住扳机即释放子弹。

这些拐杖都是简单明了、容易上手的工具，并充分利用了人与拐杖之间的关系。当然，它们只有在不得已的情况下才会发起致命一击。

詹姆斯·迪恩

1955 年电影《无因的反叛》（*Rebel Without a Cause*）中的詹姆斯·迪恩

与年迈体弱的身体歪斜截然不同的，是叛逆青年对世事漠不关心、松松垮垮的歪斜之态。其中最具代表性的两位人物莫过于詹姆斯·迪恩和马龙·白兰度。迪恩完美地诠释了“酷”的肢体语言：一定得靠在什么东西上，比如墙、台子、车或是摩托车。他侧身靠在上面，一只手若无其事地插在身后的裤兜里。坐着的时候也要斜着身子，这并非是为了听清对方说话，而是前倾身体歪在一边，身子甚至快与地面平行了。年轻的马龙·白兰度身穿皮衣斜靠在摩托车上的样子，谁能忘得了？对迪恩、白兰度以及许许多多像他们一样的人来说，这种“超酷”的肢体语言真是恰到好处，极具男性魅力。他们的姿态与稍息立正的战士或美国乡村俱乐部里懒洋洋的新手们丝毫不同。这是盛行于男性人群中的松垮歪斜之态，不可与举止规范手册里教导年轻姑娘们挺胸抬头的站姿相提并论。

淑女礼仪

弗洛伦斯·哈特利（Florence Hartley）在《淑女礼仪指南》（*The Ladies' Book of Etiquette*, 1860）一书中指出，要想拥有正确的挺拔身姿，一系列的训练是必不可少的。她建议年轻姑娘要：

> 不断学习如何站直、站定，两腿笔直，挺胸抬头，但不要很僵硬；然后抬起一条腿，身体不要动，将该姿势保持一段时间。之后把抬起的腿放下来，再换另一条腿重复相同的动作，如此往复，直至熟练掌握。然后保持身体挺拔向上，但不要太僵硬，一只脚着地，另一只脚离地，缓缓抬腿，但膝盖不能弯曲，抬到刚好的高度即保持不动，不要抬得更高。

按照这样的训练方式，年轻女性便可做到走姿端正，举手投足优雅大方——低头垂肩、歪歪斜斜可不是淑女的礼仪。

1952 年，一名女性在礼仪课上头顶一本书训练站姿

正式踏入社会之前，社会精英的女儿会在女子精修学校接受各种培训和锻炼。挺胸抬头的姿态与有教养的女性画上了等号。从留存下来的照片中我们可以看到，一些女性还曾用头顶书本的方式训练

正确姿态。

当然了，行为规范并非实际操作。虽然灌输了这样的做法，却并不意味着她们都照做了。就像好莱坞里有许多叛逆男性一样，我们的世界里从来不乏坚定反叛的——并且很会摆造型的——女性，比如玛丽莲·梦露（Marilyn Monroe）、艾娃·嘉德纳（Ava Gardner）以及葛丽泰·嘉宝（Greta Garbo）。她们歪斜倚靠的形象跃然银幕之上，丝毫不输迪恩、白兰度那样的男明星。

勒索与恐吓

人们何时会向别人“倾斜”呢？这么做是或许为了求得帮助，或许与之相反——向他人施压，或从别人那里获取东西，或强迫别人做违心之事。从这个角度来讲，“歪歪斜斜”的历史还关乎着勒索、霸凌、敲诈，还有政治派别、政治阴谋以及背后中伤。

玫瑰战争之前，15 世纪的产业大亨约翰·康沃尔爵士（Sir John Cornwall，约 1364—1443）将这种令人恐惧的“倾斜”发挥到了极致。1455 至 1485 年，英格兰内斗不断，玫瑰战争见证了王权与法院的崩塌。康沃尔是一位备受尊敬的廷臣，曾与亨利五世并肩战斗，也是当时在位的亨利六世的姑父。因此，他的权力主要倚仗其与王室的亲密关系、出战法国取得的胜利，以及他的妻子兰开斯特的伊丽莎白——亨利四世丧夫的妹妹。

1432 年，康沃尔获封凡霍普勋爵（Lord Fanhope），并买下了位于贝德福德郡的安普斯尔城堡（Ampthill Castle），意图加强自己在国内的政治影响力。于是，康沃尔与当地另一位土地所有者——卢瑟恩的格雷勋爵（Lord Grey of Ruthyn）——的正面冲突在所难免。为了赢得更多人的支持，凡霍普勋爵不择手段地拉拢当地法院的法官们。1439 年，双方终于打了起来。凡霍普勋爵带了 140 余名仆人来到贝德福德，大闹公堂，还辱骂了与格雷勋爵为盟的法官。而格雷勋爵更是带来了 800 个随从，恐吓那些支持凡霍普勋爵的法官。场面随即陷入一片混乱，18 个人被扔下楼梯，还有几位陪审员“意外”丧生。后来，该事件被带到了王宫里进行裁决。最终，凡霍普勋爵被赦免，那些支持格雷勋爵的法官也被当地法院扫地出门。在一个处处要有人撑腰的社会里，人脉与财富基本上等同于权力。正是由于自己娶得漂亮、战役打得漂亮、与王室关系处得漂亮，凡霍普勋爵才有能力买下贝德福德的大片地产，成为安普斯尔城堡的主人。

酷刑

在如此糟糕的政治环境下——虽然这和后面更严重的几段时期相比算不了什么，一个人的成功无疑取决于影响力、人脉，以及适时向别人施压的能力。这样的影响力往往越过了法律和道德的底线。

向别人施压与酷刑的历史密不可分。自古虐待之法种类众多，比如拷问架、水刑、竹签刑、电击、疲劳法以及其他工具和方法。拇指夹（thumbscrews）就曾是其中一个颇为有效的方法。它由钢铁铸造，是中世纪欧洲常用而又极为简便的用刑工具。使用时不断挤压受刑人的拇指，最终将其压断。历史上的奴隶主、盖世太保和黑社会无一不曾将拇指夹用作施虐的刑具。

火药阴谋之后，事件的关键人物盖伊·福克斯（Guy Fawkes，1570—1606）被关在下议院的一间牢房里，四周堆满了火药。他被迫在一份文件上签下了自己的名字，其歪歪扭扭的字迹暴露了他所遭受的惨痛酷刑。如果你想了解 18 世纪全英国的压力都倾倒在一人身上是何种体验，不妨对比一下福克斯被刑讯逼供前后的签名。他在伦敦塔里遭受了八天的酷刑虐待。用刑之后，他的签名潦草得几乎无法辨认。说到这里，我们来聊一聊下一个有意思的话题，那就是“签名”的历史……

第三十章

签名

签名的历史关乎……

关乎权力、截肢、责备、领导力，关乎断头台，大脑损伤，

还有偷窃。

你的签名一直是老样子吗？什么时候你的签名变成了现在的模样？曾在什么时候发生过变化？又缘何而改变呢？这些看似有些乏味的问题，其实为我们打开了历史世界的大门，毕竟，你的签名——实际上是任何签名——是有其历史可循的。

我们两位作者在小时候练习签名的场景还历历在目。有趣的是，我们都深受父亲签名的影响。詹姆斯父亲的签名——R. J. T. 戴贝尔——正式而优雅。他很小就开始模仿父亲的签名，只不过要换上自己名字的字母缩写，即“J. R. T. 戴贝尔”。他还用了花体来处理姓氏首字母“D”，以此来表达一种成人式的繁复感。詹姆斯刚上小学时，就一直使用这样相对固定的签名写法，而且自那以后就没怎么改过。不过日常签名往往会根据不同的原因而不同，比如签正式合同时就会极尽所能签得漂亮。若只是签字寄信，那就潦草带过了。

萨姆也深受父亲签名的影响。他父亲的签名非常漂亮，潇洒而独具特色。舒缓的笔画完美融合在一起，看上去既现代又复古。不得不说，一个人签名的方式会彰显他的性格特点，也呈现出一个人内心所渴望的、让世界认识自己的方式。萨姆一直从父亲的签名中寻找灵感，并终于在 21 岁的时候基本形成了固定的签名。他还记得自己 8 岁左右，就开始涂涂画画地练习签名。如此说来，他的签名也有一个历史脉络，那是属于他自己的、意想不到的书写历史。在 2005 年的某段时间，萨姆迎来了一个“痛并快乐着”的“麻烦”。彼时，他的第一本书刚刚出版，经常需要在书上签名。对他来说，这既好玩又具有挑战性。萨姆很想研究出一个比较“炫酷”的签名，送给那些想要签名版的善良

读者。28 岁那年，萨姆有了第二个签名——相对而言，它更具有专业水准。这也算是萨姆签名的时间线上的一个重要节点。

生病

一个人成年后，签名的变化会呈现出诸多形式，而变化背后的原因也是多种多样的。人的笔迹会因年老体弱而变得潦草松散。迄今为止，笔迹发生变化最常见的原因莫过于生病。人们写字时需要对力道的控制和把握，需要目光犀利、头脑清晰。因此，一旦生病，人的笔迹就会受到各种各样的影响。其中对笔迹产生最突然、最普遍影响的疾病当属脑卒中（旧称中风），许多历史名人都深受其扰，比如丘吉尔、斯大林、巴赫、尼克松、狄更斯、格蕾丝·凯莉和伍德罗·威尔逊。

其他会影响双手使用的疾病也会改变人的签名笔迹。伊丽莎白时期，苏格兰女王玛丽被囚禁于英格兰时，什鲁斯伯里伯爵乔治·泰尔伯特（George Talbot, 1528—1590）曾负责看守玛丽。他的字迹真是糟糕透顶，几乎无法辨认，以致有学者称其为“丑书”的典范。他的字迹之所以含混不清，并不是因为上流社会人士不屑于一笔一画地书写，也并非疏于练习，而是因为他的手关节患有痛风，有时候疼得甚至无法提笔，只得让秘书代写。

截肢

对字迹影响最严重的身体损伤无疑是截肢。就拿海军英雄霍雷肖·纳尔逊来说吧。1797 年 7 月，纳尔逊前往加那利群岛（Canary Islands）地区攻夺圣克鲁兹城（Santa Cruz）。这座城市位于被西班牙占领的特内里费岛（Tenerife）上。当纳尔逊登上小舟划上岸时，他的右臂肱骨被枪弹击碎。战友们赶紧将他送回了舰船上，并当即给他做了截肢手术。“我还有两条腿和一只胳膊呢，”据记载，纳尔逊曾这样说，“告诉医生赶快带着工具过来。我知道右胳膊肯定保不住了，所以越快截肢越好。”不到三十分钟，医生就完成了截肢手术。而仅仅几天后，纳尔逊又提笔写起了信。由于一直是右撇子，突然失去右手的他不得不学着用左手写字，写自己的名字也是其中一个重要内容。

7 月 27 日，也就是攻打圣克鲁兹后的第三天，纳尔逊给自己的指挥官——圣文森特伯爵约翰·杰维斯（John Jervis）——写了一封信。信中充满了自怨自艾的痛苦心境：“一个只有左手的海军上将再也不会被人重用了。所以，我还是尽快找个不起眼的陋室度日吧，越快越好……”虽然他的签名非常潦草，但毕竟才做了截肢手术，写成那个样子已然令人赞叹。在名字下面，纳尔逊又写了一句：“想想这是我头回用左手写字，你也就将就着看吧。”随着时间的推移，纳尔逊用左手写字的水平不断提升，渐渐地，他的签名也有了自己相对固定的模样。

纳尔逊可谓签名历史中的一个典范。因为他本身就对自己的身份、头衔非常在意，而随着他打的胜仗越来越多，他的名气也越来越大，王室还授予了他诸多封号。于是乎，每次头衔一改，他就不得不重新考量自己的签名。在 1798 年夏天的尼罗河战役后，纳尔逊遭遇了前所未有的“签名危机”。那场战役中，他率军歼灭了法国拿破仑派出入侵埃及的舰队。

>> 尼罗河战役（Battle of the Nile，1798）

英国海军上将纳尔逊率军在尼罗河口岸一举擒住了刚刚靠岸并毫无准备的法国舰队。这是英国历史上最重要的海战之一，纳尔逊也因此名震四方。战役中，法国损失舰船共计 13 艘，而英国未失一艘。

由于在尼罗河战役中的出色表现，纳尔逊获封尼罗河的纳尔逊男爵（Baron Nelson of the Nile），他的名字第一次发生了变化。这时候，他终于可以用简单的“纳尔逊”来称呼自己了，而不用像年轻的时候那样，完整写出“霍雷肖·纳尔逊”。次年夏天，那不勒斯国王费迪南多封纳尔逊为勃朗特公爵（Duke of Bronte）。这是纳尔逊有生之年获得的最高爵位封号。不仅如此，他还获得了 35000 英亩的土地、一座城堡和一间建于 12 世纪的修道院——对一个诺福克乡下神父的儿子来说，真是不错的赏赐。不过，纳尔逊的这个头衔却为他带来了困扰：简单明了的“纳尔逊”变成了有些令人困惑的“勃朗特·纳尔逊”。因此，他颇有些自恋地把名字改成了“尼罗河的勃朗特·纳尔逊”。再后来，他终于拿定主意，确定了最终的写法——“纳尔逊 & 勃朗特”。看得出，他精心而有意地在签名里加了个符号“&”。从那以后，纳尔逊的签名再未变过。他毕生最后一封信写于特拉法加海战之前。在信的结尾，他写道：你的父亲，纳尔逊 & 勃朗特。这封信是写给自己与情人爱玛·汉密尔顿（Emma Hamilton）的女儿霍雷莎的。这也是他第一次明确地告诉霍雷莎，自己就是她的父亲。

毫无疑问，我们当中没有几个人有幸（或者说不幸）会遇到纳尔逊曾面临的头衔困扰。总而言之，签名随时间而改变的现象对史学工作者来说意义重大。这些变化为人们打开了一扇发现历史、诠释历史的窗户。话说回来，签名还能帮上警察不少忙。

造假

1929 年，一个名叫约瑟夫·寇西（Joseph Cosey，1887—1950）的美国人因手头告紧，潜入国会图书馆，偷了一份本杰明·富兰克林于 1786 年签署的支付令。随后，寇西想出手把它卖掉，最终却被买家拒绝了，因为对方认为这份支付令是伪造的。这倒让寇西灵机一动。几个月后，他又找到那个拒绝了他的书商。这回，他以 10 美元的价格卖了一张签着“真诚的，A. 林肯”的纸片。但这一次，他出手的东西倒真的是伪造的。为了追求完美，寇西花了几个月的时间练习林肯的签名。这次经历成功地开启了寇西的造假生涯。渐渐地，寇西成了历史上最有影响力的伪造者。对美国人寇西来说，拿到一些美国档案资料易如反掌，而他又非常擅长模仿美国男性名人的签名，比如托马斯·杰斐逊、马克·吐温，还有乔治·华盛顿。随着成功的次数越来越多，寇西的胆子也越来越大，他甚至开始发明而非简单复刻历史档案。后来，一次“失误”让他栽了跟头：这个身强体壮的年轻人非要伪造五十多岁的亚伯拉罕·林肯的亲笔信。要知道，那时候的林肯身患疾病，写字已经堪比蜘蛛爬行。果不其然，这次伪造彻底失败了，寇西也被捕入狱。但他伪造的各种签名却依然作为珍贵的历史文物为人收藏与保管。

>> **马克·吐温（Mark Twain，1835—1910）**

美国作家塞缪尔·朗霍恩·克莱门斯（Samuel Longhorne Clemens）的笔名，其代表作包括《汤姆·索亚历险记》（*The Adventures of Tom Sawyer*，1876）、《哈克贝利·费恩历险记》（*The Adventures of Huckleberry Finn*，1885），后者以马克·吐温在密西西比河上做舵手的亲身经历为素材创作而成。

1937 年寇西的被捕也很有意思。他被判了三年有期徒刑，但不到一年时间就被释放了。对伪造罪来说，这样的惩罚真是宽容仁慈。在 18 世纪的英格兰，伪造可是死罪一条。尤其在 1795 至 1804 年，英格兰对伪造者开展了一场严厉打击。当时，在犯伪造罪的人中，66% 被处死。而在另一项死罪——盗窃——的罪犯中，被处死的人数仅占 14%。可见，当时英国司法系统对待伪造罪——主要是偷窃并盗用他人身份——的态度非常严肃。与以往的财产侵犯罪不同，伪造罪比普通的盗窃罪还要险恶。这主要是因为，18 世纪时，签名在财产事务方面起着极为关键的作用——法律文件上的签字直接决定了财产的归属与转移。由于签名不再可信，18 世纪末期时，英国的法律、经济及政治体系全面崩塌。彼时的法国正处于大革命时期，断头台上人头散落，巴黎街头血流成河，根本顾不上跟英国人开战。此时，恐怕没有比盗用签名更令英国人生畏的事情了。

读写能力

签名作为一种验证身份、授权文件的方式也有一段历史。这一切都要从签名的前身——或者说一个标记——开始。中世纪时，对于不会写字、无法签名的人来说，最常用的授权方式就是画个符号。这种方式甚至沿用至近现代。人们使用的符号可能就是简单的叉子或者圆圈。不过有时候——比如商人们在进行商务贸易时——符号也会复杂一些。一个铁匠可能会用马蹄铁的符号代表自己，而一个手套商人则会选一副手套来表示。威廉·莎士比亚曾在文法学校读书，后来成为世界上最伟大的文学家之一。他的父母——约翰·莎士比亚与玛丽·莎士比亚——在签封文件时用的却是符号，而非签名。可见，他们并不具备书写能力。

签名与接受教育和文化程度息息相关，后者又与沙子和粉笔密不可分，因为最早教授写字的时候，人们用的就是沙子和粉笔。普通白纸或羊皮纸上的签名代表了一个人的文化水平。随着教育的普及，人们的文化水平不断提高，签名也随之成了更为普遍的验证身份、授权文件的方式，有读写能力的人都会选择签下自己的名字，而不是简单地画个符号。从时间和地点这两个维度来说，签名本身就具有可比性，因此已成为社会历史学家用来衡量人类不同时期文化水平的通用标准。

历史档案中到处都是社会各界人士的签名。在法庭上宣誓或立遗嘱时，人们都需要在相关法律文件上签字。对于乐于衡量文化水平的历史学家来说，这些文件可谓巨大的宝库。文化水平是理解人类思想如何传播开来的基础。也正因如此，许许多多研究英国内战、法国大革命以及殖民时期美国的史学工作者，向来热衷于探究相应时期人们的文化水平、受教育程度以及书业环境。他们乐于了解有多少人能读能写，多少人有机会接触到激进思想。他们收集了海量的签名，这些不起眼的签名恰是他们研究中的核心内容。

1641 至 1642 年，英格兰境内征集的《新教誓言》（*Protestation Oaths*）便是一个偌大的“签名库”。该活动并非国家行为，而是当地自发组织的。无论是否宣誓效忠新教，所有超过十八岁的成年男子都在上面签了名：“为真正的新教，为公民的自由与权利，为言论免责权而生、而死。”类似誓言遍布 16 至 18 世纪的英国。而不同地区国民的文化水平，决定了这些誓言出现的先后顺序。世界上有许多不同形式的档案资料，可供历史学家去研究特定国家或地区在特定时期的居民文化水平。举例来说，在俄国，军人领取军饷薪酬时都是要签字的，因此俄国军队的薪酬账簿可谓是其文化水平的一个绝佳参考资料。说得再宽泛些，遗嘱、贫困居民往来书信、结婚证、法庭档案都是史学工作者研究的对象。这些文件上的签名让我们得以开启庞大的社会卷宗，探索大众的文化水平——这其中既包括男人，也少不了女人。

亨利八世

不同时期普通人的签名是大众文化水平的写照。签名本身也可能意义深远——具体取决于签名者的身份，比如王室成员的签名就极具权威性。要论签名与政权之间的关系，我们不妨看看亨利八世（1491—1547）。这位 16 世纪的英国专制君主一生只对三件事感兴趣：战争、女人、宗教。其父亨利七世（1457—1509）的字迹和签名遍布各种政府文件之上，而亨利八世却不然。众所周知，他最头疼的事情就是每日要签署各种琐碎的文件。亨利八世即位之初，他的国务大臣——红衣主教沃尔西（Cardinal Wolsey）——常用玩具哄着这位年轻的国王，或用鸡毛蒜皮的琐事令他分心。而沃尔西则去料理国务，让国王御准政策法规。因此亲自去完成那些书面工作的人其实是沃尔西，而非亨利八世。

虽说在位初期的亨利八世不喜欢做笔头工作，但他在位期间却形成了一个极为独特的君主政体。可以说，亨利八世是荣誉与政治立场的源头，一切权力皆集于他一人身上——准确地说是握在他的“手”中。当然，亨利八世挺不情愿签这签那的，他更愿意让秘书、文书去完成那些不必亲自提笔书写的工作。有意思的是，亨利八世给安妮·博林（Anne Boleyn）的情书是仅存的、完全由他亲笔写就的书信。我们可以看到他宣示爱情的签名“亨利·R”，这个“R”是“Rex”的缩写字母，后者在拉丁语中意为“国王”。这些信可是御笔亲书，因而充满别样的情感与力量。

安妮·博林（Anne Boleyn，1501—1536）

英格兰王后、亨利八世第二任妻子。为了迎娶安妮，亨利八世不顾与罗马天主教廷反目，坚决与第一任妻子——西班牙阿拉贡的凯瑟琳（Catherine of Aragon）——离了婚，为欧洲历史留下了极为重要的一桩婚事。然而仅仅三年之后，安妮便遭斩首。

国内各种紧迫事务都需要王室的签名。古往今来，除了亲自签名，君主还会使用一种“签名章”。亨利八世的签名章是个比较粗糙的木制章子（湿用章），需要先蘸墨水再加盖到文件上。1545 年后，也就是亨利八世在位后期，随着权力日渐衰落，亨利八世的湿用章逐渐被干用章——利用特殊装置而不用蘸墨水——所取代。也就是先在文件上按压出亨利名字的凹印，然后由职业文员以墨笔填充，最终完成几近完美的君主签名摹本。

亨利八世的签名是政府行事的关键。因为在那个野蛮动荡的年代，要想搞定一件事，签名必不可少。亨利八世有着摇摆不定的激情，爱憎分明。他的许多朋友、建言献策者、妻子或是近亲都在“亨利宫”这口“高压锅”里丢了脑袋。鉴于当时四分五裂的政治局势，各方都想不择手段争权夺势，其中就不乏对国王签名的抢夺。毕竟，谁掌握国王的签名，谁就牢牢握住了权力。不难看出，在都铎王朝初期的英格兰，权力与签名之间有着剪不断理还乱的关系，只有拥有国王签名的人才能以王之名行使权力。

签名的位置

16 至 18 世纪，无论是在英格兰还是法国，签名的意义还与签名在页面上的具体位置相关。地位等级不仅体现在是否留下了签名，更在于签在什么位置。作家威廉·弗尔伍德（William Fulwood）在《闲散的敌人》（*Enimie of Idlenesse*，1568）一书中，总结了写信时应如何措辞，签名应置于什么位置：

> 这主要取决于写信者以及收信者的身份地位。给身份地位高于自己的人写信时，我们一定要在信纸右半部分（但不要紧贴上下两端）写一句：您最谦卑恭顺的儿子（或仆人），某某；也可以说一句，谨从您的吩咐，某某敬上。如果是给同僚写信，我们则要在中间位置写上：你最忠诚的朋友，某某。如果写给下级或晚辈，我们可以在左上角写一句：你诚挚的，某某。

诗人约翰·邓恩（John Donne，1572—1631）为我们提供了这类签名的绝佳范本。离开牛津大学后，年轻的邓恩应聘成为英国掌玺大臣托马斯·伊戈尔顿（Thomas Egerton）的秘书。这份差事本来注定会令邓恩前途无量、一生为官。然而，他爱上了伊戈尔顿的外甥女安·摩尔（Anne More），并于 1601 年圣诞节不久前与之完婚，自此毁了他的大好仕途。两人的婚姻并未得到伊戈尔顿或女方父亲——伦敦塔副总管乔治·摩尔（George More）的祝福。这段秘密恋情被曝光后，邓恩被关入了舰队监狱（Fleet Prison），与之一同被关禁闭的还有这段婚姻的见证者、为两人主婚的牧师塞缪尔·布鲁克（Samuel Brooke）。

>> **约翰·邓恩（John Donne，1572—1631）**

英国诗人、英国国教牧师，被普遍认为是英国最杰出的玄学派诗人之一。

在狱中的这段时间，邓恩给岳父大人和此前的雇主写了很多信，乞求他们的宽恕。除了措辞谦卑外，邓恩还在信的正文与签名之间留了一段空白，并在右下角上签了名，以体现自己卑躬屈膝的态度。那个时期的书信写作指南都会建议在信尾签名之前留白，以此体现自己对收信人的遵从。可见，签名的位置背后也有不少门道。换言之，在一封信中，直观传递信息的方式多种多样，并非只能靠信的内容和措辞。

哗变

签名位置的重要意义还体现在下面这个历史事件之中。1627 年，一队船员起草了一份文件，列述了对上级的诸多不满。这么做其实很冒险。因为按理说，这种反映情况的方式完全可以算作哗变，而哗变是可以判处死刑的。困扰这些船员的问题在于，他们都想以个人身份来发表不满，可谁都不愿意牵头做这件事，不愿冒险成为惹恼权威的那个人。于是，他们想了一个解决方法，让所有人都在请愿书上签字。而且，签字的方式并非按顺序依次排列。因为那样的话，排在第一位的名字似乎会显得更为重要，有始作俑者之嫌。因此，船员们签名时，名字挨名字，最终连成了一个圆（见图 40）。

这与我们今天所见的“签在虚线处”截然相反。此次事件的主要起因，是船员们的薪水迟迟未发放，整艘船已处于弹尽粮绝的状态了。共有 76 人在请愿书上签了名，在签名围成的圆圈中央写着下面这些话：

> 可敬的船长，你的话我们一直在听
> 可它们似乎并不中听……

倘若我们的津贴仍旧无法准时发放
再也见不到食物的模样
船再开下去，缆绳将会腐坏
而没吃没喝的日子却是常态
直到应了那句老话
还没屈服性命先挂
愿上帝保佑我们的国王
愿国王领导我们，哪怕需渡重洋

这份签出花样的请愿书不仅体现出这些船员的文化水平——毕竟他们大都能写出自己的名字，更说明了签名对史学工作者的研究工作有莫大帮助。用手在请愿书上签名这件事又将我们带回到“手”的历史……欲知详情，还请翻至第一章。

插图出处

黑白插图

第 2 页　平图拉斯河附近的洛斯马诺斯岩洞中发现的史前手模壁画：Shutterstock.com

第 7 页　查理二世进行“国王触摸”（由罗伯特·怀特雕刻于 1684 年）：Wellcome 藏品

第 28 页　1930 年 5 月 21 日刊发的《速写》杂志中的广告内容：伦敦画报有限公司（© Illustrated London News Ltd）/ 玛丽·伊文思（Mary Evans）拍摄

第 34 页　16 世纪表现儿童吹泡泡的木版画：全球历史档案馆（Universal History Archive）/ 盖蒂图片社（Getty Images）

第 39 页　1842 年日全食时的太阳影像（由法国天文学家伊曼纽尔·李艾丝拍摄）：公共版权

第 47 页　1937 年美国“宝石”剃须刀宣传海报：公共版权

第 49 页　克里米亚战争中的士兵形象，《奥尔巴尼公爵第七十二高地兵团战士：诺博尔、唐森、哈勃》（罗伯特·豪莱特与约瑟夫·坎道尔拍摄于 1856 年）：阿拉米图片库（Alamy Stock Photo）军事历史系列

第 53 页　海盗“黑胡子”爱德华·蒂奇画像（19 世纪版画）：赫顿档案馆（Hulton Archive）/ 盖蒂图片社

第 56 页　爱德华·李尔诗作《留着胡子的老头》插画（选自其 1846 年出版的《一本荒唐书》）：公共版权

第 63 页　1896 年巴黎出版的《国际云图》中的乳状云图片：公共版权

第 66 页　长崎原子弹爆炸形成的“蘑菇云”（1945 年 8 月 9 日）：美国国家档案管理局（U.S. National Archives and Records Administration）

第 72 页　表现维多利亚时期筛尘工人的木版画《灰尘处理场一景》[创作灵感来源于一幅实景速写，刊登于亨利·梅休的著作《伦敦劳工与伦敦贫户》（1851 年）中]：格兰杰历史图片档案馆 / 阿拉米图片库

第 75 页　沙尘暴（拍摄于 1936 年的南达科他州达拉斯市）：美国农业部（United States Department of Agriculture）

第 106 页　威廉·霍加斯版画《妓女生涯》（第五幅）：公共版权

第 119 页　英国东萨塞克斯郡大迪克斯特府的一间卧室被改造成医院病房：英国遗产 / 遗产图片 / 盖蒂图片社

第 138 页　《手淫：令人发指的“自我污染”之罪》（1756 年）：公共版权

第 145 页　1867 年，威廉·汤普森头顶被割下一块头皮：内布拉斯加州历史协会（Nebraska State Historical Society）RG2411-5587

第 163 页　1586 年安东尼·巴宾顿用密码写就的密信附言：英国国家档案馆（The National Archives）

第 176 页　维多利亚时期的“安全棺材”草图，可见铃铛报警装置：公共版权

第 181 页　讽刺海员痛饮朗姆酒的漫画《来吧，年轻人——上甲板前再喝一杯格罗格》（1840 年）：2015 年档案 / 阿拉米图片库

第 186 页　拿破仑战争勇士奖章——一等铁十字勋章（1813 年 6 月 1 日版本）：Shutterstock.com

第 204 页　1911 年 10 月名为阿尔弗莱德·霍华德（或汉娜·霍华德）的小朋友写给圣诞老人的信：公共版权

第 215 页　简·夏普所著《助产士指南》的扉页：公共版权

第 218 页　伯纳德·吉拉姆创作于 1884 年的漫画：公共版权

第 223 页　霍华德家族的盾形纹章及象征英格兰的“三狮”图案盾形纹章：公共版权

第 227 页　关于威廉·詹宁斯·布莱恩的漫画《谁在乎合唱——会叫的狗根本没胆子咬人》（1896 年 8 月 15 日刊登于《落基山新闻报》）：公共版权

第 231 页　以狩猎大型动物而闻名的科拉曼·乔纳斯展示“三大洲杀手”的兽皮（拍摄于 1932 年 3 月“《丹佛邮报》杯”格伦伍德斯普林猎狮活动举办前）：《丹佛邮报》/ 盖蒂图片社

第 239 页　1922 年的魏玛德国，孩子们用纸币做的风筝：基斯顿（Keystone）摄 / 盖蒂图片社

第 240 页　“不满之冬”时期，伦敦市中心一家邮局门前堆满了垃圾：詹奈尔·维德尔图片馆（Janine Wiedel Photolibrary）/ 阿拉米图片库

第 249 页　1608 年伦敦冰霜集市宣传册《大冰霜：伦敦冬日活动》：公共版权

第 256 页　建于公元 2 世纪左右的墓碑，现藏于法国波尔多阿基坦博物馆：格兰杰历史图片档案馆 / 阿拉米图片库

第 257 页　二战期间“遭遇号”军舰上的猫：公共版权

第 261 页　威廉·荷加斯版画组画《残暴四重奏》的第一幅《残暴的第一阶段》（1751 年）：公共版权

第 269 页　纪尧姆·杜兴利用电击开展面部表情实验：历史系列 / 阿拉米图片库

第 271 页　亚历山大·加德纳于 1865 年 2 月 5 日拍摄的林肯像和林肯的“葛底斯堡肖像”：公共版权

第 277 页　1863 年威廉·D. 麦克菲尔森及其合伙人 J. 奥利弗为戈登（“挨鞭子的彼得”）拍的照片：史密森尼学会英国国家肖像画廊（National Portrait Gallery）

第 279 页　非洲青年脸上的伤疤（拍摄于 1930 年前后）：大众摄影机构（General Photographic Agency）/ 盖蒂图片社

第 281 页　弗朗西斯·德温特·伍德上尉正在为一名在一战中受伤的英国士兵做面部修复模型的最后调整：军事历史系列 / 阿拉米图片库

第 287 页　在奥斯曼的规划下建成的巴黎第一条大道瑞弗里大道（1855 年）：Bildagentur-online/ 阿拉米图片库

第 289 页　表现格林尼治老兵的漫画（创作于 1800 年前后）：伦敦格林尼治国家海洋博物馆

第 291 页　1955 年电影《无因的反叛》中的詹姆斯·迪恩：埃弗莱特收藏公司（Everett Collection Inc）/ 阿拉米图片库

第 292 页　1952 年，一名女性在礼仪课上头顶一本书训练站姿：《三一镜报》/ 阿拉米图片库

彩色插图

1.《书写大师》（托马斯·伊金斯，1882 年），油画，76.2cm×87cm，纽约大都会艺术博物馆

2. 神圣罗马皇帝佩戴的奢华手套（约 1220 年），迈克尔•玛纳斯拍摄

3. 查理大帝像（阿尔布雷希特·丢勒，1511—1513），石灰蛋彩油画，215cm×115 cm，国立日耳曼博物馆（Germanisches Nationalmuseum）

4.《吹肥皂泡的少年》（让·西梅翁·夏尔丹，1734 年），油画，61cm×63.5cm，纽约大都会艺术博物馆

5.《财富寓言》（多索·多西，1530 年），油画，181.3cm×194.9cm，J. 保罗·盖蒂博物馆（The

J. Paul Getty Museum）

6.“梨牌香皂”广告宣传画《肥皂泡》（约翰·埃弗里特·米莱斯，1890 年），彼得·巴利特（Peter Barritt）拍摄 / 阿拉米图片库

7.《安东妮塔·冈萨雷斯像》（拉维尼亚·丰塔纳，1614 年），油画，57cm×46cm，布洛瓦博物馆（Musée du Château de Blois）/ 韦伯艺术画廊（Web Gallery of Art）

8.《毒气战》（约翰·辛格·萨金特，1919 年），油画，231cm×611.1cm，帝国战争博物馆（Imperial War Museum）

9. 得克萨斯州沙尘暴（拍摄于 1936 年），美国国家海洋和大气管理局乔治·E. 马尔什影集

10.“泰坦尼克号”沉船上的怀表，伦敦格林尼治国家海洋博物馆

11. 1544 年，伊丽莎白公主翻译了玛格丽特·德·纳瓦尔的诗作《镜：有罪灵魂的写照》并自制手稿书献给凯瑟琳·帕尔，图为该手稿书刺绣封面，公共版权

12. 托马斯·罗兰森手绘蚀刻画《寻跳蚤的老妪》（1794 年），艾丽莎·维特斯里基金会（The Elisha Whittelsey Fund）藏品，1959

13. 阿尔布雷希特·丢勒的雕刻作品《梅毒患者》（1496 年），Wellcome 藏品

14. 由诺丁汉大学研究员制作的沃里克郡库顿庄园 3D 激光打印图像，诺丁汉大学

15. 阿尔弗雷德（871—899 年在位）宝石的底部式样，遗产图片有限公司（Heritage Image Partnership Ltd）/ 阿拉米图片库

16. 公元 9 世纪手稿书中的龙头形象，伯母伯格图书馆（Staatsbibliothek Bamberg），杰拉德·拉伯（Gerald Raab）拍摄

17. 被修女用针线修补过的 14 世纪手稿，乌普萨拉大学图书馆（University Library Uppsala）

18. 威尔镇大床（约 1590 年），伦敦维多利亚和阿尔伯特博物馆

19.《公元 375 年圣杰罗姆的梦境》（马提奥·迪·吉奥瓦尼，1476 年），窗格蛋彩画，37.4cm×65.7cm，芝加哥艺术研究院

20.《商人乔治·吉斯泽像》（小汉斯·荷尔拜因，1532 年），木版油画，96cm×86cm，德国柏林博物馆（Staatliche Museen, Berlin）

21. 荷兰海牙邮政局长西蒙·德布里安与妻子玛利亚·耶敏的收纳箱，内存 2600 封 1689 至 1706 年收到但未拆封的书信，海牙荷兰通讯博物馆（COMM – Museum voor Communicatie）

22. 罗马皇帝提图斯的儿子马可斯·凯利乌斯的墓碑（约公元 9 世纪），阿格奈特（Agnete）

23. 埃德温·兰西尔爵士作品《W. 艾力斯•高斯林先生的纽芬兰犬“海王星”》，油画，布里奇曼图片社（Bridgeman Images）私人藏品

24. 萨姆·威利斯与粟特人在扎拉夫尚山合影（2015 年），萨姆·威利斯授权

25. 位于康沃尔郡圣艾格尼斯附近的维尔科茨锡矿废墟，伊恩·沃尔考克（Ian Woolcock）拍摄 / Shutterstock.com

26. 位于法尔茅斯的“国王的烟斗”，阿拉米图片库

27. 苏格兰国家图书馆工作人员正在对一幅在烟囱里发现的 17 世纪荷兰地图进行修护，特里娜·麦肯德里克斯拍摄，影像书写摄影机构（Trina McKendrick, Written in Film）

28. 位于佛罗伦萨圣十字教堂的乔托雕塑作品（13 世纪），意大利佛罗伦萨圣十字教堂，布里奇曼图片社

29. 古斯塔夫·阿道夫“瓦萨号”（沉于 1628 年）舰艏狮像，斯德哥尔摩瓦萨博物馆，詹姆斯·戴贝尔授权

30. 埃及古城奥克西林克斯纸莎草手稿残片，格拉斯哥大学图书馆（University of Glasgow Library）特别藏品

31. 英国朗特里口香糖广告插画（1929 年），伦敦画报有限公司 / 玛丽·伊文思拍摄

32. 斯基泰少年臂膀上的神兽图案文身（公元 5 世纪），圣彼得堡艾尔米塔什博物馆（Hermitage Museum, St Petersburg）/CM·迪克森（CM Dixon）拍摄 / 盖蒂图片社

33. 一本祈祷书空白处的雪人形象（约 1380 年），瑞典国家图书馆

34. 描绘某年一月份人们在意大利特伦托布翁康西里城堡打雪仗的湿壁画（约 1405—1410），图片艺术系列 / 阿拉米图片库

35. 古埃及猫神雕像《盖尔 - 安德森猫》（公元前 664—公元前 332），亚当·伊斯特兰德（Adam Eastland）拍摄 / 阿拉米图片库

36.《疯狂的芭比》（弗兰斯·哈尔斯，1633—1635），油画，75cm×64cm，柏林画廊（Gemäldegalerie）

37.《大笑的小提琴手》（格里特·范宏斯特，1624 年），油画，81.3cm×63cm，布里奇曼图片社伦敦约翰尼·范哈夫腾有限公司（Johnny Van Haeften Ltd.）私人藏品

38. 多塞特郡科夫堡，P. 菲利普斯（P. Phillips）拍摄 / Shutterstock.com

39. 约克郡肉铺街，D. K. 格罗夫（D. K. Grove）拍摄 / Shutterstock.com

40. 水手们的联名信（17 世纪 20 年代），国家档案馆